PARLONS EUSKARA

La langue des Basques

Collection **"Parlons"**
dirigée par Michel Malherbe

Déjà parus :

Parlons coréen, 1986, M. MALHERBE, O. TELLIER, CHOE JUNG WHA.
Parlons hongrois, 1988, CAVALIEROS, M. MALHERBE.
Parlons wolof, 1989, M. MALHERBE, CHEIKH SALL.
Parlons roumain, 1991, G. FABRE.
Parlons swahili, 1992, A. CROZON, A. POLOMACK.
Parlons kinyarwanda-kirundi, 1992, E. GASARABWE.
Parlons ourdou, 1993, M. ASLAM YOUSUF, M. MALHERBE.
Parlons estonien, 1993, F. DE SIVERS.
Parlons birman, 1993, M. H. CARDINAUD, YIN XIN MYINT.
Parlons lao, 1994, C. NORINDR.
Parlons bengali, 1994, J. CLÉMENT .
Parlons pachto, 1994, L. DESSART.
Parlons telougou, O. et D. BOSSÉ.

À paraître :

Parlons mongol, lapon, turc, malgache, soninke, burushaski, hébreu, letton, kabyle, indonésien, guarani, polonais, etc.

ISBN : 2-7384-3391-X

Txomin PEILLEN

PARLONS EUSKARA

La langue des Basques

Éditions L'Harmattan
5-7, rue de L'École-Polytechnique
75005 Paris

LANGUE NOUVELLE : LE BASQUE MODERNE

> On naît basque, on vit basque, et l' on meurt basque. La langue basque est une patrie. J'ai presque dit une religion.
> (Victor Hugo I847)

La langue dont je vous propose d'aborder l'étude est le produit d'une survie difficile de plusieurs millénaires, d'un isolement réel et d'une renaissance récente. Pendant des siècles quatre dialectes littéraires basques eurent les honneurs de l'écrit, mais la vie moderne exigeait une langue unique qui, après quarante ans de gestation, est globalement constituée : c'est l'**euskara batua**, ou basque unifié, c'est celle que je vous offre.

L'**euskara batua** s'est imposée à l'écrit dans 97% de la production de livres (I.300 titres en 1993), mais c'est également la langue des moyens de communication en euskara, la télévision, une dizaine de radios, un quotidien, plusieurs hebdomadaires plus de cent cinquante feuilles d'informations de type Newspaper, les journaux officiels des communautés de Navarre et d'Euskadi.Cinq revues scientifiques et techniques, une vingtaine de revues en sciences humaines complètent le tableau.

L'**euskara batua** est la langue qui permet l'intercompréhension entre Basques de dialectes différents L'alphabétisation récente de notre population en euskara est telle qu' en vingt ans le nombre de bascophones a augmenté, dans le sud du pays, de I50.000 personnes qui ont appris la langue nouvelle. C'est aussi la langue de l'école basque dès l'âge de 8-9 ans, les dialectes étant parfois employés en maternelle et au début de l'enseignement primaire. Examens et inspections montrent que ce progrès du basque ne s'est pas fait au détriment des langues étatiques, français ou espagnol.

L'euskara batua s' est enrichi par les propositions de deux institutions : U.Z.E.I.(Centre Basque pour les Services Universitaires) pour les terminologies scientifiques et techniques et l'Académie Royale de Langue Basque de Bilbao, qui conseille pour le maintien des normes générales et de la qualité de la langue: son emploi par la majorité des écrivains, est sa garantie.

Nous verrons plus loin, quels furent, anciennement, les malheurs de notre langue dont le territoire se réduisit comme une peau de chagrin, qui cent fois aurait dû disparaître devant les "Grandes Langues de Culture"et que des ancêtres obstinés nous ont transmise, et que nous améliorons sans cesse.

Elle reste en Europe occidentale isolée et sans parenté avec une autre langue au monde, quelques rares affinités la rapprochent des langues agglutinantes d'Europe orientale ou d'Asie ; cependant ce n'est pas un dragon : vous verrez qu'elle présente quelques facilités associées à de nombreuses richesses.

Le plan sera : chapitre I présentation de la langue .

Le chapitre II traitera des connaissances sur la structure de la langue : prononciation, grammaire (si vous ne désirez pas approfondir cette partie, après avoir lu le préambule sur la prononciation, vous survolerez les chapitres II à VIII)

Vous serez peut-être plus intéressé à la conversation du chapitre IX, d'autant que la langue n'est pas trop difficile à prononcer : vous pourrez ainsi essayer de l'apprendre comme les enfants, avant d'en avoir fait la grammaire.

Le chapitre X vous donnera un minimum d'information sur notre civilisation, nos idéologues, nos hommes illustres.

Au chapitre XI le lexique français-basque vous aidera à apprendre les bases ; quant au lexique basque-français il est plus long, plus ambitieux, destiné à ceux qui parmi vous seront persévérants ou qui possèdent déjà quelques notions d'euskara.

Une bibliographie d'ouvrages en quatre langues termine ce livre hommage aux chercheurs étrangers, qui publièrent et publient sur notre pays en allemand, anglais, castillan et français.

Enfin cet ouvrage essaiera d'être le plus complet possible sur la langue basque, sans être destiné à de savants linguistes qui trouveront mieux, en français, dans les ouvrages de J.Allières, G.Rebuschi et autres auteurs cités dans la bibliographie.Nous signalerons les parties plus difficiles et plutôt réservées aux bascophones.

I.TROIS MILLE ANS DE RESISTANCE

Vous et nous

Sans doute, en vous parlant de nos ancêtres basques, de leur langue, de leur culture, vous donnerai-je une idée de ce que furent les vôtres? En effet lors des invasions indo-européennes, il y a trois mille ans, deux ou trois millions d'individus armés d'acier, Celtes, Germains, Latins, déferlèrent d'Asie en Europe ; ils imposèrent à plus de dix millions d' agriculteurs occidentaux mal armés de bronze, leur langue, leur société, et leurs croyances: vos ancêtres occidentaux abandonnèrent alors, leurs langues et une partie de leur culture, mais les nôtres ne le firent point.

La Vasconia

En Occident les Ibères d'Espagne resistèrent mille ans de plus à l'assimilation par les Indo-européens, jusqu'à l'arrivée des Romains ; les Pyrénéens conservèrent plus longtemps la langue antique : cette langue, le *proto-basque*, parlé entre la Garonne et l'Ebre, ne recula qu'au cours du Moyen-Age dans la totalité de la Gascogne, le Pallars catalan, le val d'Aran et les montagnes d'Aragon .

Dans le Haut Moyen-Age, les rois de Navarre jusqu'à Sanche le Grand réalisèrent même une fédération de ces pays de langue basque la *Vasconia*, qui donna son nom à la Gascogne et au Pays Basque ; ce royaume s'étendait ainsi sur tous les territoires basques, et une partie de la Castille et de l'Aragon .

La Gascogne, constituée essentiellement par l'ancienne *Novempopulania*, des Romains, par les neuf peuples non-gaulois de l'Aquitaine, s'éloigna politiquement, puis linguistiquement des Basques les Gascons créant un idiome d'origine latine, variété de la langue occitane, c'est pourquoi les termes"basque" et "gascon" sont de même origine : *Vasconia* (voir la carte).

Le basque se maintint jusqu'à nos jours dans l'**Euskal Herri** : la situation de notre langue y fut précaire ; rapidement le Pays Basque-nord passa sous influence, puis sous annexion française, (XVème, XVIIème siècle) et les provinces du sud sous l'influence de l'Espagne et de sa langue romane, le castillan.

Du protobasque au basque actuel : la Vasconie

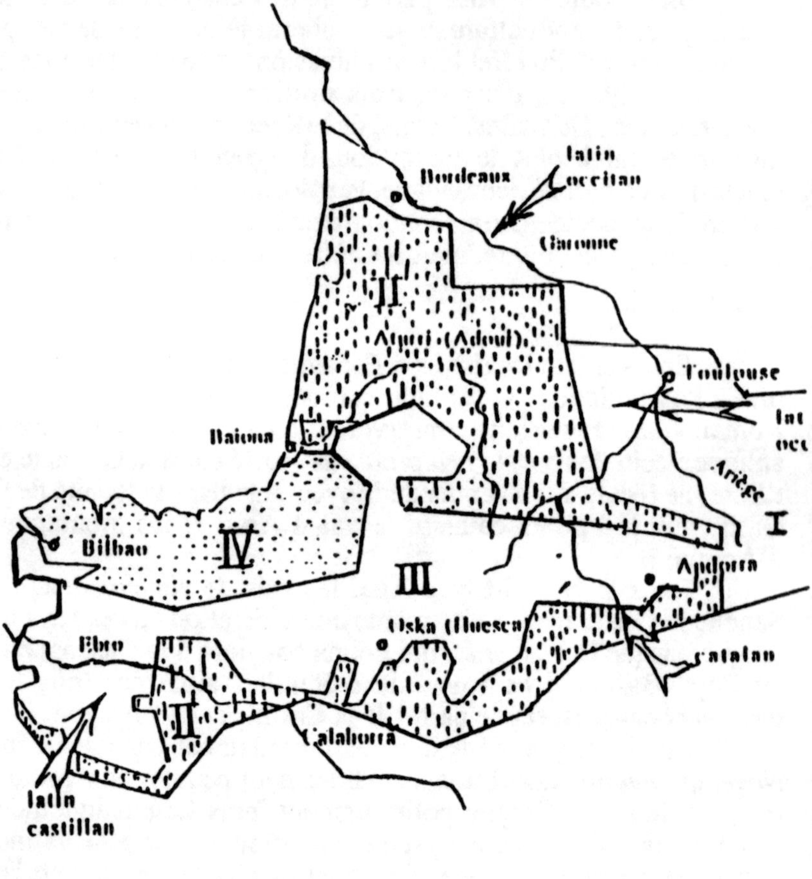

I. noms de lieux basques (extension maximum)
II bilingue au VII ème siècle (inscriptions antiques)
III.disparition de l'euskara (Xème - XIIIème siècle)
IV basque actuel

EUSKAL HERRIA

EUSKAL HERRIA : 20.644 km2, 2.937.213 habitants

1.Euskadi (Communauté Autonome Basque)
  Araba (Alava) **Bizkaia** (Biscaye) **Gipuzkoa** (Guipuzcoa)
  Capitale Gasteiz (Vitoria)
2. Nafarroa Garaia (Communauté Forale de Navarre)
  Capitale Iruinea (Pampelune)
3.Iparralde (Pays Basque -nord, aucune structure officielle)
  trois provinces :**Lapurdi** (Labourd), **Nafarroa-Behera** (Basse-Navarre)**Züberoa** (Soule)

Aujourd'hui : l'Euskal Herri.

L'euskara n'a survécu que dans le Pays Basque historique, **Euskal Herri**, aux sept provinces, situé dans les Pyrénées occidentales et sur la côte atlantique du Golfe de Biscaye.(voir la carte). Dans ce pays partagé en trois, annexé par les Etats centralisateurs français et espagnols la langue connut une érosion interne par suite d'émigrations du XIX ème et du début du XXème siècle et d' immigrations étrangères massives dans la seconde moitié du XX ème siècle.

L'immigration est peu intégrée, sur la Côte Basque du côté français, et à l'Intérieur, dans ce Pays Basque de la république française. De plus, la répression sévère par les maîtres d'école provoqua, localement, une régressions brutale.

Des structures politiques autonomes nouvelles au Pays Basque sud, ont permis d'inverser cette involution, grâce à l'importance du nationalisme basque .

La langue a sa meilleure situation en Euskadi où 65% des votants sont nationalistes, moins bonne en Navarre avec 35 % et pire du côté français où ce vote ne réunit que 14% des bulletins. Le nombre de locuteurs augmente à nouveau, dans la partie "Sud" du pays , dans le royaume d'Espagne .

Le bascophone moyen actuellement est un habitant de villes petites ou moyennes. Dans les campagnes du sud du pays et dans les métropoles (Bilbao, Vitoria, Pampelune) le basque est moins parlé, bien qu'en pleine reprise.

Dans le pays et par le monde, un maximum de 1 million de personnes le savent, plus des trois-quarts sont désormais des citadins. Huit pour cent des bascophones sont citoyens français, douze pour cent de diverses citoyennetés américaines, et quatre-vingts pour cent citoyens espagnols.

D'où vient-elle , où va t-elle?

On ne connaît pas l'origine ou la parenté de l'euskara avec d'autres langues : seules quelques affinités de structures lient le basque, **langue agglutinante**, avec des langues du même type (turc, finnois, hongrois, géorgien), mais on n'a trouvé aucune langue apparentée au basque, qui reste une langue-île, puisqu'aussi bien des langues apparentées ont pu disparaître

Des "amateurs de mystère" ont comparé l'euskara à toutes les langues du monde, ce qui supposerait pour nos ancêtres des dons de télépathie ou d'ubiquité extraordinaires. Nous essayons cependant, en triant les emprunts aux langues voisines, de dégager le fond "indigène" ancien, seul objet possible de comparaisons ultérieures avec d'autres langues .

Le miracle de la survie.

La survie de notre langue est due, malgré des conditions historiques très mauvaises, à sa capacité d'assimilation de vocabulaires étrangers européens, (55-60%), mais aussi à sa capacité interne d'innovation et de résistance relative aux influences extérieures sur sa grammaire.

Dans le passé le prestige de la langue ne put se maintenir que pour deux raisons, le basque fut en effet toujours , pratiquement, la seule langue des littératures orales et écrites du pays ; d'autre part ce fut aussi la langue des religions chrétiennes (protestante ou catholique) .Toutefois en Pays Basque français , actuellement, et malgré l'exemple de l'évêque de Bayonne, la majorité du clergé la néglige (sermons et catéchèse en français).

Au cours de la seconde moitié de ce siècle la langue s'est modernisée et compte 250.000 mots, sa production écrite font de ces dernières décennies un siècle d'or de notre langue.

L'avenir proche de la langue est assuré par le fait que dans le Pays Basque- sud l'enseignement bilingue touche 62 % des enfants (au Nord sous autorité française, malgré quelques progrès récents des autorités I0 % seulement de la demande est assuré) .

Au Sud, les créations il y a plus de dix ans d'une télévision en euskara, il y a vingt ans de radios, d'une production cinématographique et télévisuelle assurent une sauvegarde de notre langue et de notre culture, grâce à leur relative autonomie

Au cours du dernier demi-siècle13.000 titres ont été édités en euskara (dont 3.000 traductions) alors qu'au cours des quatre siècles précédents la production imprimée n'avait été que de 455 titres.La modernisation de notre langue permet de proposer dans l'Enseignement Supérieur 45 % des matières en langue basque (dans la partie sous autorité espagnole), en France hormis l'enseignement de la langue, aucun autre cursus dans la langue.

Cette modernisation réalisée sous les auspices et par l'Académie Royale de la Langue basque (dont le siège est à Bilbao) a permis également, hors de cette terminologie technique, de créer par dessus les dialectes (orientaux, centraux, occidentaux) une langue standard, **euskara batua** que les écrivains et les "mass-media" diffusent dans tout le pays.

Enfin notre langue est parlée dans trois territoires, deux communautés autonomes du royaume d'Espagne, Euskadi et Navarre où elle est officielle ; elle se maintient difficilement en France où ni le Pays, ni la langue n'ont un statut quelconque, malgré de récentes promesses et une demande générale de députés, des habitants et des édiles.

L'euskara et le monde savant.

L'originalité de la langue attira l'attention des Italiens de la Renaissance (dictionnaire de Landucci di Luca) et au XVIème siècle les Européens du nord découvraient celle-ci grâce à la traduction protestante du Nouveau Testament en euskara, réalisée par Joanes de Leizarraga (I57I).

Au début du XIXème siècle Wilhelm von Humboldt attira l'attention du monde savant sur ce trésor de la culture européenne, suivi par quelques Français dont le prince Louis Lucien Bonaparte ; depuis la fin du XIXème siècle, les Allemands ont travaillé sur la langue basque et créé la première revue de linguistique de notre langue à Berlin en 1895, *Euskara ;* plus récemment d'autres Européens ont étudié notre langue, puis les Nord-américains et les Japonais.

Jeux et enjeux de la langue.

Les résultats des enseignements bilingues, privés confessionnel ou laïc ont montré la valeur formatrice de la langue basque : en effet combien de fois n'avons-nous pas entendu et lu que l'apprentissage d'une langue différente du français était aussi formateur que celui des mathématiques et l'on nous citait le latin.Sans prétendre au prestige de la langue des Romains, le basque n'est pas réservé au monde savant et une certaine connaissance de ses mécanismes vous montrera d'autres horizons d'approche de la réalité et de l'abstraction.

II.ECRIRE ET PRONONCER L' EUSKARA

Le basque s'écrit en caractères latins. Pour les noms étrangers elle conserve les lettres qui ne figurent pas dans son alphabet propre (c, q, v, w,).

En *basque standard*, toutes les lettres se prononcent et un signe ne correspond qu'à un seul son (en dialecte les différences importantes avec le standard sont dues à la prononciation rapide qui condense les syllabes, ou les diphtongues, qui ne prononce pas toujours des consonnes prises entre voyelles).Vous vous ferez comprendre de tous , en prononçant toutes les syllabes avec la même intensité, et *sans accent tonique*.

Vue générale sur la phonétique. Sachez que, globalement, les lettres , se prononcent comme il est indiqué, si nécessaire, entre parenthèse :

a (moyen), **e** (comme ê) français, **i** (i de mille), **o** (o de autre), **u** (comme"ou" français).Les consonnes **b**, **d**, **f**, **g** (toujours dures), **h** (aspiré), **j** (presque comme "y "initial), **l**, **m**, **n**, **p**, **f**, **t** (comme en français), **r** (double roulé ou simple), **x** (ch français), **z** (s, français). Seuls sons particuliers, le **s** basque transcrit **s**, entre ch français et s français ainsi que les affriquées **tz** (tseu) le **tx** (prononcé tch de tchèque) et **ts** basque.

Pour plus de détails, vous pouvez lire les paragraphes suivant ou passer aux textes de conversation si la phonétique et la grammaire, même à dose homéopathique, vous effraient .

Les voyelles

Le système actuel de l'euskara comprend 5 voyelles : **a**, **e**, **i**, **o**, **u** ("ou") ; dans les dialectes orientaux s'est infiltrée la voyelle étrangère **ü** (le basque standard ne la reconnaît pas).

La voyelle "**e**" se prononce généralement comme le français è, ê de "être" ou" tête"dans les mots, **eder** (beau / belle), **nere** (mon / ma), **etxe** (maison).

La voyelle "**a**" est moyenne (ni *â* de "pâte" ni *a* de "patte", plus près du premier) dans le mots **alaba** "fille", ; fréquente en basque elle correspond à l'article au singulier suffixé sur le dernier adjectif / nom de la construction et non au début **etxe + a** : **etxea**, "la maison", **eder +a** : **ederra** "le beau ".

La voyelle “**i**” plus ouverte qu’en français, se prononce plus en avant des lèvres on la trouve dans les mots, **hiri** “ ville”, **bizi** ”vivre”, irrati “radio”, dans des verbes anciens **idatzi** “écrire”, **irakurri**”lire”, **ibili** “marcher”

La voyelle “ou” transcrite **u** est également plus antérieure qu’en français dans les mots : **ur** “eau”, **lur**”terre”, **su** “feu”, **elur** “neige”, **zur** ”bois d’œuvre”, **egur** “bois de chauffage”, **hezur** ” os”.

La voyelle “**o** “plus ouverte qu’en français se rapproche du “o” de “autre”, dans les mots : **gogo** “esprit”, **oro** “tout”, **orro** ”hurlement”, **otso** “loup, **nor** “qui?” , **noiz** “quand? ”

Le “o” moyen de” pomme” s’entend quand la voyelle est suivie de **-tz**, de **-rr**, comme dans **arrotz** “étranger”, **aihotz** “serpe”, **hotz** “ froid”, **atorra** “chemise”.

Les diphtongues

Les diphtongues doivent se prononcer d’une seule émission de voix, sans séparer les deux voyelles écrites, ainsi **ai** s’articule comme le cri de douleur en français “aïe”.

Les diphtongues descendantes très prisées dans la poésie allitérative basque sont :

- **ai** dans **anai** "frère", **bai** “oui”, **gai** “matière”, **jainko** “dieu”, **gaitz** “mal, maladie”. Dans le vers allitéré du *Sonetu* de Jon Mirande(1948)

> An**ai**aren garb**ai**a gezurra b**ai**ta m**ai**z
> (Parce que le regret du frère est souvent mensonge)

-**ei** (èï comme “abeille”) dans **leiho** “fenêtre” **odei** “nuage”. **dei** “appel”
-**oi** (prononcer oï) dans **oihu** “cri”, **oihan** “forêt”, **espaloi** “trottoir”, **oin** ”pied”, **goiti** “vers le haut”.
-**au** (prononcer aou) dans **gaur** “ce soir, **hau** “celui-ci”. **jausgailu** “parachute”, **hautsi** “casser, **jaun**”monsieur”
-**eu** (prononcer èou) dans **neurri** ”mesure”, **euskara** “langue basque”, **euri** “pluie”.

Les diphtongues montantes, plus récentes, ont à l'initiale une voyelle non pleine "i" ou "u" et donnent :

-ia , **kabia** "nid", **bidaia** " voyage" sont des emprunts et **ia** n'apparaît dans les mots plus indigènes qu'avec l'article. En "triphtongue "**aia** dans **garbaia** "le regret", **zelaia** "la plaine" etc.. la semi-consonne "y" se prononce "**i**" dans les verbes **jan**"manger", **jauzi** "sauter"etc..
-io. se trouve dans les mots **jo** "frapper", **joan** "aller".
-ie .(rare) **miesa** "toile de drap".
-**ua (wa)** plus fréquentes sont les diphtongues en "**u**.": **ua** (comme en anglais "wa") se trouve dans **gaua** "la nuit"et presque toujours au centre sauf emprunt **uata** "ouate" .-
ue (**we**)apparait dans les mots **zuek** "vous pluriel", **nuen** "j'avais" ; dans les noms propres à une limite de suffixe : **Azpilikueta, Kakoeta, Pagoeta, Ziloeta.**
-**ui (wi)** se trouve dans **ipuin** "conte", **higuin** "haine".

Les consonnes

Le système n'est pas très compliqué .Les consonnes tolérées à la fin des mots et des suffixes sont peu nombreuses (**k, l, n, r, s, t, x, z**) ; de même **r** à l'initiale est très rare, **f, t, p** sont moins rares mais assez récentes dans la même position. La partie la plus riche du système est celle des sifflantes, ce qui donne malgré tout 24 consonnes.

Les sifflantes . Celle obtenue en plaçant la pointe de la langue derrière les dents (ce qui correspond au "s" français) se transcrit **z**, ex: **zu zara** "vous êtes"(au singulier) .

Si la langue remonte vers les racines, vers les alvéoles des dents, nous obtenons le son du "s" basque, transcrit **s** dans des mots tels que **euskara,** "langue basque", **su** "feu", **sasi** "buisson", **seme** "fils", **oso** "entier.

Si nous plaçons la langue en retrait sur le palais nous obtenons un son comparable au "ch" français, transcrit **x.** Ce son est une variante des deux précédents avec une valeur affective de diminutif : **ximiko** "petit pincement", **xarramiko** "petite égratignure " **xaxpi** "petit sept", **xortxi** " petit huit" etc.. **txuri** (de *zuri)*"joli blanc " , **beltx** (de *beltz*) : joli noir".

Comme vous l'avez pu voir précédemment à chacune de ces sifflantes correspond un *son affriqué*, c'est à dire un son précédé d'un**" t"** le tout émis d'une seule fois : **tz, ts, tx.**

Ces consonnes comme les précédentes peuvent se trouver dans toutes les positions, initiale, centrale ou finale du mot et leur fréquence est grande (**gorputz** "corps", **hilotz** "cadavre", **hotz** "froid", **gatz** "sel", **zizpa** "arme à feu", **zimitz**"punaise", **tzar** "mauvais", **txar** "peu développé", **txori** "passereau", **tximino** " singe" etc..).

Sifflantes ou affriquées elles ont, par paires, un rôle phonologique c'est à dire qu'elles permettent de distinguer deux mots :

hesi "enclore" - **hezi** "éduquer"
hasi "commencer" - **hazi** "nourrir"
etsi "desespérer" - **etzi** "après-demain"
atso "vieille femme" - **atzo** "hier"
hots "bruit" - **hotz** "froid"
oso "entier" -**otso** "loup.

Dans l'ordre inverse nous avons des consonnes doubles correspondantes **st, zt, xt,** dans les mots : **beste** "autre, **asto** "âne", **uste** "opinion", **aste** "semaine", **ezti** "miel", **utzi** "laisser", **azti** "devin", **eztarri** "gorge", **ixtripu** " accident", **ixter** "cuisse", **ixtil** "flaque".

Ces sifflantes, affriquées et consonnes doubles, facilitent la création de poésie allitérative (rime interne répétant des sifflantes, des diphtongues ou des voyelles) tel ce poème de J.A Artze "Hartzabal" :

Askatuko **zai**tuela
zai bazaude
zaude lasai
zaude ziur
askatuko **zai**tuela
kateak itsusiak baitira hilotzaren gorputzean

(que l'on vous libérera en attente si vous êtes/ soyez tranquilles/ soyez certains / que l'on vous libérera./ les chaînes laides sont sur le corps des morts).

Ou du même auteur le poème :

Zugan... **su**harturik

Zugan zegoen **sua su**.
zegoen ... **sua su**
sua zu sua
zuritzen **zu**gan erre**tz**ea
zu sutan bezala
zuri zu
zure zuria **zu**ritzean ....en**tz**un!

Ces jeux de la langue étaient assez courantes dans la poésie la plus ancienne, ils ont retrouvé grâce auprès des poètes contemporains, utilisant la douceur des"**s**", "**z**", "**x**" et la force des "**ts**", "**tz**","**tx**"., elles vous seront familières, à vous qui appréciez les poésies du nord de l'Europe.

Les mouillures.

Dans l'écriture, la consonne redoublée représente, toujours, une mouillure, c'est une consonne où le palais intervient , une palatale : nous avons ainsi , la mouillure de" **l** "et "**r**"est "**ll**" prononcé comme "li") : **llabur** "court et mince"(qui s'oppose à **labur** court et gros)Nous voyons donc que la mouillure donne une note diminutive et /ou affective ; la mouillure de "**d**" s'écrit **dd** (et se prononce "di"), **onddo**"champignon "; la mouillure de "**t**" (prononcée ti") est **tt**, dans le double diminutif suffixé **- tto**(hispanisé en **-txo**).

Le "**n**" mouillé donne un son comparable au "gn" français qui se transcrit **-in** ou **n** avec une tilde.Les connotations ou notes affectives de ces mouillures sont assez pittoresquement représentées dans la dénomination des personnes, dans leurs prénoms, leurs surnoms ou leur nom.Vous pourriez la pratiquer sur vos propres noms,le peuple l' a pratiquée sur des personnages historiques, *Churchill* est devenu **Zürzil** à cause des rondeurs du Chef d'Etat en question.Appliqué aux noms basques cela permet la variété et la nuance :

Maddalen est une Magdeleine de carrure normale ou petite.Si elle est forte ou grande l'on dira **Madalen** (sans mouillure du "d"). De même on distinguera **Maddi** la mince et **Maria** la solide.

Les consonnes mouillées, sous l'influence du français, donnent, sur la Côte Basque, une bouillie indistincte, le "l" mouillé", le "d" mouillé deviennent une mousseline d"y" et au lieu de **Pello** nous avons Peyo, de **Maddi** / Mayi, **Maddalen** /Mayalen : les mouillures correspondantes n'existant pas dans le français standard ont disparu dans ces parlers au XXème siècle.

Il est toutefois une mouillure qui ne se transcrit pas par une consonne redoublée, c'est celle de "**s**" et de "**z**" en "**x**" puisque ce dernier est une consonne à part entière.Le même jeu de diminutif peut se faire avec les prénoms suivant l'aspect morphologique de la personne : **Manez**, le costaud, s'oppose à **Manex** le moyen, **Frantziz**, le gros à **Frantxix** le mince (pron.frantchich.), **Mizel** le costaud, **Michel** le mince.

Les surnoms abondent de diminutifs plus ou moins pléonastiques du type "petit nain" **epotx** (forme normale **epotz**) ou celui d'un prêtre aux vêtements toujours froissés"**xaxpi plegu** " (forme normale **zazpi plegu** "sept plis").

Le jeu de la mouillure fait qu'un écrivain basque du nom d'Etxeberri, se voit attribué dans l'usage, à cause de ses formes, de son bon caractère, la prononciation augmentative **Etzeberri.**

Pour terminer ce jeu de formes et sur les connotations de sympathies ou d'antipathies, d'acceptation ou de rejet, les adjectifs participent à ces possibilités :

Zuri : blanc sale	**Xuri / txuri** : beau blanc
Zoro : ahuri	**Xoro / txoro :** farfelu.

Les noms communs également profitent de cet enrichissement et de cette concision :

Zakur : chien normal ou grand **Xakur** : petit chien
Tzori (rare) : gros passereau **Txori** : petit passereau.
Tzipi/tziki, petit gros, **Txipi**, petit normal , **Ttipi**, petit mince.

Dans le parler des citadins, notamment, on constate une certaine négligence de la prononciation de ces consonnes **(tt, tx)** soit qu'elle n'existent pas en français, soit qu'elles sont absentes ou rares en espagnol : en effet quatre générations en France , et dix en Espagne n'ont connu d'autres écoles que celle en langue étrangère étatique et aucune dans leur langue maternelle

L'aspiration

Un son, disparu du français et de l'espagnol, a du mal à survivre en basque (en Pays Basque-nord) c'est le "**h**" aspiré dont l'utilité est pourtant grande puisqu'il permet de distinguer les mots suivants :

- **abia** "départ", **ahabia** " myrtille"
- **aga** " chef musulman", **haga** "perche
- **ala** "ou bien ", **hala** "ainsi "
- **ari** "être en train de", **hari** "fil"
- **arhan** "prune ", **aran** "vallée"
- **erhi** "doigt", **eri** "malade"
- **ate** "porte ", **ahate** "canard"
- **ore** "pâte", **ohore** "honneur"
- **oin** "pied", **ohoin** "voleur"
- **ori** "jaune", **hori** "celui-ci"
- **iltze** "clou", **hiltze** "mourir
- **egia** "vérité", **hegia** "le bord
- **ura** "l'eau ", **hura** "celui-là "

Il est vrai que si vous n'arrivez pas à aspirer (bien que l'anglais ou bien l'allemand vous y ait préparé) le contexte vous évitera , souvent, l'ambiguité.

Les occlusives

Elles sont, après les sifflantes et autres "serpents sonores", les consonnes dominantes de la langue à l'initiale, en finale elles sont rares (les sonores **b, d, g** et la sourde **p** étant impossibles en position terminale elles aident à marquer la limite des mots).

La consonne occlusive labiale **b** est plus ancienne que le **m** qui est souvent son dérivé, elle se conserve intacte comme marqueur de catégorie ou marqueur de sens dans les mots qui désignent les parties du corps: **begi** "oeil", **belarri** "oreille", **beso** "bras", **belaun** "genou", **buru** "tête", **bular** "poitrine", **buztan** "queue", **biri** "poumon, **bihotz** "coeur", **bizar** "barbe", **bizkar** "dos", **bare** "pancréas" , **barrabil** "testicule" et bien sûr **bizi** "vivre".

La plupart des mots en **b-** d'usage courant sont des métaphores des mots précédents et quelques autres termes tels **behi** "vache", **behor** "jument" (animaux jadis sacrés et non consommés), **bai** "oui", **bat** "un", **beti**"toujours".

A l'initiale les consonnes **k** et **g** se retrouvent dans une foule d'emprunts aux langues voisines mais aussi dans des termes plus indigènes tels : **gari** "blé", **galdu** "perdre", **gero** "après" , **geltoki** "gare", **gizon** "homme", **gogo** "dur" , **gora** "haut", **goiz** "matin", **gudu** "combat", **gurpil** "roue"etc.

Les occlusives dentales. Le système basque comporte les deux occlusives "**d**" et "**t**". En basque "**d**"est présent surtout à l'intérieur des mots : **edo** " ou", **edan** "boire", **adin** "âge", **garden** "transparent"; rare à l'initiale pour les mots indigènes sauf dans la conjugaison à la troisième personne du verbe être dans les formes au présent, **da**" il est ", **dadin**" qu'il soit" et à toutes les personnes du verbe avoir au présent de l'indicatif (**dut, duzu, du, dugu, duzue, dute**).

Hors de la conjugaison, l'initiale "**d**" trahit un mot d'emprunt : **dantza** "danse", **debeku** "défense", **deabru** "diable", **demokrazia** "démocratie" , **disko** "disque", **droga** " drogue", **duda** "doute".Cette lettre ne figure jamais, actuellement, à la fin d'un mot.

La lettre "**t**" par contre est fréquente en toutes positions elle apparaît dans les déclinaisons et suffixes (**- rat, -rentzat**) dans le corps de mots : **atal** "partie", **ate** "porte" **aterbe** "abri" , **eten** "rompre", **etorri** "venir", **otoi** "s'il vous plaît".

A l'initiale des mots "**t**"très fréquent dans les emprunts aux langues étrangères : **tabako** "tabac, **atabal** "tambour", **taberna** "taverne", **tapiz** "tapis", **teila** "tuile", **teknologia** "technologie", **telebista** "télévision" .

Dans un sonnet du grand poète du XXème siècle Jon Mirande, parisien, fils d'émigrés basques, on peut lire comment utiliser cette richesse des consonnes pour créer des rimes internes en martelant les mots avec des dentales et en les faisant éclater avec des affriquées :

Aspertuaz urturik, **txo** ! neure bihotza
(De lassitude fondu, silence! mon coeur).

ou cet autre entre dentales et nasales

Maitatu nituenak ez naute maitatu

qui, platement traduit, donne :

(ceux que j'aimai, ne m'aimèrent point)

(*Sonetu*, Paris 1948)

L'occlusive étrange La lettre **p**. Dans le basque actuel cette lettre ne peut figurer en finale d'un mot et à l'initiale elle est en général la marque d'un mot d'emprunt - toutefois dans une inscription aquitaine du IIème siècle on trouve le mot "pon"-

D'autre part dans les emprunts à initiale **f** la plupart des parlers basques le transforme en **p**, certains même systématiquement et à l'intérieur des mots tel le guipuzcoan : **apari /afari** "repas du soir", **alper /alfer** "paresseux", **napar /nafar** "navarrais" .

Parmi les emprunts ou doublets de mots basques nous avons aussi **pago** "hêtre", **pagatu** "payer", **paper**"papier", **patata** "pomme de terre", ou **Peilo** "Jean-Pierre", **pena** "peine", **pilota** "pelote", **politika** "politique", **porru** "poireau" **pornografia** "pornographie", **Posta** "Poste", **prezio** "prix", **psikiatria** "psychiatrie", **puta** "putain".

La lettre de l'anarchie. L'anarchie est une forme d'organisation multiple, et la lettre qui en euskara s'écrit "**j**" doit se prononcer en basque standard comme un **y** ou un **d** mouillé (cf français yoyo).

Vous entendrez, chez les dialectophones toutes sortes de variantes, depuis les Guipuzcoans qui prononcent cette lettre come la jota espagnole ou le "ch" allemand, les biscaïens au sud et souletins au nord comme le "j" français. Des biscaïens et la plupart des basques du nord yodisent, ce qui vous est recommandé.

Ce **j** fantaisiste ne peut se trouver en finale d'un mot ,mais en général à l'initiale , notamment pour les verbes primitifs : **jan** "manger", **jaiki** "se lever", **jaio** "naître", **jakin** "savoir", **jarraiki** "suivre", **jarri** "installer, asseoir", **jasan** "supporter" **jautsi** "descendre", **jauzi** "sauter", **jo** "frapper", **joan** "aller", **josi** "coudre" et quelques substantifs, **jaun** "monsieur, **jabe**"propriétaire" et adjectifs, **jabal** "calme", **jori** "fertile", **jator**" authentique" et dans des emprunts **joko**"jeu".

Les nasales

La nasale **m** est impossible en fin de mot, si bien que Jérusalem devient tantôt **Jerusaleme**, tantôt **Jerusalen** .

A l'initiale, comme variante de "**b**" ,"**m**"peut prendre un sens péjoratif, notamment dans des mots d'emprunt, **makal** "patraque", **maltzur** "fourbe", **merkatu** " marché", **mesfida** " se méfier", aussi dans des mots moins marqués : **metal**, **metabolismo**, **metro**, **mezu** "message", **mekanika.** Des mots "indigènes" plus sympathiques commencent par cette lettre **mahain** "table", **mahats** "raisin", **maite** "aimer".

La lettre **n** est à l'aise dans toutes les parties du mot : on la trouve, en finale, dans les suffixes (**-tasun, -dun** etc..) dans les déclinaisons (**- gan, -ean, -ren, --etan, -rekin**) ; à l'initiale des interrogations **non ?** "où, "**nor ?** "qui" **noiz?** "quand" ; au milieu des mots **ongi** "bien".

Les liquides

La lettre "**l**" (liquide latérale) se trouve en toutes positions, elle est articulée fermement: **lau**" quatre", **labur** "court", **luze** "long", **ilargi** "lune", **lur** " terre", **elur** "neige" **belar** "herbe ", **argal** "maigre", **gal** "perdre", **hil** "mort".

La lettre "**r**" liquide vibrante est , soit simple et se prononce presque comme "**d**", soit double **rr** et roulée, ou récemment grasseyée (presque r parisien), ce relâchement de la prononciation toléré, observé sur la Côte Basque française et gagnant les jeunes générations à l'intérieur est commode pour les francophones d'origine mais **r / rr** permet de distinguer :

ere "aussi/ **erre** "brûlé"
ero "fou/ **erro** "racine"
hari "fil" / **harri** "pierre"
hura "celui là "/ **hurra** "noisette"/ **ura** "l'eau"
hori "celui-ci" / **horri** "à celui-ci".
gori "incandescent" / **gorri** "rouge".

Remarque importante . Hormis des noms étrangers ou des termes scientifiques (**Reagan, Roosevelt, Rocard, ribosoma**) les mots intégrés dans la langue ne peuvent commencer par "r" et prennent la prothèse **err-, arr-**: **arraza**"race", **errege** "roi", **Erroma**"Rome", **errepublika**"république", **Errusia**"Russie".

III.DEGUSTATIONS DE L'EUSKARA : le substantif

Nous irons par petites doses dans l'exposition de la structure de la langue pour que vous puissiez articuler ou comprendre quelques phrases simples. Les hispanophones et les francophones reconnaîtront des mots, les autres des structures qui leur rappelleront leur langue.Les paragraphes difficiles seront pour les semi-bascophones.

Lc plus facile en euskara est, relativement, le système du nom et de l'adjectivation. Comme dans toutes les langues une phrase peut ne se composer que de ces éléments, les autres étant sous-entendus.

Pour le verbe, il existe deux systèmes, le premier, lc plus facile, ressemble à celui des langues indo-européennes, il suffit à l'usage courant et le second utilise **l'allocutivité** : ce dernier n'est pas indispensable à connaître puisque nous ne l'utilisons qu'entre connaisseurs mais nous vous le présenterons .

Le basque de base peut être simple et, hormis quelques deux ou trois exigences, les mots se mettent dans un ordre libre puisqu'ils ne traînent aucune préposition et peu de préfixes, la plupart des variateurs du sens étant fixés à l'arrière du mot, on ne risque pas de les perdre en route.

De quelques facilités de la langue.

Ne vous posez pas de question sur le"sexe grammatical" de la chaise, ou du train il n' y a pas de genre grammatical des substantifs : ce qui nous sert d'article est **-a** suffixé, au singulier, **-ak** au pluriel.: *la* femme **andre*a*, emazte*a*** , l'homme **gizon*a***

Nous ne distinguons pas, "il "ou "elle" toujours **bera** ou **hura** qui est aussi le démonstratif lointain Nous distinguons bien sûr les femelles des mâles, les premiers ont le nom générique **ema / ama,** les seconds de **ar.**

L'ordre des mots est assez libre à part la contrainte de l'adjectif qualificatif que l'on place toujours après le nom : **Egun on** "Jour bon, **Etxeberri** "maison neuve" (voir le nom de l'acteur de la Comédie Française), **Etxe gorri** "maison rouge"etc..

Les autres adjectifs, numéraux, ordinaux etc..se placeront devant comme en français. Si vous commettez quelque erreur on vous comprendra quand même.

Le nom.

.Les déclinaisons.

Les noms comme en toute langue peuvent être composés, mais en basque ils sont communément dérivés, c'est à dire qu'une déclinaison, une syllabe ou deux, collée sur le nom en modifiera le sens ; si un nom est suivi d'adjectifs , c'est le dernier de la série qui prend la marque : avec l'absolutif **-a**(article singulier).

- **Etxe handi*a* :** maison grande ***la***
- **Etxe handi ederr*a:*** maison, grande et belle ***la*.**
- **Etxe handi egin berri*a*:** maison grande faite nouvelle ***la***

-a s'emploie aussi dans l'interpellation ***Haurra*** ! Enfant!! ***Maitea*** ! Chérie! mais jamais avec des noms propres (*La Pierrette, le Jean sont impossibles)

-a correspond parfois à"un"indéfini **Etxe*a* erosi dut** "J'ai acheté *une* maison"(lit. maison -la acheté ai)

: au pluriel l'absolutif est **-ak** (les) et un seul élément terminal prend la marque du pluriel déterminant :

- **Hegazkin txiki zuri*ak*** : avion petit blanc ***les***

Seuls les cas de déclinaisons prennent le pluriel. Les nombres considérés comme des pluriels indéterminés ne pluralisent pas les noms d'où : - **bi gizon :** lit. *deux homme(sic), par contre, *les* deux hommes : **bi gizon*ak*.**

Comme plusieurs langues agglutinantes, le basque possède un cas particulier **l'ergatif**, marque spéciale de "la" ou de"les", qui indique le sujet du verbe avoir ou d'un verbe conjugué avec l'auxiliaire avoir c'est la lettre **-k** .

Ce système permet le déplacement du sujet dans la phrase. En français "Pierre tue Paul" et "Paul tue Pierre" ne sont pas équivalentes, mais en basque le sujet étant marqué, **Pierrek** l' assassin , peut être devant ou après le verbe.

Tableau des déclinaisons sur mendi"montagne"

Indéterminé (sans -a)	singulier	pluriel
Absolutif (*le, les)* (objet ou sujet de être"	**- a** (mendia)	- **ak** (mendiak)
Ergatif (*le* , *les*) (sujet du verbe avoir)	**- (a)k** (mendiak)	- **ek** (mendiek)
Destinatif (*à / aux*)	**- (a)ri** (mendiari)	- **ei** (mendiei)
Génitif possessif (*à ,de*)	**- (a)ren** (mendiaren)	- **en** (mendien)
Bénéficiaire (*pour*)	**- (a)rentzat** (mendiarentzat)	**-(en)tzat** (mendientzat)
Associatif (*avec*)	**- (a)rekin** (mendiarekin)	**- eekin** (mendiekin)
Médiatif/instrumental(*de*)	**- (a)z** (mendiaz)	**- ez** (mendiez)
Inessif (*dans, en*)	- **(a)n** (mendian)	- **etan** (mendietan)

Indéterminé avec (-ta) (sing sans-**ta**)		pluriel
Ablatif (depuis)	**- (ta)tik** (mendi(ta)tik)	- **etatik** (mendietatik)
Allatif (vers)	**- (ta) ra** (mendi(ta)ra	**- etara** (mendietara)
Adlatif (jusqu'à)	**- (ta)raino** (mendi(ta)raino	**- etaraino** (mendietaraino)
Adlatif (pour)	**-(ta) rako** (mendi(ta)rako)	**-etarako** (mendietarako)
Génitif de lieu (de)	**- (ta)ko** (mendi(ta)ko)	**- etako** (mendietako)
Partitif (de)	- **rik** (mendirik)	**- rik** (mendirik)

Dans ce dernier cas le français exprime le partitif, et distingue également , le déterminé "du" et l'indéterminé "de":

"du pain j'ai ": ogi**a** badut
et " **de** pain je n'ai pas" : ogi**rik** ez dut.

Nous savons aussi distinguer l'animé et l'inanimé très systématiquement notamment dans les cas "spaciaux" comme parfois en français standard ainsi :

à la maison je vais : **etxera** noa
chez l'ami je vais : **lagunarengana** noa
de la maison je viens : **etxetik** nator (heldu naiz)
de la part de l'ami je viens : **lagunarengandik** nator
dans la maison (je)me trouve : **etxean** nago
dans la maison de l'ami suis : **lagunaren baitan** nago
je crois **en** l'ami : **lagunarengan** sinesten dut.

Si le nom est suivi d'adjectifs qualificatifs, le nom reste nu et passe ses.vêtements de déclinaisons au dernier adjectif :
-**hegazkin***ean* : en avion.
-**hegazkin zuri***an* : dans l'avion blanc
-**hegazkin handi, zuri***an* : dans le grand avion blanc.
-**hegazkin handi zuri eta gorri***an* : dans le grand avion blanc et rouge.

L'euskara possède aussi une *déclinaison indéterminée* (sans article).Il suffit de savoir pour l'essentiel que les cas sont les précédents, mais sans **-a** absolutif (**mendik, mendiri, mendiren** etc ..), et avec l'infixe **-ta-** dans les locatifs comme en français, "en provenance de montagne" **menditatik** / "en provenance de la montagne"**menditik**, "en montagne, **menditan** / "dans la montagne", **mendian**".

Elle s'emploie avec les numéraux
ex : cinq hommes : **bost gizon**, *à* cinq hommes : **bost gizon***i*, mais *aux* cinq hommes **bost gizon***ei*.

La dérivation

Familiers à toutes nos langues polysyllabiques, et en français, les suffixes - *age*, *-ation*, *-ment* furent très productifs En euskara aussi, avec cette tendance à refuser la créativité de la langue au nom d'un certain universalisme, l'on hispanise le lexique.

L'euskara dont les bases actuelles sont fort anciennes a gardé sa jeunesse dans ce domaine et à la quarantaine de suffixes anciens **-aga, (t)asun, - doi-, - eta, -gailu, -goa,keta -kuntza, - kin/-gin, gintza, -doi, - zale/- tzaile** etc..

Nous n'avons pas craint, parfois sans nécessité, d'en rajouter une soixantaine d'autres empruntés aux langues romanes: **-zio**, **-ada**, **- ario**, **-al** , etc..

Avec cette centaine de suffixes dont seuls les spécialistes arrivent, parfois difficilement, à reconnaître les paternités étrangères, le basque moderne s'autorise des subtilités dans l'abstraction qui permettent concision et précision.

Pour l'instant il n'est pas interdit de créer des mots en basque mais les excès et les maladresses de certains puristes bloquèrent quelque temps cette voie, qui fut reprise au cours de la dernière décennie.Pour donner un exemple de la précision que permet cette suffixation à partir du verbe"enseigner "***irakats*** "

irakasgai : enseignement (une matière)
irakasketa : enseignement (pratique)
irakasgintza : enseignement (pédagogie)
irakaskuntza : enseignement (organisation)
irakaslegoa : le corps enseignant
irakastaldi : une session d'enseignement
irakaspen : enseignement d'un maître, cours

de même à partir du mot ***olerki*** " poésie" nous avons par suffixation

olerkigai : thème de poème
olerkigintza : création poétique
olerkari : poète.
olerkizale : amateur de poésie
olerti : art de la poésie.

Imaginons la tête des Académiciens Français si on leur proposait, le poémophile, le poésiage le poéteur, bien que la "poétique" soit acceptée. Les académiciens basques acceptent les innovations, à condition, qu'elles soient compréhensibles et construites suivant les règles générales de la dérivation basque.

Le retard que nous avions sur les grandes langues était immense et d'autre part la tradition basque admettait la création de mots même individuels, même fugaces et même en prose. J'entendis un jour en basque dire d'une personne toujours assise qu'elle était "chaisée" mot qui, bien que compréhensible dans notre langue, ne figure dans aucun dictionnaire.

Suffixes basques usuels de substantifs ou d' adjectifs:

- **alde**" espace ", **herrialde** : territoire, **eskualde** : région.(de **esku**"main")
- **aldi** " temps astronomique", **egunaldi** : journée, **urtaldi** "année, crû ".
- **antza** " aspect", **gizantza**" aspect humain", **egiantza** "apparence de vérité".
- **ari /- lari** "activité professionnelle ou sportive", **nekazari** "paysan, "**euskalari** "bascologue", **ingenari** "ingénieur", **dendari** "boutiquier", **dantzari** "danseur".
- **aro** " temps météorologique délimité", **mahatsaro** "temps à vendanger", **azaro** "temps à semer "(et novembre").
- **arte** "espace , entre ", **karrikarte** "entre-rue", **lerrokarte** "entre-ligne", entre avec le signifié à moitié" s'exprime par **erdi, erdizabalik"** entrebaillé").
- **as ,-has** " nu ", **burhas** nu-tête .
- **barne**"intra", **bihozbarne**"intracardiaque, "**larrubarneko** "intradermique".
- **bera** "sensible", **hozpera** "frileux", **minbera** "sensible à la douleur", **bihozbera** "coeur sensible" .
- **doi/di "** forêt de, abondance de" **hariztoi, harizti**"chênaie", **leizardoi /lizardi** "frênaie", **hardoi** "pierrier".(en majuscules : ce sont des noms de personnes, de lieux).
- **dun** qui possède, **euskaldun** " Basque bascophone" , **dirudun:**"argenté" en monnaie), **zaldun** "chevalier".
- **era** (avec verbe intransitif de mouvement), "**évènement / action** en cours", **egoera**"situation", **hasiera**"commencement", **igoera** "montée", **sarrera** "entrée".
- **ezta** "garnir de, couvrir de", **zilarrezta-** "argenter" ,**urezta-** "arroser d'eau", **ardozta-**"arroser de vin".
- **gai** "matière à, destiné à" **erregai** "combustible", **andregai** "fiançée", **apezgai"** séminariste"(destiné prêtre)
- **gailu** "qui sert à "(verbe+ gailu), **berogailu** "radiateur", **imprimagailu**"imprimante", **ordenagailu** "ordinateur" **igogailu** "ascenseur" .
- **gale** "qui a envie de **logale** qui a sommeil", **jangale** "qui a envie de nourriture spéciale", **atsegale** "sybarite".
- **gin /kin/gile** "agent", **hargin** "maçon", **okin**"boulanger ", **harakin**"boucher", **langile** "travailleur".

- **gintza** "production de" **burdingintza** "production d'acier "**hegazkingintza**, "aéronautique", **liburugintza** "production de livres".
- **go** "profession, collectif de", **irakaslego** "corps enseignant , "**artzaingo**, "métier de berger", **apezgo** "clergé".
- **gune/ une** "endroit en général, point", **geldiune** "pause", **herstune**"rétrécissement", **hutsune** "manque".
- **keria** "mauvais comportement, mauvaise qualité"**astokeria** "ânerie", **bitxikeria**" bizarrerie", **erokeria** "folie".
- **keta**"événement action répétée", **aldaketa** "changement", **berriketa** "conversation", **ikerketa** "recherche".
- **kide/ide** "co-" **lankide** "collègue", **adiskide** "ami" (lit.co-entendeur), **gogaide** "compagnon de pensée, **izenkide** "homonyme", **ohaide** "maîtresse(lit."colitière").
- **ki /- gi** " morceau de " **txerriki** "cochonaille", **aharki** "viande de mouton", **ardiki**, **idiki** viande de boeuf, **ogi** "pain", **haragi** "viande".
- **kuntza/-tza** (activité / résultat de+ verbe transitif) : **aurkikuntza** "découverte", **hezkuntza** "éducation" , **hobekuntza** "amélioration", **jakintza** "science".
- **men** "faculté de" **ahalmen** "possibilité", **entzumen** "ouie", **ikusmen** "vue" , **ulermen** "compréhension.
- **pen** "action "**argitalpen** "publication", **ikuspen** "vision
- **tar ou -ar** "habitant de", **paristar**"Parisien", **iruñear** "Pamplonais", **euskalherritar** " Basque"(habitant).
- **tasun** "qualité de, -ité" ,**askatasun** " liberté" , **berdintasun** "égalité", **antzutasun** "stérilité", **zuzentasun** "justice".
- **te** " période" **elurte** "période de neige", **urte** "période d'eau" ou année , (au pluriel en ancien basque).
- **tegi** " gîte , endroit couvert d'un toit", **egurtegi** " bûcher", **arditegi** "bergerie", **lantegi** "usine".
- **tiar** partisan de, **baketiar** "pacifiste", **ezkertiar** "gauchiste" "**elizatiar** "dévôt", **jainkotiar** "pieux".
- **toki** endroit, **lantoki** "poste de travail, **erakustoki** "étalage" **igertoki** "piscine", **geltoki** "gare".
- **(t)zaile/-aile**"agent de"**argitaratzaile**"éditeur ", **itzultzaile** "traducteur", **erdi-eroaile** "semi-conducteur".
- **tze-tzapen**(cf-pen)"action", **argitze**"éclairement, **betetze** "accomplissement", **gainditze** "débordement ".

- **(t)zale** -phile, **ederzale** " esthète", **euskaltzale**"bascophile", **liburuzale** "bibliophile".
- **(t)zain**"gardien de" **zaldizain**" palefrenier", **artzain** "berger" **euskaltzain**" académicien basque", **ertzain**"policier basque", **liburuzain** "bibliothécaire".
- **xka -xko** diminutif, **aberexka** "bestiole", **jaunxko** "petit-monsieur", **mahaixko** "petite table".

Avec le temps certains de ces suffixes, sont devenus des substantifs incorporant avec eux fréquemment le **"t"** intercalé pour éviter l'hiatus, on les classe parfois dans les postpositions, ainsi **alde** qui a donné **talde** "groupe", **aldi** "temps astronomique", **aro** "temps météorologique", **arte** qui a donné **tarte** "espace", **erdi** "moitié ", **kide** "associé", **tasun** "item", **tegi** "abri", **toki** "endroit", **zain** "en attente", **zale** "amateur".

Sont empruntés aux langues romanes et au latin : **- ari / -lari** (lat.-arius) , le plus utilisé,"agent même non professionel", **-ada** "quantité de", (fr.-ade, cast.-ada) ; le suffixe **- eria** "péjoratif" est très utilisé, il permet de nombreuses subtilités : **demokrata** "démocrate", **demokratasun** "démocratie normale" **demokratkeria** "fausse démocratie", **anaitasuna** " la fraternité", **anaikeria** "la fausse fraternité" .

Le suffixe **-era /-ara**, "manière de " est peut-être latin mais il figure très tôt dans le nom de la langue **euskara** ; **kente/kunde** : lat gente(m) "espèce, caste" ; **-men**"faculté (oc), **entzumen** "audition", **ikusmen** "vision" (ce suffixe s'emploie facilement sur des bases de mots indigènes) ; **taia/taje** "ensemble" ; **-tate,** moins usité que son synonyme **-tasun** .

Enfin les hispanismes des traducteurs pressés du XVIIème siècle à nos jours : **-ario , -al , -zio/-zione**, sans nécessité, ne sont pas rares dans les textes universitaires et scientifiques actuels au détriment des constructions adjectivales complément de nom qui sont du génie de notre langue (cf anglais)

Les postpositions.

Le français, comme les langues européennes, a fait le choix des prépositions placées devant les substantifs, tandis que le basque agglutinant use, alors, le plus souvent, de postpositions.

Avec les postpositions de temps et d'espace et les cas -**an,-tik,-ren**) nous formons les expressions :

entre les maisons : **etxeen** ***artean***
hors de(la) maison : **etxetik** ***at***
à l'extérieur de la maison : **etxetik** ***kanpo***
de l'autre côté de la maison : **etxeaz** ***bestalde***
au dessus de la maison : **etxearen** ***gainetik***
sur la maison : **etxearen** ***gainean***
en dessous de la maison : **etxa*pean***
sous la maison : **etxearen** ***azpian***
après le travail : **lanaren** ***ondotik***
/lanetik ***landa***
après + verbe : **jan** ***ondoan***
avant le travail : **lanaren** ***aurretik*** **/ lanaren** ***aitzinetik***
jusqu'à dix (heures) : **hamarrak** ***arte***

"Au bout d'un jour" traduit mot à mot donne l'impression de l'inversion d'une " logique" et sa traduction littérale en français se comprend mieux de droite à gauche.

Egun bat*en buruan* (egun bat+en buru+a+n)
(Jour un de bout au)

A partir du mot **zu** "vous", voici d'autres exemples :

zu ***bezala*** : *comme* vous
zu ***gabe*** : *sans* vous
zuri ***esker*** : *grâce à* vous
zure ***aurka*** : *contre* vous

Cependant le français connaît des structures comparables mais si le basque ne se sert que d'une postposition, le français met un boeuf prépositionnel devant et un boeuf substantif derrière sa charrue:

zure ***alde*** : *en* votre *faveur*
zure ***arau*** : *à* votre *façon*
zure ***bitartez*** : *par* votre *intermédiaire*
zure ***bizkar*** : *à* votre *détriment*
zure ***orde*** : *à* votre *place*

Voici donc achevé - après les déclinaisons, les suffixes, les postpositions - le tour des "chevilles" du nom ; les mêmes s'appliquent aux adjectifs qualificatifs, placés derrière le nom .

La composition

Dans toutes les langues modernes c'est l'assemblage de deux mots qui est la principale source de désignation de concepts, de technologies, de structures, d'événements nouveaux Les compositions sont, en général, dans l'ordre inverse du français et d'autres langues d'Europe occidentale :

l'apposition (dans les noms propres)
Aturri ibaia "la rivière Adour", **Goethe olerkaria** "le poète Goethe", **Larrun mendia** "la montagne Larrun", **Kon Fu Dzeu filosofoa**, le philosophe Confucius.

nom + adjectif
Le qualificatif toujours placé derrière le nom déterminé donne un aspect inverse de celui du français **adarbakar** "unicorne (corne unique)", **begiluze**(oeil long)"curieux", **besamotz** "manchot".

nom redoublé.
Sans déclinaison, il marque l'intensité, ou le superlatif **bero-bero** "très chaud", **beltz-beltz** "tout noir", **garbi-garbi** "très propre ", **gorri-gorri** "tout rouge", **zuzen-zuzen** "tout droit" Avec le cas instrumental, il exprime la relation : **eskuz-esku** " de main à main", **etxez-etxe** "de maison en maison".

nom + nom
Cette composition est en général en sens inverse du français , un peu comme en anglais : **ardi-esne** (lit. "brebis-lait") "lait de brebis", **atalburu** (chapitre-tête) "tête de chapitre", **eguerdi** (egun+erdi) "midi", **elizgizon** "homme d'Eglise", **epaimahaiburu** "président de jury", **gauerdi** "minuit", **hitzordu** "rendez-vous", **irizpide** "critère", **sailburu** "chef de département", **lehendakariorde / buruorde** "vice-président", **telefono-zenbaki** "numéro de téléphone".

L'euskara exprime le sexe par la composition : **neska-lagun** "amie" **mutil-lagun** "ami" ; ainsi les mots **neska** " fille", **mutil** "garçon", **gizon** "homme", **andere** "femme" sont-ils fréquemment employés en composition pour la désignation des personnes (pour les animaux- **ema/-ar**).

nom + nom jumelé

Anai-arreba "frère et soeur", **harat-honat** "va et vient", **joan-etorri** "aller-retour", **senar-emazte** "mari et femme". Pour désigner un groupe parental, le basque ne masculinise pas, la "fratrie" est **anai-arreba** (frère-soeur), ou **aurride** (co-enfant), de même "parents", n'est pas bâti sur le mot "père" **aita**, mais se dit **guraso / aitamak** *lit*. père-mère .

verbe + nom.

Aurkibide"trouver"+"voie= table des matières", **egongela** cf living-room, "séjour salle", **erakustegi** "lieu d'exposition", **erakustetxe** "musée", **erakustoki** "étalage", **geltoki** "gare", **ikasgela** "salle (de) classe", **lantegi** "usine", **lantoki** "poste de travail". Bien qu'il y ait eu quelques écarts modernes, les Basques distinguent encore - **toki** "endroit quelconque sans référence à un toit" de **tegi** "endroit couvert d'un toit ".

verbe + adjectif (inverse du français, anglais etc..)

Edan berri "(bu nouveau) qui vient de boire" **etorberri** "nouveau-venu, **ezkonberri** " (marié nouveau)", **ikusi berri** "vu récemment", **jan-zahar**(qui a mangé ancien) "qui a mangé depuis longtemps", **sartu berri** "entré récemment" .

C'est là que le basque peut se permettre des subtilités pour dire l'impossibilité avec **ezin** , la difficulté avec **gaitz** ou la possibilité intrinsèque - **kizun**, ou immédiate - **garri.**(en mêlant suffixation et composition).

Eginezin : infaisable . **Eginezintasun** " infaisabilité"
Egingaitz : difficile à faire. **Egingaiztasun** "difficulté à faire"
Eginkizun : faisable en général **Eginkizuntasun** "faisabilité à l'avenir".
Egingarri : faisable à l'instant. **Egingarritasun** "faisabilité à l'instant".

Les rares préfixes sont ceux de localisation : "supra-"**gain-**"infra-"**azpi-**, "intra-" **barne-**, "extra-" **kanpo-**,"antero-"**aurre-, aitzin-**, "postero- " **atze-, gibel-** et ils se situent à la limite de la dérivation , puisque chacun peut être employé comme mot isolément.

Les composés mixtes

Quelques rares exemples anciens existent dans la dérivation mais c'est à l'époque moderne que la préfixation grecque s'est associée aux mots basques ou romans pour donner des hybrides : **infragorri** "infrarouge", **metahizkuntza** "métalangage", **mikrouhin**,"micro-onde", **polikiroldegi** "salle multisports", **protoeuskara**"protobasque, **teleikusle** "télespectateur", **telemezu** "telex", **ultramore** "ultraviolet". Parfois le premier élément est basque, **adinlekto** "parler d'une tranche d'âge", **astokrazia** "ânocratie", **aurre-historia** "préhistoire", **jainkofago** " théophage" etc..

L'usage confirme ou rejette ces créations libres et quotidiennes des bascophones , ou proposées par des écrivains ou par des entités chargées de la modernisation de la langue (U.Z.E.I., Elhuyar) ou de la surveillance de sa qualité (Euskaltzaindia).

Prénoms et noms : préhistoire et histoire

Les prénoms. Ils sont les révélateurs de plusieurs couches culturelles et religieuses du Pays Basque. Les plus anciens sont attestés au Ier siècle de notre ère, mais beaucoup sont des reconstitutions modernes, qui ont eu un succés suffisant pour que des milliers de jeunes les portent .

Couche ancienne ou pseudo-ancienne

Otsoa "le loup" est attesté dès le premier siècle, et tout au long du Moyen-Age, il est redevenu à la mode, surtout sous sa forme féminine **Otxanda** " petite louve". Ce prénom /nom fut à la mode au Moyen-Age, *lope (* castillan) , *lop* (occitan).

Un autre prénom attesté dans le haut Moyen-Age est **Hartzea** "l'ours"que l'on a rapproché de l'occitan *Garsia, Garzea*, et du castillan *Garcia,* à cause de sa traduction latine au Moyen-Age en *Ursus* .Parmi les reconstitutions basées sur des prénoms ou surnoms moyen-âgeux nous trouvons à l'époque moderne : **Haitzpea** (fem.) "Grotte", **Oihana**(fem.)"Forêt", **Unai** (masc.) "Pasteur", **Urtzi** "Ciel"(surtout masc.) **Zigor** "châtiment" est plus difficile à porter.

Quant à **Aitor,** sa création date du milieu du XIX ème siècle, elle fut l'oeuvre d'Augustin Chaho, romantique basque , pour désigner "l'ancêtre mythique ", l' Adam des Basque.

L'époque chrétienne classique

Ce sont des prénoms qui après le Xème siècle, éliminèrent la plupart des plus anciens, ce sont surtout les noms de grandes saintes de l'entourage de Jésus-Christ : ***Ana*** , **Maria, Madalen, Marta**, des évangélistes **Joanes** et variantes (Jon Johane, Manex, Ganix) **Mateu, Marko, Lukas**, ainsi que **Petiri** (Peru, Piarres, Betiri). A ces saints s'ajoutent , **Arlande, Enaut** " Arnaud", **Gillen**"Guillaume", prénoms aristocratiques pyrénéens à la mode .

L'époque chrétienne plus récente.

Elle apporta les prénoms composés, qui, sous l'influence espagnole, furent et sont : **Jose-Mari** (abrégé basque **Txema**), **Jesus-Mari** (abrégé basque récent **Txuma**), **Anton-Mari**, **Jose-Anton** (abrégé basque **Josean**) etc. ; sous la tradition commune française et espagnole nous trouvons : **Juan-Pedro/ Jean-Pierre** (Panpella) **Juan Luis /Jean-Louis**, **Juan Mari/ Jean-Marie**, encore en vogue, en milieu rural.

Les prénoms chrétiens, de tradition ibériques sont ceux qui se rapportent à un sanctuaire de la Vierge et qui sous-entendent **Maria**, ils ont été basquisés au début du XXème siècle: Asuncion (**Jasone**), Carmen (**Karmele**), Nieves (**Edurne**), Pilar etc.

D'autres prénoms qui correspondent à des sanctuaires basques ont été mis en vogue progressivement au cours de ce siècle et correspondent à des noms de villages, de sanctuaires : **Ainhoa** (village du Labourd), **Begoña** (Biscaye), **Estibaliz** (Alava), **Itziar** (Guipuzcoa), **Muskilda** (Navarre) etc

Dans cet esprit le"sud"a préféré le toponymique **Lurdes** (de la vierge) et le "nord" le prénom **Bernadette** (de la sainte de Lourdes).

Les derniers prénoms non-hispaniques sont également utilisés, actuellement, dans tout le Pays Basque, sous les deux autorités étatiques. Au Sud, c'est l'autorité de l'Académie Basque qui contrôle l'acceptabilité des prénoms basques, éliminant ceux qui seraient ridicules ou injurieux - même s'ils sont anciennement attestés - tels "la truie" ou "gros testicules" .

A l'époque ancienne les formes hispaniques prévalaient au sud et au nord de la Bidasssoa, mais les autorités françaises n'admirent plus à l' état-civil, et dans les documents officiels -dès le XVIII°siècle - les formes basques **Petiri** "Pierre", **Beñat** "Bernard", **Arlande** "Arnaud" et refusèrent également ceux d'aspects hispaniques **Domingo** "Dominique", **Santxo** "Sanche" ou **Eneko** "Ignace" de nos anciens documents de famille.

A l'époque moderne c'est dans le milieu paysan que les prénoms sont le plus francisés ou hispanisés, jusqu'à introduire de peu élégants diminutifs pour enfants du français, Pierrot, Jeannot qui chez des personnes d'un certain gabarit, et de certaines fonctions, prêtent à sourire.

La lecture des faire-parts montrent que les paysans sont assez hostiles aux innovations basques, pour les noms de nouveaux-nés et les baptisent des derniers prénoms plus ou moins anglo-américanomaniaques de Paris (j'y ai découvert dans nos campagnes, Damian, Dorian , Victoria, Cedric et Sue Helen).

C'est par la ville et en ville que dominent les prénoms basques ou basquisés.Nous assistons en milieu citadin au retour en force des prénoms païens ou mythiques et comme la majorité des bascophones y habitent, j'ai pensé qu'il serait bon que vous les connaissiez et les ai cités dans la première partie.

Les noms .

Le nom pose la question que les ethnies balkaniques connaissent, à savoir que la famille et la collectivité territoriale, comptent plus que l'individu. Le Basque porte souvent deux noms : celui de l'état-civil, dénommé pittoresquement du côté français "le nom français", par exemple avec l'orthographe étrangère : Etcheverry, Etcheberry etc.et le "nom basque" qui est le nom de la maison d'origine, de naissance de la personne ou de ses parents qui peut être très différent , Hirigarai par exemple.

Au départ , même si la personne a changé de maison, et a perdu le contact avec celle des fondateurs, le nom de personne basque est presque toujours un nom de maison. Rarement l'on trouve quelques surnoms ou des noms de professions : **Gorria** "le roux"**Hargina**, "le maçon", **Aroztegi** "la forge" **Loiola** "fabrique de boue, de tuile etc..". Une majorité de noms de personnes est toponymique, avec le mot "**etxe** " maison, sous-entendu ou apparent :

Etxeberri " maison neuve"
Etxezahar " maison ancienne" **Etxegoihen/Goihen** : "maison la plus élevée"
Etxegarai / Garai" maison du dessus ".
Etxebarren/Etxebarne "maison d'en- bas"
Etxarte "entre maisons ".

A fortiori quand le premier élément est déjà un composé **etxe** disparaît : **Errekartekoetxea**,"la maison entre les ruisseaux" se dit **Errekartea** et la personne **Errekarte.**

Les maisons qui ont été ou ont eu quelques attaches de dépendance du monde nobiliaire , ont donné les noms de maisons et de personnes tels ceux à base de **jauregi** "manoir", **sala** "maison noble", **etxekapare** "maison de petite noblesse" ; ainsi foisonnent **Salaberria**, **Salaburu**, **Salagoiti**, **Etxekopar, Jauregiberri**, **Jauregizahar**.

On remarque vite que parallèlement à ces noms en "**etxe**" il y 'a des noms en "**(h)iri**" .Ce dernier élément signifie en basque actuel "ville", les doublets **Etxegarai / Hirigarai, Etxebarren / Hiribarren, Etxegoihen / Hirigoyen**, font penser - vu la rareté des villes dans le passé basque- à une autre signification **hiri = etxe** ; en effet, en français villa / ville associent l'ancienne signification de maison à celle de cité.

Les prénoms sont des sources de noms de personnes et de maisons l'habitude de s'appeler Jean -Pierre(**Pello**) dans une maison leur fit perdre leur nom d'**Errekarte**, pour celui de **Peillen**"chez Jean-Pierre" ; sur ce modèle il y a des **Peilloenia**, **Pierrestegi**, **Blaskoenea**, **Hernandorena** (chez Fernand), **Martikorena** (ch. Martin), **Perurena** (ch.Pierre) **Juantorena** (chez Jean), **Mitxelena** (chez Michel) etc..

Sans voir partout des plantes dans les noms de maisons, ou de personnes, les noms de forêts, peuvent apparaître en onomastique : **Arantzadi**, **Arantzeta** : bosquet de prunelier, **Hariztoi/ Arizti**, **Aritzaga**,"rouvraie", **Elhorriaga** "bosquet d'aubépine", **Gorostiaga**, **Gorostarzu** "bosquet de houx", , **Lexardoi**, **Lizardi**, **Lizarraga** "fresnaie", **Pagadoi**, , **Pagoaga** "hêtraie", **Madariaga** "verger de poirier", **Urkidi**, **Urkizu** "bois de bouleaux"ou simplement des plantes , **Ezpel** "buis ", **Lizar** "frêne" .

L' aspect montagneux de notre pays ne pouvait pas omettre l'emploi du mot **mendi** "montagne" dans les noms , **Mendiaga** "lieu montagneux", **Mendiarte** "entre montagnes", **Mendibe** "bas de montagne", **Mendiburu** : "extrémité de montagne", **Mendiondo** "pied de montagne", **Mendizabal** "vaste montagne", le mot **etxe** étant, alors, sous-entendu .

C'est aussi en rapport avec le relief que le nom **Urruti** "lointain"est si fréquent, et ses dérivés **Urrutigoiti** **Urruti**.d'en haut), (**Urruti**.d'en bas)Les rochers **aitz/atz** nous valent des **Azkain** "sur rocher", **Aitzbitarte** "entre rochers" **Aitzondo** "pied de rocher", **Aizpuru** "tête de rocher"

Les ruisseaux ont inspiré, **Erreka** "ruisseau", **Errekagaitz** "ruisseau torrentiel", **Errekalde** "près du ruisseau", **Errekarte** "entre ruisseaux"**Errekondo** "tout près de ruisseau". **Latsalde** (Laxalt) "près du ru ", **Latsaga** "lieu de rus", **Latsarte** "entre rus".Les fontaines ont donné **Iturri** "fontaine", **Iturrarte** entre fontaines", **Iturbide** "chemin de fontaine", **Iturralde** "près de fontaine".Les rivières, (**ur**, "eau" signifie dans ce cas rivière) **Urbeltz** "eau noire", **Urgain** " au dessus de la rivière", **Urgorri** "eau rouge".

De nombreuses maisons et auberges se créant autour des églises, de là proviennent les noms de maisons , de personnes en **Eliza** "Eglise", **Elizabide** "chemin de l'église" , **Elizagarai** "au dessus de l'église", **Elizalde** "près de l'église", **Elizondo** "contre l'église" , **Elizabe** "en dessous de l'église".

Il n'est pas étonnant que **bide** " chemin, route" ait donné des composés dont il est l'élément secondaire comme nous l'avons vu (**Elizabide, Iturbide**) mais aussi comme premier élément **Bidabe** "En dessous de la route", **Bidarte** " entre routes"**Bidegarai / Bidegain** "au dessus de la route"**Bidondo** "tout près de la route".

De même que **karrika** "rue, bourg " ont donné **Karrika** "rue", **Karrikarte** "entre-rues, **Karrikaburu** " bout de rue" , **Karrikondo** "tout près de la rue / du village " .

Nous avons donné les noms basques dans la graphie de notre académie. Depuis une quinzaine d'années, 85 % de Basques (du royaume voisin) ont le droit d'orthographier leur nom à la basque, en France c'est impossible et nous devons subir les déformations anciennes de nos noms, qui pour le même nom, nous proposent plusieurs orthographes, d'inspiration française, occitane ou espagnole :

Bidart, Vidart, Vidarte, Bidarte pour **Bidarte.**
Etcheberry, Etcheverri, Echeverria, Etcheverria, Etcheberria, Txabarri , Xavier pour **Etxeberri.**
Errecard, Errecart, Recart, Recarte, Ricart (sic) Ricard (resic) pour **Errekarte.**
Mendiboure, Mendibure, Mendibourou, **Mendiburu.**

Quant aux toponymes ils sont plus anciens et parfois difficiles à interpréter par le basque moderne tels **Baiona,**, **Biarritz. Donostia** est la forme basque de Saint-Sébastien. **Irun, Iruinea** (Pampelune) signifient "ville par excellence".

Les pronoms

Le pronom , comme le nom, se décline .

Les pronoms personnels ou le moi est-il haïssable?

1.**ni** (je/moi , sujet avec être),***nik*** (je/moi + avoir)
n*ire* (de moi, mien, mon poss.)(voir aussi adjectif)
n*iretzat* (prol. pour moi)
n*iregana* (vers moi)***nireganaino*** (auprès de moi)
n*iregandik* (de ma part)
n*itarik* (à partir de moi).

2. **hi** (tu, toi) ***hik*** avec les mêmes formes :
hi*re*, (de toi, tien)
hi*retzat*, (pour toi)
hi*regana*, (vers toi)
hi*regandik*, (de ta part)
hi*tarik* , (à partir de toi).

3.**zu** (vous, de politesse) mêmes formes: **zu*re***, votre) **zu*retzat*** (pour vous), **zu*regana*** (vers vous), **zu*regandik*** (de votre part), **zu*tarik*** .(à partir de vous)

4. **hura** (il / elle)(pour les déclinaisons v.démonstratifs)

5 **gu** (nous)mêmes cas, même modèle que "ni": **gu*re***, (nôtre) **gu*retzat***(pour nous), **gu*regana***, (vers nous), **gu*regandik*** (de notre part), **gu*tarik.***(à partir de nous).

6. **zuek**(vous, pluriel), formes spéciales **zue*n*** (vos), **zue*ntzat*** (pour vous), **zue*ngana*** (vers vous), **zue*ngandik*** (de votre part), **zue*tarik.***(à partir de vous).

7. **haiek** (ils / elles) , (voir les adjectifs démonstratifs).

Les pronoms personnels **ni/nik, hi/hik, zu/zuk** , **gu/guk, zuek, haiek** s'emploient surtout isolément en réponse à une question ou comme question, mais dès qu'un auxiliaire (être, avoir) ou un verbe fort apparaît, il n'est plus nécessaire puisque la personne est, presque toujours , marquée à l'initiale ou à la finale du verbe.Ainsi avec le présent du verbe être :

(**ni**) **naiz**	je suis
(zu) zara	vous êtes
(**hi**) **haiz**	tu es
(hura) da	il est
(gu) gara	nous sommes
(**zuek**) **zarete**	vous êtes
(haiek) dira	ils sont

Aussi peut-on dire sans pronom personnel,

Euskaldunak gara.
(Basques sommes)

Mais si nous ajoutons **gu** "nous" en début de phrase, et disons **Gu euskaldunak gara** , c'est une insistance qui correspond au français "c'est nous qui sommes les Basques".

De même avec le verbe "avoir" la terminaison porte la *marque personnelle* (comme en français) et suffit à elle seule. Les troisièmes personnes sont nues de toute marque personnelle : **du** (sing), **dute** (pluriel) mais sont ainsi aussi facilement repérables. C'est pourquoi ajouter le pronom personnel crée une insistance et nous avons au choix:

(**nik**) du**t** /dut	J'ai
(**zuk**) du**zu** / duzu	vous avez
(**hik**) du**k** / duk	tu as
(hark) du / du	il a
(**guk**) du**gu** / dugu	nous avons
(**zuek**)du**zue** /duzue	vous avez
(haiek) dute / dute	ils ont

Et **Nik dut** signifie "c'est moi qui ai "

Les pronoms possessifs

En euskara ils ont la même forme de base que les adjectifs possessifs que nous verrons plus loin ; ils y ajoutent le déterminant (le, les ,- **a**, **-ak**) comme le français "le mien", mais toujours sans marque du féminin ou du masculin.

nire aene **a**): le mien /mienne	***nire*****ak** : les miens /miennes
zure **a** : le /la vôtre(sing.)	***zure*****ak** : les vôtres
hire **a**: le tien /la tienne	***hire*****ak** : les tiens /tiennes.
haren **a**" : le sien /la sienne	***haren*****ak** : les siens /siennes
gure **a** : le nôtre /la nôtre	***gure*****ak** : les nôtres
zuen**:a** : le / la vôtre(plur.)	***zuen*****ak** : les vôtres
haien a : le /la leur	***haien*****ak** : les leurs

Le possessif est donc considéré comme un cas génitif du pronom personnel, mais en français "vôtre" n'est-il pas "de vous" Par contre, notre langue ne distingue pas les formes des pronoms et des adjectifs démonstratifs

hau : "celui-ci "ou "ceci"
hori : "celui-là" ou "cela"
hura : "celui-là là-bas" ou"cela là-bas".

Les pronoms indéfinis

Ils expriment une idée vague d'un objet ou d'une personne (quelqu'un, quelque chose, n'importe qui).Une des bases de formation est constituée par les paires **nor, zer?** qui-quoi? et **nola/noiz** ? comment/ quand?, avec régularité :

nor : qui?	**nola** : comment?
norbait : quelqu'un	**nolabait** : en quelque sorte
nornahi (edonor): n'importe qui	**nolanahi** (edonola) : n'importe comment
iñor ez: personne	**noiz** : quand
zerbait : quelque chose	**noizbait** : quelque jour
zernahi : n'importe quoi.	**noiznahi** :n'importe quand
ezer ez : rien	**noizikbehin** : parfois
zein : lequel?	**noizdanik** : depuis quand
zein nahi : n'importe lequel	**noizdaino** : jusqu'à quand
non-nahi : n'importe où	**nonbait** : quelque part

Sur **bat** "un", surtout utilisé comme numéral (parfois comme indéfini seul sous l'influence des langues voisines), sont formés les pronoms et expressions pronominales :

batzuk "des","quelques uns"
bakoitza "chaque"
bata "l'un"
batere ez "aucun"
bestea "l'autre"
bata eta beste "l'un et l'autre.

D'autres origines proviennent **elkar** "l'un-l'autre, "réciproque", **bere burua** "réfléchi", **ainitz** "plusieurs".Les pronoms "en" et" y" ne sont pas exprimés aussi vaguement on préfère "de là" **handik** , "vers là- bas", **hara** pour "y" et parfois un possessif pour "en", ou une tournure verbale d'accord avec le complément :

handik **jausten da** (il descend de là-bas) "il *en* descend "
hara **joaiten da** (il va vers là-bas)" il *y* va"
beren **ateak hetsiak dira** (leurs portes sont fermées): les portes *en* sont fermées .

Les pronoms relatifs

Peu employés en position initiale d'éléments de phrases sauf en style oratoire ou religieux et *fréquemment* en second élément, ils exigent quand même à la fin de la phrase une posposition **-n** "que" accolée au verbe ; ces pronoms sont les interrogatifs, **non**" où", **zer** "quoi"? **noiz** "quand?", **nola** "comment" **zein,** "lequel", **zeinetan** "dans lequel" , **zeinetarik** " duquel" dans les phrases :

-**Ez dakit *non* ikusi dugu*n* .**
(Je ne sais où nous l'avons vu).
lit." Ne sais *où* vu l'avons *que,"* qui rappelle le français populaire
" Je ne sais pas *où que* nous l'avons vu."

- **Ez dakit *zer* ikusi dugu*n* .**
"(Je) ne sais quoi vu (j')ai que."

Les autres constructions sont toutes sur ce modèle:

Ez dakit *noiz* ikusi dugu*n* . Je ne sais *quand* nous l'avons vu(que).
Ez dakit *nola* ikusi dugu*n*. Je ne sais *comment* nous l'avons vu.(que).
Ez dakit *zein* ikusi dugu*n*. Je ne sais *lequel* j'ai vu.(que).
Ez dakit *zeinetan* ikusi dugu*n*. Je ne sais *dans* lequel je l'ai vu.(que)
Ez dakit *zeinetarik* hartu duda*n*. Je ne sais *duquel* je l'ai pris.que).

Communément le basque préfère pour les constructions relatives la suffixation unique en **- *la*** et **- *n*** (qui, que)-***na*** (celui qui, celui que), avec inversion de la construction (v. ci-après).

Les adjectifs et constructions adjectivales

La grammaire basque distingue bien l'adjectivation par des mots spécialisés et emploie, dans le même but, des constructions telles que des compléments de nom ou des relatives.

L' adjectif qualificatif.

Comme dans toutes les langues, un nom peut devenir adjectif et inversement.Même si l'adjectif se décline ou se compose, il a quelques suffixes propres.

Les adjectifs qualificatifs les plus anciens de la langue ont pour suffixe **- ti, -di** ou **-i** (qui possède), par exemple dans les mots **handi** "grand", **txiki** "petit", **lodi** "gros", **erdi** "moitié", **urruti** "lointain" .Dans le vocabulaire de la psychologie, **lotsati** "honteux", **beldurti** "craintif", **izuti** "peureux", **bekaizti** "jaloux", **negarti** "pleurnicheur", **gezurti** "menteur", "**egiati** "sincère", et des couleurs de base, **gorri** "rouge", **zuri** "blanc", **hori** "jaune" et d'autres tels **nagusi** "principal, patron", **itsusi** "laid", **berri** "nouveau"etc..

D'autres adjectifs de base semblent être ceux qui ont un suffixe - **ker ,- kar**("mauvais" ou "dur") : **aker** "bouc", **anker** "cruel", **ezker** "gauche", "**oker** "tordu", **puzker /uzkar** "pet", **tzar** "très mauvais", **zahar** "vieux ", **zakar** "déchet", **lapar** "ronce"etc..Ce suffixe correspondrait à une forme rare résiduelle **-ke /-ge** ("qui manque") et peut-être au verbe qui en serait dérivé : **ken-** "enlever, ôter".

Quelques adjectifs en "e" ont des restes de suffixe, **xehe** "fin", **mehe** "mince ". Tous ces suffixes - à l'exception de **-ti** - ne sont plus productifs dans la langue, les suivants le sont :

- ail " -âtre" **gorrail** "rougeâtre", **zurpail** "blanchâtre", **horail** "jaunâtre".
- aire / -kara "légèrement" ,**zuriaire / zurikara** "légèrement blanc", **gorriaire** "légèrement rouge".
- ara , -era " à la manière de", **emazteara** "à la façon d'une femme".
- bera "sensible " (voir la formation des noms)
- dun "qui possède" **dirudun** "riche", **erdaldun** "xénophone" (sic), **euskaldun** "bascophone" , **jakitun** "savant".
- gale " qui a envie de " (voir également la formation des noms
- gaitz "difficile à ", **egingaitz** "difficile à faire", **hezkaitz** "difficile à dresser", **ulergaitz**"difficile à comprendre".
- garri "qui aide à faire, à avoir" **egingarri** "faisable, "**entzungarri**"audible", **lotsagarri** "honteux".

- **(h)as/-huts** "nu", **burhas** (buru+has) "nu-tête", **bilhas /biluts** "tout nu", **ontuts** (oin + huts) "pieds nus" .
- **kar, -kari** “fois” , **egunkari** “quotidien”, **astekari** “hebdomadaire”, **urtekari** “annuaire”.
- **(k)oi** (mauvaise tendance) La dérivation se fait avec des noms (le suffixe apporte la connotation péjorative) **ardanoi** ”ivrogne”, **andrekoi** “coureur de jupons”.
- **kor/-or** (propension à, fr.-able) La dérivation se fait avec des verbes qui donnent la connotation , aussi bien certains de ces adjcctifs sont flatteurs “stable”, **emankor** “ productif”, **eraginkor** “efficace”, **erorkor** (personne) “fragile ”, **hauskor** “cassable”, **ustelkor** “corruptible”.
- **oro/-ro**(chaque) : **astero** “hebdomadaire”, **egunoro** ”quotidien” (adj.), **urtero**“annuel”.
- **tsu,-zu** (abondant en) : **adarzu**, “branchu”, **ahaltsu** “puissant”, **argitsu** “lumineux”, **baketsu** “pacifique”, **indartsu** ”“fort physiquement”, **odeizu** ” nuageux”.

Les degrés de la graduation de l'adjectif

Ces degrés permettent de graduer l’intensité de la qualification d’un être ou d’un objet.Dans la construction basque comme en anglais, nous avons recours à la suffixation et à des conjonctions.

Dans ces cas “que” est plus spécialisé qu’en français puisqu’il existe selon que “que” marque l’égalité, la supériorité , qu’il est relatif ou conjonction de subordination, quatre formes différentes en basque, **bez-bezain**, **baino**, **-n**, **- la.**

Comparatif d’égalité : (**bezain** : aussi...que, **hain** : aussi)
“Aussi .. que” : est condensé en un seul mot ***bezain*** (**bez-** : que)

il est *aussi* grand *que* vous : **zu *bezain* handi da.**

“ Aussi / si “ seul se dit **hain**

il est *si* grand !: ***hain*** **handia da!**

(“aussi “ “également” non comparatif se dit ***“ere”***).

Comparatif de supériorité (que : **baino** , plus :- **ago**)

il est *plus* grand *que* vous : **zu *baino* handi*ago* da.**

("Plus", non comparatif **gehiago**, au contraire du français se place en basque, devant le verbe : ***gehiago* irakurri dut** "davantage j'ai lu ", il a alors une fonction adverbiale)

Comparatif et superlatif absolu (trop **- egi** , le plus **- ena**)

il est trop petit : **txiki*egi* da**, il est trop beau : **ederr*egi* da.**
il est le plus petit : **txiki*ena* da** ; le plus beau : **ederr*ena* .**

Comparatif d'infériorité.

Le basque, si prolixe pour l'expression de la supériorité ou de la beauté est gêné pour l'expression du mal et de l'infériorité (*moins*), et il préfère dire

il n'est pas *aussi grand* que vous.
ez da zu *bezain* handi.

plutôt que : il est *moins grand* que vous.

(*moins*, non comparatif suivi d'un verbe, en fonction adverbiale de quantité se dit **gutiago**):

gutiago **irakurri dut** "moins lu j'ai".

Comparatif de degré(**- xka/ - xko/ - xe-** "petit")

il est un *peu* petit : **txiki*xka* da**
il est un *peu* plus petit : **txiki*xe*ago da**

(Attention **- xko** n'est pas le masculin de **- xka**)

Les adjectifs numéraux

Ils se placent devant le nom .

Les nombres cardinaux Comme de nombreux peuples de la façade ouest de l'Europe, Irlandais, Bretons, Gallois, Danois nous comptons sur une base 20 qui a laissé des traces dans le français hexagonal(quatre-vingts, Quinze-vingts) et nous avons : encore la série complète jusqu'à cent exclus.

hogei : "vingt"
berrogei : "re-vingt"
hirurogei : "trois-vingts"
laurogei : "quatre-vingts

Actuellement ,“cent” étant **ehun,** nous ne disons plus “six-vingt” **seihogei** mais cent-vingt, **ehunta hogei**. La série des nombres trahit une numération ancienne par 5 puisque 6 (**sei**) est le chiffre d’origine indo-européenne en basque dans la série:

Bat	un	**Hamaika**	onze
Bi	deux	**Hamabi**	douze
Hiru	trois	**Hamahiru**	treize
Lau	quatre	**Hamalau**	quatorze
Bost	cinq	**Hamabost**	quinze
Sei	six	**Hamasei**	seize
Zazpi	sept	**Hamazazpi**	dix-sept
Zortzi	huit	**Hamazortzi**	dix-huit
Bederatzi	neuf	**Hemeretzi**	dix-neuf
Hamar	dix	**Hogei**	vingt

(A titre de curiosité, en basque ancien **bede** est “un “ et **zor** “deux “ d’où **bederatzi** “neuf” ou “un en arrière”, **zortzi** “ huit “ de deux en arrière”).En exception deux cents se dit re-cent **berrehun** , mais trois cents **hirurehun** normalement.

L’usage de **mila** et **milioi** d’origine romane s’est imposé par ailleurs, mais zéro se dit **huts**.

Nombres ordinaux. Comme dans beaucoup de langues “premier” **lehen,** n’a aucun rapport avec “un”, **bat** mais ensuite le suffixe correspondant au français “- ième” est **-garren. Bigarren** “deuxième”, **hirurgarren** “troisième” etc.Toutefois pour la désignation des fractions, on distingue comme en français au départ le “tiers“, **heren** du “troisième “ **hirurgarren**, de même **laurden** “quart “, **de laurgarren** “quatrième”, **hamarren** ”décime” de **hamargarren** ”dixième” , hors cela, nous utilisons pour les fractions **- garren** “-ième”.

La distribution se fait avec le suffixe **- na** ajouté aux chiffres , **bana** ”chacun un”, **bina** “chacun deux” , **hirurna** “chacun trois “ etc

Dérivés de **bat** “un”**bakarra**”seul”,**bakoitz**”chaque”, **bakun** “simple, **batasun** “unité “ ; de **bi** “deux”, **biriki** “jumeau”, **bikoitz** “double” ; avec **hiru**”trois, **hiruki** “triplé”, **hirukoitz** “triple”, **hirutasun** ”trinité”.

Il a été publié un gros traité sur "Les chiffres ensorcelés par les Basques" mais sans nous étendre trop sur le sujet, le "je te l'ai dit "*cent fois* " ou "trente-six fois" du français se dit en basque, modestement, soit "*onze fois* " **hamaika aldiz** au maximum, soit de "deux à cinq fois" **bigabostetan,** ce qui nous fait dire que ce sont les gens du nord qui galèjent.

La devise du Pays Basque mérite un temps d'arrêt car elle reprend un chiffre sacré dans le monde entier "sept" et se donne pour but l'union des sept provinces en un pays, **Zazpiak bat** " les sept (font) un".Quant à l'emblème ou swastika basque aux branches arrondies nous la dénommons **lauburu** "quatre têtes"qui rappellent les points cardinaux ou **lurburu** .

Dates et millésimes.: La structure de notre langue fait que pour les dates nous pratiquons depuis toujours le système de l'informatique actuelle, l'année(**urte**), puis le mois (**hilabete**), enfin le jour (**egun**)

1994 *de* /février *de* / 16 *le*.
1994.*ko* otsaila*ren* 16 *.a*.

(Voici les mois du calendrier modernisé et quelque peu latinisé au XX ème siècle 1. **urtarrila** 2.**otsaila** 3.**martxoa** 4.**apirila** 5.**maiatza** 6.**ekaina** 7.**uztaila** 8. **abuztu/agorrila,** 9.**iraila** 1O.**urria.**11 **azaroa,** I2.**abendua**).

Si le premier se dit **lehen**, le dernier se dit **azken** et les deux sont associ dans notre curieuse semaine qui est la seule en Europe à avoir conservé des restes de la semaine de 3 jours, les jours suivants étant des jours sacrés :

astelehen "premier (de) semaine" : lundi
astearte "inter-semaine" : mardi
asteazken "fin de semaine" : mercredi
ostegun/ortzegun, jour du ciel " : jeudi
ostirale/ ortziral , re-jour du ciel(?) : vendredi
larunbat : "réunion de compagnions"(?) : samedi
igande : "montée" : dimanche.

Pâques se dit **Pazko**, c'est aussi le "Jour de la Patrie" **Aberri Eguna**, Pentecôte **Pentekoste**, le 15 Août **Andre Dena Maria**, Noël **Eguberri.**

Les adjectifs possessifs ou l'art de l'appartenance

Classés en basque dans les pronoms déclinés, ils se placent, actuellement, devant le nom comme dans les langues occidentales modernes .Bâtis sur les pronoms personnels à la différence des langues occidentales ils exigent un article ou un autre déterminant suffixé sur le nom qu'ils modifient. Ainsi "mon livre " se dit :

"mon livre le"	**nire liburu*a***
ou "mon livre ce"	**nire liburu *hau***
ou "mon livre un "	**nire liburu *bat***

De même (comme en anglais)le pluriel se reporte sur le nom et le possessif reste invariable (my book, my books)

nire liburu*a* (sing) **nire liburu*ak*** (pluriel)

Les adjectifs possessifs ainsi invariables et neutres sont :

nire "mon /mes / ma"
hire "ton / tes /ta"
zure "vôtre de politesse"/vos
haren "son, ses" *bere* "son- / ses-propre"
gure "nôtre, nos "
zuen "vôtre /vos pluriel"
haien "leur /leurs " **beren** "leur-/leurs-propre".

Attention, dans : *Son* père j'ai vu .***Haren* aita ikusi dut.**
et dans cet autre : *Son père* il a vu ***Bere* aita Ikusi du.**

Si "son" est le même en français le possesseur n'est pas le même le basque les distingue mais dans le second cas le français peut insister par "son- propre" .

L'art et le langage de la possession sont le reflet d'une société et la nôtre est restée assez communautaire, puisque , davantage que d'individus l'on parle de maison ou maisonnée ou de commune ; ainsi un Basque qui sait bien sa langue et ne calque aucune autre dira : "notre pays" **gure herria**, notre maison "**gure etxea**" mais jamais "mon pays" et "ma maison ".

Certes on peut dire **nire liburua** "mon livre" mais **nire aita** "mon père"sonne mal. Si on est un enfant unique on parlera de son père comme **aita** "père" et si l'on est plusieurs **gure aita** "notre père".Pareillement de son frère on dira **gure Joanes** " notre Jean".

Toutefois *lorsque l'on s'adresse* à son père, à quelqu'un que l'on estime ou que l'on aime, on peut dire **ene aita**, "mon père", **ene adiskidea** "mon ami", **ene maitea** "ma chérie". L'en-tête d'une lettre peut s' écrire :

***Ene* adiskide maitea** (à son ami)
***Ene* aita maitea.**(à son père)
***Ene* lagun maitea** (à sa femme)

C'est la structure de la famille basque élargie, propriété de la famille qui explique ce "notre maison" et ce "notre père" ; mais bien sûr, sauf dans des cas de polyandrie on ne dit pas "notre femme", mais "notre dame de maison ", **gure etxekanderea.**

Les adjectifs indéfinis

Nous retrouvons, maintenant comme avec l'article et les démonstratifs l'inversion basque

chaque femme : **emazte *bakoitz***
toutes les femme(s) : **emazte *guziak***
quelques femme(s) : **emazte *batzu***
peu de femme(s) **: emazte *gutti***
beaucoup de femme(s) : **emazte *ainitz* /*asko.***

Seulement avec les indéfinis, occasionnellement interrogatifs , nous les trouvons en début de phrase ou avant les noms s'ils subordonnent

quelle fille est-ce ?***Zer* neska da?**
quelle sorte (de) travail ? ***Nolako* lana?**

Les autres interrogatifs sont **non?** "où?", **noiz?** "quand?", **nola?**, "comment ?", **nor?** "qui?". Leurs déclinaisons, quand elle sont compatibles avec leur sens, sont **nondik?** "depuis où", **noiztik** "depuis quand?", **nora** "vers où?" (espace et temps).

Les adjectifs démonstratifs

L' origine des démonstratifs, est plus ou moins démontrée : ils sont pour le basque, en relation avec l'article et le pronom personnel de troisième personne, puisque le démonstratif sert de pronom personnel de la troisième personne au singulier et au pluriel. **hau** : "celui -ci", "il / elle ", **-a** : "article" ; **hori :** "celui-là", " / il / elle ":**-o** "article de proximité, de présence" .

De l'espace et des démonstratifs.
Comme le castillan, le basque distingue ,"ce..ci, ce..là, cela.. là-bas"suivant la distance : **hau, hori, hura.**

La déclinaison des démonstratifs.(à user modérément)

Le démonstratif ayant les fonctions du pronom personnel, son usage est assez fréquent en basque et a nécessité un aménagement de la déclinaison pour éviter des ambiguités de terminaisons, d'où quelques irrégularités que l'usage fait oublier.

hau "ce....ci" se décline au singulier sur un radical **hon-** et au pluriel sur **hau**

substantifs inanimés *(montagne)*	singulier	pluriel
abs. (sujet + être)	**hau**	**hauk**
erg (sujet+avoir)	**honek**	**hauek**
dat.(à)	**honi**	**hauei**
gen.pos.(de)	**honen**	**hauen**
soc.(avec)	**honekin**	**hauekin**
instr. (à l'aide de)	**honetaz**	**hauetaz**
in.(dans)	**honetan**	**hauetan**
abl.(depuis)	**honetatik**	**hauetatik**
adl. (vers)	**honetara**	**hauetara**
gen.loc. (de)	**honetako**	**hauetako**
dest. (pour)	**honentzat**	**hauentzat**
mot. (à cause de)	**honengatik**	**hauengatik**

substantifs "animés" (femme, homme)

inessif(en,chez)	**honengan**	**hauengan**
ablatif (de la part de)	**honengandik**	**hauengandik**
allatif(auprès de)	**honengana**	**haiengana**

hori "ce....la"
Pour distinguer singulier et pluriel déclinés la construction se fait au singulier sur un radical **horr -** et au pluriel sur **hor -** et en ajoutant les déclinaisons ordinaires du nom.et de l'adjectif. (**horri /horiek, horretan / horietan, horrekin /horiekin**).

hura" ce...la là-bas"

Au singulier la déclinaison a pour base **har-** et au pluriel **hai-** (**hari / haiei, hartan / haietan, hartako / haietako, hartara / haietara hartatik, haietatik, harengana /haiengana** etc..)

L'euskaldun n'abuse pas de ces démonstratifs, dans une phrase un peu longue ou dans un texte on ne sait plus qui est "il / elle" ou "ceci "ou "cela".

Le composé adjectival : complément de nom

C'est pour toutes les langues une source d'enrichissement qui jadis produisit en français bien des composés savoureux tels que "oeil-de-boeuf" ou " abat-jour". Quand l'Académie française couronna le mot"mur-papier "d'un enfant au lieu de "poster" elle ne s'aperçût pas, que mot était de construction anglaise "wall-paper" et ne correspondait pas au génie du français.

En basque comme en anglais la construction du complément de noms se fait depuis toujours dans l'ordre adjectif (déterminant) d'abord et nom (déterminé) après, c'est ainsi que le nom de personne *Churchway* existe en basque dans la même structure **Elizabide**(Eliza= church), mais en français Eglise-chemin n'est pas "encore" possible.

Cette construction basque, peut paraître en contradiction avec la règle de l'adjectif qualificatif après le nom, s'explique par l'évolution que l'anglais connaît aussi à la suite de la disparition d'un suffixe:

anglais : Church**'s** way , donne Churchway
basque : **Eliza*ko* bide** , donne **Elizabide**

En effet les génitifs basques se construisent en inversant l'ordre des mots affectés :

"l'avion du président", devient ,
président **le de** (possessif) avion
lehendakari*aren* hegazkina.

On distingue aussi **herri*aren* bidea** "le chemin de la commune" (si celui-ci lui appartient), **herri*ko* bidea** "le chemin de la commune"(pour aller à la commune).

Comme dans beaucoup de langues les mots composés associent verbes, noms et adjectifs dans tout ordre possible, en dépassant rarement trois éléments, le troisième est le plus souvent une suffixation ou une dérivation.

Les mots composés à base *verbe + nom* , *nom + adjectifs* sont très fréquents. Parfois, notamment dans la toponymie, cela peut donner des noms d'une longueur accablante et un pré peut s'appeler **Etxeberrigaraikopekolarrea** "la lande d'en bas de la maison Etxeberri de la hauteur". La langue moderne ne cherche pas pour l'usage courant, à créer des mots trop longs, mais en littérature le jeu sur la longueur des mots est un recours littéraire de nos poètes et prosateurs de tous les temps.

Les relatives, constructions adjectivales.

Habituellement la relative se construit en inversant les éléments nominaux : le verbe est placé devant et l'auxiliaire ou le verbe fort reçoit le suffixe **-(e)n** le cas génitif possessif de la déclinaison d'où une phrase comme

Ezagutzen duzu*n* anderea etorri da.
Connaissance avez *que* dame la venue est
(La dame, que vous connaissez est venue)

Qui , raccourcie, donne **zure andere ezaguna** "votre dame connue" où la structure adjectivale de la relative précédente apparaît..Certes, quand une personne cherche ses mots, elle peut employer presque la structure française mais en l'appuyant d'un démonstratif : **andrea ...zuk ezagutzen duzun hura** ," cette dame... celle-là que vous connaissez".

Le syntagme nominal

Nous pouvons considérer que dans une phrase simple , sans sous-entendus, le syntagme nominal est l'ensemble des mots de la phrase qui dépendent directement du nom : les noms, pronoms, adjectifs ; les déterminants postposés ou suffixés , article, cas de déclinaisons, démonstratifs, indéfinis marqueront dans une phrase affirmative *la limite postérieure du syntagme nominal* le reste de la phrase constitue alors le syntagme verbal.

La phrase affirmative standard est du type SN/SV :

Patxik jokoluzeko disko berri handi*a* /merke erosi du
François durée-longue disque neuf grand le / bon marché acheté a

Patxik jokoluzeko disko berri handi *hori* / erosi du.
François durée longue disque neuf celui-ci / acheté a.

Patxi, jokoluzeko disko berri *batekin* / etxera sartu da
François durée longue disque avec / à la maison rentré est.

Patxi disko etxe *hortara/* disko erostera joan da.
François disque-maison à celle-là .disque à acheter allé est.

Ce modèle peut aussi se définir comme S.O.V. Avec le sujet en début de phrase, objet au centre, verbe à la fin.Il convient aux descriptions, mais nous avons vu que l'existence de l'ergatif permet de promener le sujet n'importe où dans des phrases à verbe transitif.

Quant au verbe il n'est pas forcément à la fin, puisque dans l'insistance on le fait passer en seconde position, dans un modèle S.V.O.

(Remarquez que le bizarre "jokoluze disko" est construit sur le même modèle que l'anglais "long-play record"mais suivant un modèle basque attesté dès les textes les plus anciens.)

La phrase interrogative, suit globalement l'ordre des mots des autres langues européennes .Elle peut être comme dans celles-ci une phrase de structure affirmative (même S.O.V.), que le ton rend interrogative.

Bihar ikusiko duzu, zuk ?
Demain vous le verrai, vous?

La phrase négative suit le modèle européen avec toute fois une inversion de l'auxiliaire qui va vers l'avant du complément qui s'intercale et du verbe non conjugué qui termine la structure.

Ni ez naiz Euskal Herrian bizi.
Moi je ne suis en Pays Basque habiter .
(Je n'habite pas en Pays Basque)

Tableau de quelques suffixes
(de substantifs)

- **aizun** : pseudo
- **alde** : espace, territoire
- **aldi** : temps
- **antza** : -oïde,aspect de
- **ari/-lari** : activité, métier
- **aro** : temps météorologique
- **arte** : intervalle
- **as,-has** : nu-
- **barne -** : intra
- **bera** : sensible à
- **doi,-di** : forêt(abondance de)
- **dun** : qui possède
- **era** : événement,action en cours
- **ezta** : couvrir de
- **gai** : destiné à, matière à
- **gailu** : qui sert à
- **gale** : qui a envie de
- **gin /-kin /-gile** : agent
- **gintza** : production de
- **go**: corporation
- **gune /-une** : endroit
- **keria** : mauvaise qualité
- **keta** : action répétée
- **kide /-ide** : co-
- **ki /-gi** : morceau de
- **kuntza** : organisation
- **men** : faculté
- **pen** : action
- **tar/-ar** : habitant de
- **tasun** : qualité de
- **te** : période
- **tegi** : gîte
- **tiar** : partisan de
- **toki** : endroit
- **(t)zaile /-aile** : agent de
- **tze /-tzapen** : action
- **tzale** : -phile
- **tzain** : gardien de

Tableau de quelques suffixes adjectivaux

- **ago** : plus
- **ail** : - âtre
- **aire /-kara** : légèrement
- **ara /-era** : manière de
- **as/-has/-huts** : nu-
- **bera** : sensible
- **dun** : qui possède
- **egi** : trop
- **ena** : le plus
- **ezin** : impossible à
- **gabe /-ge** : privatif
- **gale /-gura** : qui a envie de
- **gai** : destiné à
- **gaitz** : difficile à
- **garri** : qui aide à faire
- **garren** : -ième
- **kar / kari** : périodique
- **ker** : mauvais
- **kizun** : possible(-able)
- **koi /-oi** : vicié à
- **kor /-or** : porté à
- **oro /-ero** : chaque
- **tar /-ar** : originaire de
- **ti / - di** : de caractère à
- **tiar** : partisan de
- **tsu /-zu** : abondant en
- **us / -os** : sentiment de
- **xka /-xko** : un peu..

Les mots les plus anciens du basque

Comme le fit remarquer notre grand ethnologue J.M. de Barandiaran, disciple de l'abbé Breuil, les noms des animaux domestiques et la plupart des noms d'animaux sauvages en basque ne sont pas indo-européens, ils ont donc plus de 3.000 ans d'âge les noms des ovins : **ardi, ahari**, des caprins **aker, ahuntz** des bovins **behi, zezen, idi**, des équidés, **behor/ zaldi** sont ainsi d'anciens témoins de la langue.

Le vocabulaire de l'anatomie est aussi un grand réservoir de mots anciens : les emprunts y sont rares et on y observe un système de marqueur sémantique **b-** à l'initiale des termes d'anatomie comme nous l'avons vu précédemment (voir **begi, belarri, beso, birika, bihotz, bular, buru** etc..)

Hormis cette argumentation linguistique nous avons des inscriptions funéraires et des autels aux vertus ou aux dieux locaux qui pour l'époque aquitano-romaine nous donnent un vocabulaire précieux tel celui des couleurs : **beltz** "noir", **gorri** "rouge", **ori**"jaune", **zuri**"blanc" .

Le vocabulaire de la parenté est assez complet : **aita** "père", **ama**"mère" **alaba**"fille" **sem(b)e**"fils", **senar** "mari", mais aussi **andere** "dame", **anderexo** "demoiselle", **kizon**(sic) "homme", **ume/umbe** "enfant" etc..Des noms d'arbre **ari(t)z** "chêne", **leher**"pin", **arte**"chêne-vert" figurent dans ces textes, arbres sacralisés par nos ancêtres.Nous retrouvons aussi les adjectifs **berri**"nouveau", **zahar** "vieux, ancien".

Tous ces mots se retrouvent, pratiquement, sous leur forme moderne et par ce procédé il m'a été possible de glaner plus d'une centaine de mots d'époque romaine .Ces inscriptions en latin avec quelques mots de protobasque sont dispersées au nord et au sud des Pyrénées dans le domaine maximum de l'euskara.(voir la première carte)

Puis entre le IXème et le XIV ème siècle quelques gloses; un abondant vocabulaire de noms de lieux et de personnes , quelques rares textes nous fournissent les éléments du puzzle du basque moyen et permettent aussi, parfois, de dater les emprunts faits aux langues dominantes, emprunts que nous étudierons à la suite.

IV.LES EMPRUNTS DE VOCABULAIRE AUX LANGUES VOISINES

Les langues comme les femmes enfantent rarement en restant vierges ; le basque ne partage certes pas, et de très loin, la réussite de l'anglais, mais nous avons en commun d'avoir dans notre lexique plus de 50% de mots qui ne sont pas du fond indigène ancien.

Est-ce l'un des secrets de la survie du basque et d'autres langues? Par contre, la grammaire de la langue même si elle s'adapte aux évolutions des langues européennes, conserve son originalité. A l'époque contemporaine le basque a un autre défi à relever face au développement scientifique qui s'exprime dans des langues indo-européennes : le défi du vocabulaire.

Il est vrai qu'un excès d'emprunts aurait pu ou pourrait lui faire perdre son identité, modifier davantage sa structure, pour en faire un pidjin.

Quand ces emprunts sont jugés nécessaires le basque standard les a conservés : ce sont des termes provenant du bas-latin, très peu du latin classique, du latin d'Eglise et des langues romanes environnantes, castillan, occitan surtout des termes internationaux, (l'apport français postérieur au milieu du XVIII° siècle est mal intégré dans la langue).

Les emprunts anciens au latin

Ces emprunts correspondent à des faits de société ou des structures que nos ancêtres ne connaissaient pas (loi écrite, monarchie, agriculture intensive, élevage intensif, outillages et techniques importées par les Romains de tout l'Empire) et que soit les Romains soit l'Eglise introduisirent chez nous.

Parfois ces mots n' ont pas d'équivalents indigènes basques connus dans le basque moderne mais souvent il arrive que des doublets ou des créations modernes cohabitent avec la masse des latinismes .

Le vocabulaire religieux chrétien nous a donné : **aingeru** "ange", **altare** "autel", **bataio** "baptême", **bake** "paix", **besta** "fête", **deabru** "diable ", **Eliza** "Eglise", **gurutze** "croix" **ifernu**" enfer", **koroa** " couronne", **zeru** "ciel"(ancien **ortze**).

Le vocabulaire administratif s'est enrichi des mots **lege** "loi" (mais le" droit" se dit *eskubide / zuzenbide*), **errege** (neol. *bakaldun*)"roi", **Estadu** "Etat", **jende** "gens"(syn. *gizaki*), **populu** "peuple" (syn. *herri*).

Le vocabulaire culturel a emprunté **eskola** "école(mais "l'école en basque"*ikastola*), **liburu** "livre" (toutefois ***idatzi*** " écrire" et ***irakurri*** "lire" ne sont pas des emprunts). Le vocabulaire commercial a pris **merke** "bon marché" , **merkatu** "marché", **abere** "animal domestique (cf latin "habere"), **kabale** "cheptel" du latin capitale(m).

Les vocabulaires technologique et du bâtiment ont donné : **gaztelu** "forteresse", **dorre** "tour", **gela** "pièce", du latin "cella" (syn.**barne**), **korta** "cabane de berger" (syn.*ola*) , **golde** "charrue" (lat.culter), **zizailu** "banc à dossier", lat.subsaliu(m), **solo** " pièce de terre, "lat.solu(m).

Le lexique a pris également , **borondate** " volonté" (syn. *nahikunde*), **gauza** "chose" (syn. *zer*), **Izpiritu** "esprit" (syn.*gogo*) , **libertate** "liberté" (syn.*askatasun*), **ohore** (*gorentasun*) "honneur", **zentzu** "sens".

Les emprunts au français

Il est assez facile de repérer chez un basque-français les mots provenant de la langue d'État, puisque la phonétique basque est différente de la française et nos basques sont, en général, obligés de prononcer à la française ces mots de "code-switching" non empruntés par l'euskara parlé .

Des termes techniques, notamment en agriculture sont prononcés tels quels, avec une terminaison basque ou un cas"tronçonneuse-**a**" ou "montant compensatoire-**ak**" sans être basquisés : ils dureront autant que ces situations et ces outils.

De multiples raisons expliquent l'envahissement ancien du vocabulaire étranger en basque : la provenance des techniques à partir de territoires de langues romanes, la migration saisonnière, l'émigration temporaire, la transhumance dans des territoires de langues romanes, le fait de n'avoir jamais été langue de Cour, ni même langue administrative jusqu'en I978.

Ainsi l'ensemble du basque sous autorité française ou espagnole a emprunté du lexique, d'abord aux mêmes sources latines, puis plus récemment au castillan .Le vocabulaire religieux abonde en termes d'origine espagnole, même chez les Basques du nord .

Les emprunts au castillan

C'est pour des raisons socio-économiques que le castillan a pu donner le plus au lexique de l'euskara dans ce domaine, même en Pays Basque français : **abokatu** "avocat", **alto** "interdiction de passer", **abandono** "abandon d'héritage", **enplegu** "emploi", **kargu** "charge", **notario** "notaire", **partida** "adversaire", **peskiza** "enquête", **sozio** "associé".

Le castillan, hormis un certains nombre de noms d'outils ou de techniques, a donné du vocabulaire commun, comme des jurons(les "me cago en"), mais des emprunts - qui ont presque toujours un doublet basque - ont des connotations d'outrance ou de violence : **miedo** "grande peur", **fallo** "individu râté", **bieko** (cast. viejo) " viande dure", **gallina** "complètement écervelé" etc.et dans le théâtre comique populaire souletin, des personnages très dignes, mais naïfs s'expriment en espagnol.

Le vocabulaire religieux est riche en emprunts castillans **dilubio** "déluge", **ebangelio** "évangile", **epistola** "épître", **ermita** "ermitage", **fraide** "moine", **ifernu** "enfer" **kalbario** "calvaire", **linbo** "limbe", **profeta** "prophète", **protsimo** "prochain", **purgatorio** "purgatoire", **sakrifizio** "sacrifice", **soberano** "souverain", **sotana** "soutane"etc.. tant au nord qu'au sud du pays.

Paradoxalement et localement, dans la partie du pays sous autorité française, le vocabulaire des bergers a adopté : **builtre** "vautour", **korrale**" parc à bestiaux", **peña** "rocher"etc.

Le vocabulaire commercial a pris **kanbio** "change", **kario** "cher", **komerzio** " commerce", **prezio** "prix", **pagatu** "payer", **sozio** "associé", **truke** "échange".

Ce dernier phénomène s'explique par le fait que, jusqu'à la Révolution de 1789, le commerce du Pays Basque-nord se faisait avec des pays hispanophones du bord de l'Ebre. Cependant le castillan a pénétré encore davantage dans l'euskara des Basques du Sud .

Les emprunts à l'occitan

L'occitan a pénétré dans tout le Pays Basque, même au delà de la frontière moderne de l'Espagne : en effet en Navarre et Guipuzcoa il y avait de fortes colonies d'occitanophones. Dans de nombreuses villes du pélerinage de Saint Jacques de Compostelle les commerçants gascons obtenaient des chartes .

A Pampelune, à Sanguesa, Estella, Puente la Reina en Navarre, à Biarritz en Labourd, à Pasaia et Saint Sébastien en Guipuzcoa à Mauléon en Soule, des colonies occitanes existaient tant à Saragosse qu'à Saint Jean Pied de Port : les rois de Navarre francophones ou occitanophones favorisèrent l'occitan, langue officielle pendant trois siècles dans ces localités.

Les emprunts occitans sont plus abondants au Pays Basque nord en contact direct avec la Gascogne, mais par exemple, dans le vocabulaire de la construction navale le lexique basque, au sud également, est dominé par ces emprunts occitans ; dans le domaine naval, l'occitan a surtout fourni un vocabulaire technologique, puisque les Gascons transmettaient les techniques du nord de l'Europe avec leur vocabulaire, emprunté et gasconnisé. Les emprunts au gascon furent plus faciles, pour les Basques, ce dialecte ayant une phonétique proche de l'euskara .

Le vocabulaire religieux, philosophique, poétique, administratif, juridique n'a presque rien emprunté à la langue et à la culture occitanes, ce qui est paradoxal si on ne se souvient pas que ce fut par la voie populaire, que ces emprunts pénétrèrent .

Au niveau des techniques et alors qu'au cours de ce siècle la cuisine basque est devenue l'une des grandes cuisines européennes, elle a beaucoup emprunté, dans le passé, au vocabulaire occitan (**pastiz**"gâteau", **koka** "flan" etc..)

Le vocabulaire agricole présente aussi des occitanismes (**sega** "faux, **trukesa**, "tenailles", **arrestelu** "rateau" etc..) ; toutefois les plus anciens instruments ont des noms indigènes : **haitzur** "houe", **jorrai** "sarcloir", **aizkora** "hache", **aizto** "couteau", **aihotz** "croissant", **igitai** "faucille", **guraitz/ haiztur** "ciseaux", avec comme radical possible, **haitz** "pierre"!?) .

Dans le domaine des sciences naturelles les emprunts occitans sont rares : pour quelques poissons de mer et quelques plantes.

Comme toute société ou groupe ethnique conscient de lui-même les Basques emploient sciemment des mots étrangers pour désigner les choses.répugnantes, **pixa** "pisse", **kaka** "merde", **bahuts** "bave", ainsi que pour jurer, blasphémer, ou mépriser son prochain, **malestruk** "maladroit", **aujami** (rare) "vilaine bestiole", **maladret** "maladroit", **bastart** "bâtard" et une bonne centaine d'autres.

Par contre "cayolar"et "charivari "employés par des pyrénéistes ne sont pas des mots basques mais occitans : en basque pour le premier on a toujours dit **ola**, pour le second **zintzarrots**, **galarrots**, et **astolaster** pour le "théâtre charivarique".

L'occitan est aussi la langue que l'on met dans la bouche des **beltz** " les noirs" les marginaux du carnaval, et , dans le théatre charivarique, on le met dans la bouche des avocats ridicules, mêlé à du latin de cuisine. Le pitre du Carnaval porte un, nom occitan **Pitchou**, de même les "chaudronniers" qui, en Soule, baragouinent en occitan de cuisine .

Le basque a incorporé un certain nombre de mots arabes , peu directement beaucoup par l'intermédiaire de l'espagnol ; les plus anciens emprunts sont ceux se rapportant à l'habillement , **atorra** "chemise courte ", **alkandora** "chemise longue", **izara** "drap", **zaragolla** "braies", **zapata** "chaussure"(syn. **oinetako, oski**), mais aussi **azoka** "foire, souq" et **gutun** "lettre"(syn. **eskutitz)**

Les autres emprunts abondants dans le domaine basque hispanophone proviennent du castillan et sont absents des parlers du nord : **alkate** "maire, alcade", **alkanfor**"camphre ", **alkatxofa,** "artichaut", **almibar** "sirop" etc..

Et le français?

Quelques mots français se sont infiltrés localement dans les parlers basques du nord, dans le domaine des désignations de parenté (*belemera*, *tanta* s'entendent localement) ou de savoir-vivre (*mertzi*,)"bonjour" où ils concurrencent les termes basques totalement différents d'esprit et de forme. De tels phénomènes s'observent dans de nombreuses langues.

Au XVIIIème siècle, c'est sous la forme occitane que nous parvint le vocabulaire français classique : **faxus** "fâcheux", **arrogant** "arrogant", **superbius** "superbe", **susmis** "soumis" etc. que l'on met dans la bouche des comédiens basques au XVIIIème siècle en Soule. La plupart de ces termes de psychologie élémentaire sont obsolètes mais certains restent très vivaces dans le Pays Basque-nord : **kurios** "curieux", **maleros**"malheureux",**uros** "heureux", **lanjeros** "dangereux", qui ont leurs doublets en basque (**begiluze / ikusnahi, zorikabeko, zoriontsu, galbidetsu**).

Ces emprunts vous faciliteront l'abord d'une langue dont le fond lexical serait, sans cela, plutôt rébarbatif.La langue standard a retenu les emprunts les mieux intégrés dans la langue ou quand ceux-ci représentaient un enrichissement et des formes compatibles avec l'intégrité de l'euskara.

Dans sa modernisation, l'***euskara batua*** basquisa légèrement les termes de formes internationales qui constituent parfois plus de la moitié du vocabulaire d'un travail scientifique basque.Voici un titre qui n'est rébarbatif que par sa technicité médicale :

Barrera hemato-entzefalikoaren funtzionamendu patologikoa

"Fonctionnement pathologique de la barrière hémato-encéphalique"

Ceci relève d'un langage où l'emprunt est obligatoire dans un beau mélange où grec, latin, anglais et français se télescopent.

Cette langue que nous avons mise au point avec le groupe U.Z.E. I. est à l'épreuve de l'usage depuis dix ans .

Cette langue moderne reste encore lettre morte, pour beaucoup, particulièrement au Pays Basque-nord par suite de, l'insuffisance de son enseignement en France On a pu le constater dans le désarroi des jeunes lorsque récemment la Télévision basque (**Euskal telebista I**) a pu enfin être visible dans l'hexagone, car la connaissance de la langue ancestrale s'est appauvrie, d'autre part, la nouvelle langue, de plus en plus pratiquée par les médias et en Pays Basque -sud n'est pas connue dans les vallées sous autorité française où l'enseignement bilingue est faiblement implanté et très faible en milieu paysan.

Là aussi cet euskara devient celui de certains citadins de la Côte basque, les paysans ayant été les plus sensibles à la pression exercée sur eux par la langue française et ses hussards prosélytes jusqu'à une époque récente dans les écoles rurales Dans une curieuse interprétation des droits de l'homme les instituteurs ont pratiqué, impunément, l'interdiction de notre langue par la brimade et la punition .

L'art du péjoratif

L'euskara est le plus gêné dans l'expression de tout ce qui est négatif ou péjoratif d'où le recours à quelques rares préfixes d'origine latine et d'un foisonnement d'emprunts.peu sympathiques : **desagrada** "déplaisant", **desaire** "mépris", **desalai**"découragé", **desamorio**"désamour", **desarrazoi**" déraison", **desastre** "désastre".Même des radicaux basques acceptent ce préfixe ancien : **desagertu** "disparaître", **desaitortu** "désavouer", **desarau** "déréglé", **desaxola** "négligence", **desegin** "détruire, **desegoki** "inadéquat", **deserrotu** "déraciner", **deshantu** "désenfler " etc...

Avec des connotations négatives moins violentes, particulièrement en basque moderne, un **ez** ("non") préfixé sert à composer des mots, **ezeuskaldun**, "non- bascophone ", **ezlegezko** "non-légal" .L'euskara préfère exprimer le plus souvent à l'aide de suffixes la négativité relative par **- gaitz** "difficile" ou absolu par **-ezin** "impossible" comme nous l'avons vu précédemment.

Le grec nous donne des composés mixtes plus récents et plus savants, *anti-* , *meta-* etc . (en sciences) : cf **metahizkuntza** "métalangage", **antibiotiko** "antibiotique" **antiestetiko** "antiesthétique" etc.

Nous avons vu précédemment les difficultés à exprimer un comparatif d'infériorité ou à désigner des objets et des personnes répugnantes ce pourquoi on a recours à l'emprunt A cela s'ajoute les raisons évoquées précédemment dues à l'étroitesse du pays et aux contacts socio-économiques obligés avec des locuteurs de langues romanes.

Emprunt et comparaison

La création de 250.000 mots nouveaux a tenu à respecter les règles générales appliquées aux emprunts en évitant de déformer les mots d'usages internationaux et récents.

La langue risque une plus forte contamination par des calques d'expression inutiles, la langue elle-même bien exploitée en fournissant largement, mais comment résister aux modes surtout si elles sont européennes?

Quant au fond indigène et à la syntaxe qui demeurent , pour l'essentiel, différents de celle des langues indo-européennes ils ont fait l' objet d'études comparatistes notamment de la part des Géorgiens du Caucase qui à l'université de Tbilissi constituent un groupe d'étude de notre langue et de notre culture d'une demi douzaine de chercheurs, de même au Japon dont la langue lexicalement très éloignée de la nôtre, présente une assez grande similitude grammaticale.

Les études lexicales de comparaison avec des langues trop lointaines dans l'espace et dans le temps sont vouées à l'échec car dans une langue, comme nous venons de le voir le vocabulaire et la partie la plus changeante de la langue, et nous ne disposons pas de textes aussi anciens que les langues indo-européennes ou asiatiques

V.LE VERBE (ADITZA)

Généralités : le verbe basque vous sera parfois familier, un peu déroutant, jamais pauvre en nuances. Ce que nous exposerons longuement ce seront les formes du verbe impersonnel et périphrastique qui ressemblent le plus aux formes européeennes .

Nous aborderons à peine ces formes dites allocutives et celles ou le verbe s'accorde avec les compléments, que nous pratiquons entre" initiés", par plaisir, par goût littéraire ; les premières, les plus simples, suffisent à une large communication.

La forme du verbe.(classification)

Les verbes les plus anciens ont à l'initiale **e/i/j/**

Le premier groupe comprend à l'initiale : **i /e +** racine **+ i**

e-bak -i : couper
e-bats -i : voler(chiper)
e-karr-i : apporter
e-gos- i : bouillir
e-dosk-i: têter
e-hortz-i : enterrer
e-ror - i : tomber
e-ros-i : acheter
e-seg-i : suspendre
e-skain-i : offrir
e- torr -i : venir
e -uts-i : soutenir
e -zarr -i : mettre

i-bil-i : marcher
i-datz- i : écrire
i -garr-i : deviner
i -ger-i : nager
i-gorr-i : envoyer
i-gurtz-i :frotter
i-kas- i : apprendre
i-kus-i : voir
i-raul-i : renverser
i -raung -i : éteindre (feu)
i-rents-i : avaler
i-tzal-i : éteindre (lumière)
i- tzul-i : retourner

Le deuxième groupe comprend des verbes construits sur le modèle **e/ j+** racine **+ n**

e -da -n : boire
e-gi- n : faire
e- go - n : rester
e-ma-n : donner
e -rra-n (esan) : dire

j-aki-n : savoir
j-a-n : manger
j-asa-n :supporter,endurer
j-oa-n : aller
j-i -n : venir (dialectal)

(à l'exception de "manger" et "boire "venir" ils ont une forme forte et une forme analytique).

Le troisième groupe comprend quelques verbes un peu archaïsants dans leur usage sur le modèle : **i/e/j + racine + o** ; ils ont ont parfois un double à finales **-n**

jaio : naître ,
jario : s'écouler
jaso : soulever
eiho : moudre
idoro (ediren) : trouver
ito : se noyer
igaro (igaran) : passer
igo (igan) : monter

Le quatrième groupe .Le plus productif et le plus abondant dans la langue moderne, utilise les terminaisons **-tu/-du** au passé, **-ten, -tzen** au présent ,**-tuko** au futur et les rajoute à n'importe quel nom ou adjectif qualificatif, possessif, numéral, pour en faire un verbe:

handi "grand" , **handitu** "grandir"
gorri"rouge " , **gorritu** "rougir"
gure "nôtre " , **guretu** "nous approprier"
nire "mon" , **niretu** "m'approprier" etc..
holako "ainsi"(au présent), **holakotu** "devenir ainsi"
halako "ainsi "(au passé), **halakatu** "devenir ainsi".

D'autres verbes proviennent de compositions : *antz+aldatu* **antzaldatu** "transfigurer", *azpi + marratu* , **azpimarratu** : souligner.Toute liberté est laissée , par la tradition, aux locuteurs d'inventer les verbes dont il a besoin.

Cinquième groupe Les verbes semi-auxiliaires ou déponents

Un certain nombre de "verbes "restent invariable et admettent , un second verbe neutre ,"faire","donner", "prendre" et un auxiliaire conjugué :

avec **egin** "faire"
alde egin "s'éloigner", **eztul egin** "tousser", **hitzegin** "parler", **lo egin**, "dormir", **nigar egin** "pleurer".

avec **eman** "donner"
hatzeman "attraper", **hitzeman** "promettre", **min eman** "faire mal".

avec **hartu** "prendre"
hatsartu "respirer", **hitzartu** "convenir", **min hartu** "prendre mal".

L'insistance verbale :

Elle peut se faire, suivant la question posée avec **egin** " faire".Soit la question générale pour laquelle la réponse ne comportera pas "egin"

Qu'est-il arrivé ? **Zer gertatu da?**
Il est mort . ***Hil* da.**

par contre la question plus précise, demandera dans sa réponse "egin" Il est mort ? **Hil da?**
Oui il est bien mort. **Bai, *hil egin* da.**

On peut aussi insister en répétant le verbe, avec les quelques verbes synthétiques

Ekarri-dakar : Il l'apporte vraiment.
Etorri dator : Il vient vraiment.

La construction imperfective progressive "ari".

Au contraire de "*en train de* " du français ou du suffixe anglais *-ing*, "ari " basque semi-auxiliaire peut s' associer à un verbe, à un auxiliaire(être ou avoir).Voici ces avatars :

Lanean ari da . **Lan-*ea-n ari da.***
(Il est en train de travailler) (Travail le dans en train est)
(Avec la marque le temps passé **-tu/du** présent/**-tzen/ten** futur/**-ko** , **ari** se comporte comme un second auxiliaire et il ne signifie plus "être en train" mais "sûrement il fera"

Atzo lanean *aritu* da "hier il a travaillé".
Egun guziz lanean *aritzen* da" tous les jours il travaille".
Bihar lanean *ariko* da"demain il travaillera".

Le réel et l'irréel

Le jour où l'euskara découvrit l'usage des auxiliaires il alla jusqu'au bout grâce à une conjugaison analytique ; toutefois il maintint ses catégories et il marqua sur le verbe non conjugué les deux grandes catégories de son système verbal : réel, irréel .

Le réel concerne les temps de l'indicatif qui sont construits *sur la base du verbe à l'infinitif* :

infinitif passé : **-i, -o,-n ,-tu** terminaisons vues précédemment
infinitif présent : terminaisons **-ten / -tzen** (en ôtant **-i** ou **-tu**)
futur : -**ko / go**(parfois **-en**) ajouté aux finales du passé
(**ikasiko, itoko, egingo/eginen, handituko.**

L'irréel , touche tous les temps "incertains" du conditionnel, de l'impératif, du subjonctif, du potentiel, ou de l'optatif littéraire. Ces temps utilisent le radical du verbe et le mode est exprimé par l'auxiliaire conjugué. Par exemple, les radicaux sont **ikas** de **ikasi**, **handi** de **handitu**, une seule forme pour les verbes en -n et - o au passé et à l'irréel : **egin, ito.**

Verbes et auxiliaires (qui vous aident à ne pas conjuguer)

Nous verrons que la plupart des verbes peuvent ne pas se conjuguer puisqu'ils passent le relais aux auxiliaires, par une conjugaison périphrastique du type du passé composé français.

L'auxiliaire être : izan

C'est le plus ancien, celui dont les racines sont les plus variées. Malgré tout, chaque forme ayant conservé la marque de la personne, comme nous l'avons vu précédemment le pronom n'est utilisé que pour insister.

		Présent		**Imparfait**
(ni)	**n*aiz***	je suis	**(ni) n*intzen***	j'étais
(hi)	**h*aiz***	tu es	**(hi) h*intzen***	tu étais
(zu)	***zara***	vous êtes	**(zu) *zinen***	vous êtiez
(hura)	***da***	il est	**(hura) *zen***	il était
(gu)	**g*ara***	nous sommes	**(gu) gi*nen***	nous êtions
(zuek)	***zar*ete**	vous êtes	**(zuek) *zin*ete*n***	vous êtiez
(haiek)	***dira***	ils sont	**(haiek) *ziren***	ils étaient

A partir de ces deux temps du verbe être, nous verrons comment réaliser les six temps de l'indicatif des *verbes intransitifs.*

Dans notre langue, les intransitifs sont généralement, les mêmes qu'en français toutefois les verbes de mouvement qui se conjuguent directement sont, en euskara, employés avec l'auxiliaire être : "je suis allé" **joan naiz**, "je suis sorti "**ateratu naiz**, mais aussi * je suis marché **ibili naiz,** jauzi naiz * je suis sauté.

L'auxiliaire avoir : ukan

	Présent		Imparfait		
j'ai	**(nik)**	***du*** **t**	j'avais	**(nik)**	**n*uen***
tu as	**(hik)**	***du*** **k**	tu avais	**(hik)**	**h*uen***
vous avez	**(zuk)**	***du*** **zu**	vouz avez	**(zuk)**	**zen*uen***
il a	**(harek)**	***du***	il avait	**(harek)**	***zuen***
nous avons	**(guk)**	***du*** **gu**	n.avions	**(guk)**	**gen*uen***
vous avcz	**(zuek)**	***du*** **zue**	v. aviez.	**(zuek)**	**zen*uten***
ils ont	**(haiek)**	***du*** **te**	ils avaient	**(haiek)**	***zuten***

Avec ces deux temps du verbe avoir, nous verrons comment conjuguer les verbes transitifs, aux six temps de l'indicatif. Ces temps sont pratiquement les mêmcs que dans les autres langues européennes .

Composer, oui, mais jusqu'au bout

L'euskara connaît deux sortes de verbes : les verbes faibles, qui comme en anglais se conjuguent avec les auxiliaires de manière périphrastique et les verbes forts ou irréguliers comparables à ceux de la même langue.A l'instar de l'anglais et allant plus loin que le français, nous ne conjugons pas le verbe , mais l'auxiliaire.

Au passé composé : **ikus*i* dut** "j'ai vu

nous pratiquons le même système pour le présent composé

ikus*ten* dut : j'ai voyant, c'est à dire "je vois"

et également au futur simple composé

ikusi*ko* dut : j'ai à voir ,c'est à dire "je verrai"

avec l'auxiliaire être au plus que parfait (prétérit).

ikus*i* nuen : "je vis"

puis sur ce modèle pour l'imparfait composé

ikus*ten* nuen : "je voyais"

et le futur antérieur composé

ikusi*ko* nuen : "j'aurai vu".

Nous remarquons que le verbe porte la marque du temps et que c'est l'auxiliaire avoir ou être qui est conjugué.Ce système analytique peut s'employer concurremment avec des verbes forts anciens et l'on peut dire

ikusten dut ou **dakusat** (avec des nuances différentes)
nabila et **ibiltzen naiz** , pareillement.

De quelques temps indispensables de l'irréel

L'impératif se construit sur le radical : infinitif passé débarrassé de **-tu** ou de **-i**.

L'impératif immédiat et assez autoritaire est constitué par ce radical sans indication du traitement(vouvoiement ou tutoiement)

ikas ! apprendre! , **ken !** enlever ! , **egon!** rester!, **jo!** frapper! etc...

L'impératif poli, médiat , utilise l'auxiliaire avoir (forme **ezan) :**

ikas ezazu! "apprenez ", **ikas beza !**"qu'il apprenne"

ou bien l'auxiliaire être (forme **edin)**

egon zaitez ! restez !, **egon bedi !** "qu'il reste".

Le subjonctif . Est apparenté à l'impératif avec l'adjonction de "que" en suffixation **-n**

présent du subjonctif : être	passé du subjonctif "être"
nadin (que je sois)	**nendin** (que je fusse)
hadin	**hendin**
zaitezen	**zintezen**
dadin	**zedin**
gaitezen	**gintezen**
zaitezten	**zintezten**
ditezen	**zitezen**

Et avec un verbe **egon nadin** "que je reste", **egon nendin** "que je restasse".

présent du subjonctif "avoir"	passé dù subjonctif "avoir"
dezadan (que j'aie)	**nezan** (que j'eusse)
dezaan	**hezan**
dezazun	**zenezan**
dezan	**zezan**
dezagun	**genezan**
dezazuen	**zenezaten**
dezaten	**zezaten**

Et avec un verbe transitif, **egin dezadan** "que je fasse" et **egin nezan** "que je fisse"

Le conditionnel a pour terminaison **-ke** et ses formes sont :

Conditionnel du verbe être (izan)

nintzateke	je serais
hintzateke	tu serais
zinateke	vous seriez(sing.)
lizateke	il serait
ginateke	nous serions
zinatekete	vous seriez
lirateke	ils seraient

Conditionnel du verbe "avoir"(ukan)

nuke	j'aurais
huke	tu aurais
zenuke	vous auriez (sing.)
luke	il aurait
genuke	nous aurions
zenukete	vous auriez
lukete	ils auraient

De quelques modes originaux

1.Un temps n'est plus que littéraire, c'est l'optatif équivalent "Plût au ciel que" construit sur le suppositif **ainintz** " plût au ciel que je fusse", **aineza** "plût au ciel que j'eusse".

2. le suppositif correspond à"si.j'étais / si j'avais "construit sur l'imparfait en lui ôtant le ***-en*** final. et en préfixant , **ba** "si ": **nintzen** "j'étais" **banintz** : si j'étais.

3. d'usage intéressant un peu négligé dans le parler actuel est le potentiel, temps dont la terminaison **-ke**, traduit "pouvoir" Construit sur une autre base (**naiz /nintzen**):

Potentiel présent être	Potentiel futur de "être"
naiteke je peux être	**ninteke** je pourrais être
haiteke tu peux être	**hinteke** tu pourrais être
zaitezke vous pouvez être	**zintezke** vous pourriez être
daiteke il peut être	**liteke** il pourrait être
gaitezke nous pouvons être	**gintezke** nous pourrions "
zaitezkete vous pouvez être	**zintezkete** vous pourriez "
daitezke.ils peuvent être	**litezke** ils pourraient être

Bien sûr dans une conjugaison périphrastique " être "s'efface à la traduction et **-ke** se traduit "pouvoir": **etor naiteke** se traduit "je peux venir"

Potentiel présent de "avoir"		Potentiel futur de "avoir"	
dezaket	je peux avoir	.**nezake**	je pourrais avoir
dezakek	tu peux avoir	**hezake**	tu pourrais avoir
dezakezu	vous pouvez avoir	**zenezake**	vous pourriez avoir
dezake	il peut avoir	**lezake**	il pourrait avoir
dezakegu	nous pouvons av	**genezake**	nous pourrions av.
dezakezue	vous pouvez av.	**zenezakete**	vous pourriez av.
dezakete	ils peuvent avoir	**lezakete**	ils pourraient avoir

Pareillement "avoir" s'efface dans la conjugaison périphrastique à la traduction :
egin dezaket : je peux faire, **egin nezake** " je pourrais faire".

Ainsi avons-nous fait le tour des bases de la conjugaison basque, l'indicatif, l'impératif vous auront donné les éléments de base du verbe dans la conversation ; à un second niveau, vous pourrez utiliser les subjonctifs et les conditionnels, au niveau supérieur aborder les potentiels.

La déclinaison du verbe et la nominalisation

Le fait que le verbe peut rester invariable et ne pas se conjuguer permet, par contre de le décliner. Ce type de formation existe avec des prépositions, parfois en français : "à terre- ir " , donne aterrir ; en basque l'ordre est différent "terre à -ir ": **lurreratu** de même "alunir" **ilargiratu**

Sur le nom, l'euskara suffixe **-ra** (allatif) **-tu** (infinitif) mais dans notre langue le procédé est plus productif, plus systématiquc ct libre à chaque locuteur de créer son verbe :

ateratu "sortir" (de **ate** "porte)
etxeratu "revenir à la maison"
euskal herriratu "se rendre au Pays Basque"
hegazkineratu "embarquer en avion"
italiaratu "se rendre en Italie
itsasoratu "s'embarquer en mer"
laneratu "se rendre au travail"
mendiratu "se rendre en montagne"

Sur le verbe, le futur est exprimé par le cas génitif **- ko** *sur le radical*.. Il est vrai que le présent en **-ten** et peut-être les verbes qui se terminent en- **n** ont pour terminaison l'inessif.

Sur le nom verbal en **-te** ou **-tze.** Il existe à quelques exemplaires en français (le manger, le boire).des nominalisations Dans notre langue il peut affecter tous les verbes pour en faire des substantifs d'abstraction avec presque tous les cas de la déclinaison :

ikuste	voir
ikustea	le fait de voir
ikustean	en voyant
ikusten	présent du verbe voir
ikustearekin	en même temps que l'on voit
ikusteaz	du fait de voir
ikusteko	pour voir
ikustetik	en venant de voir
ikusteari	au fait de voir
ikustearen	de voir (génitif) etc..

Suffixes comparatifs sur le verbe

Le basque se permet de dire“lire davantage” en suffixant le verbe lorsqu'il n'est pas conjugué et la personne dominant très bien la langue ne dira pas

gehiegi irakurtzen dut qui semble un calque des langues voisines mais en suffixant le verbe avec **-egi :**

irakurtzenegi dut

De même, “je lis davantage” sera mieux (avec **-ago**):

irakurtzenago dut

on dit **irakurtzenena da** que l'on pourrait analyser “le plus lisant est” pour “c'est le plus lu”, avec le suffixe comparatif **-ena** suffixé au verbe.

Les factitifs verbaux

L'expresion de “faire + verbe” a trouvé deux solutions dans l'esprit de la langue

1. le suffixe **- arazi** construit avec le radical du verbe

jan “manger “, **jan*arazi*** “ faire manger”
egon “rester “, **egon*arazi*** “faire rester”
irakurri “lire “, **irakurr*arazi*** “faire lire”
saldu “vendre “ **sal*arazi*** “faire vendre”

2. l 'infixe **-ra -** peut s'intercaler dans les verbes les plus ancien ; il a permis la création de verbes liés qui dans les langues voisines sont d'origines différentes :

egin “faire “ , **e*ra*gin** “faire faire”
ikasi “apprendre“ **e*ra*katsi** “enseigner”
ikusi “voir” , **e*ra*kutsi** “montrer”
eman “donner“, **e*ra*man** “emporter”
ekarri “apporter”, **e*ra*karri** “attirer”

Les verbes invariables ou semi-auxiliaires.

Certains verbes peuvent avoir une forme invariable et pour exprimer le temps et le mode, on a recours à l' auxiliaire ; c'était autrefoisle cas toujours comme en anglais : **ahal izan** ”pouvoir , **behar izan** “devoir” et **nahi izan** “vouloir”. **Behar** commence, parfois, à recevoir des marques de temps mais développe alors des nuances différentes comme ”obliger “.

Dans le lexique nous signalerons d'autres verbes invariables employés avec izan »être », ukan »avoir » ou egin « faire ». Par exemple, igeri egin « nager », laister egin « courir », lo egin « dormir », maite izan « aimer », ohi ukan « avoir l'habitude », ezin ukan/ ezin izan « être impossible ».

Tableau des modèles de verbes périphrastiques

La nature analytiquedu verbe euskarien moderne lui donne une grande souplesse en le libérant du poids de la conjugaison reporté sur l'auxiliaire.

(avec l'auxiliaire avoir)

Je vois	**ikusten dut**	j'ai vu	**ikusi dut**
tu vois	**ikusten duk**	tu as vu	**ikusi duk**
vous voyez	**ikusten duzu**	vous avez vu	**ikusi duzu**
il voit	**ikusten du**	il a vu	**ikusi du**
nous voyons	**ikusten dugu**	n.avons vu	**ikusi dugu**
vous voyez	**ikustenduzue**	vous avez vu	**ikusi duzue**
ils voient	**ikusten dute**	ils ont vu	**ikusi dute**

(avec l'auxiliaire être)

Je vais	**joaten naiz**	je suis allé	**joan naiz**
tu vas	**joaten haiz**	tu es allé	**joan haiz**
vous allez	**joaten zara**	vs. êtes allé	**joan zara**
il va	**joaten da**	il est allé	**joan da**
nous allons	**joaten gara**	ns sommes allés	**joan gara**
vous allez	**joaten zarete**	vs êtes allés	**joan zarete**
ils vont	**joaten dira**	ils sont allés	**joan dira**

Ainsi, verbe au passé + auxiliaire au présent : passé composé
verbe au présent + auxiliaire au présent : présent
verbe au futur + auxiliaire au présent : futur simple
verbe au passé+ auxiliaire à l'imparfait : imparfait
verbe au futur + auxiliaire à l'imparfait : futur antérieur.

Les verbes forts (conjugaison synthétique)

Ils tendent à disparaître, sauf en littérature et dans les dialectes du sud. Le basque standard maintient les plus usuels dès lors qu'il apportent un plus grande précison et permettent des nuances.

Les six verbes forts les plus courants (qui se conjuguent également comme précédemment en analytique) sont **jakin** " savoir, **ikusi** "voir", **ekarri** "apporter", **ibili** "circuler" " marcher", **joan** "aller", **etorri** "venir".

Entre les deux formes du verbe une nuance importante est introduite, avec l'auxiliaire, la périphrase peut exprimer *l'habituel*

Egunero lanera *joaiten naiz.*
"tous les jours au travail je vais".

au contraire le synthétique exprime *l'immédiat* , le ponctuel :

Oraintxe lanera *noa* .
"maintenant ,au travail je vais ".

Si vous préférez le premier système plus facile des verbes périphrastiques on vous comprendra, mais il faut savoir que les verbes synthétiques se construisent pour les verbes intransitifs sur le modèle du verbe être, et pour les verbes transitifs, sur le modèle du verbe "avoir".

Les modèles Voici, les deux modèles à l'indicatif

Le verbe *Joan* "aller" (aux.être) : présent de l'indicatif

je suis	**naiz**	**noa**	je vais
tu es	**haiz**	**hoa**	tu vas
vous êtes	**zara**	**zoaz**	vous allez
il est	**da**	**doa**	il va
nous sommes	**gara**	**goaz**	nous allons
vous êtes	**zarete**	**zoazte**	vous allez
ils sont	**dira**	**doaz**	ils vont

: imparfait de l'indicatif

j'étais	**nintzen**	**nindoan**	j'allais
tu étais	**hintzen**	**hindoan**	tu allais
vous êtiez	**zinen**	**zindoan**	vous alliez
il était	**zen**	**zoan**	il allait
nous étions	**ginen**	**gindoazen**	nous allions
vous étiez	**zineten**	**zindoazen**	vous alliez
ils étaient	**ziren**	**zoazen**	ils allaient

Ce verbe fort est le plus usuel mais sur le même modèle nous avons : **ibiltzen naiz / nabil** : je circule
egoiten naiz / nago : je me trouve
etortzen naiz / nator : je viens

Avec les verbes transitifs (auxiliaire avoir) nous avons des paradigmes (des listes)verbales de même modèle, soit le verbe *jakin* "faire" :

Présent de l'indicatif

j'ai	**dut**	**dakit**	je sais
tu as	**duk**	**dakik**	tu sais
vous avez	**duzu**	**dakizu**	vous savez
il a	**du**	**daki**	il sait
nous avons	**dugu**	**dakigu**	nous savons
vous avez	**duzue**	**dakizue**	vous savez
ils ont	**dute**	**dakite**	ils savent

Imparfait de l'indicatif

j'avais	**nuen**	**nekien**	je savais
tu avais	**huen**	**hekien**	u savais
vous aviez	**zenuen**	**zenekien**	vous saviez
il avait	**zuen**	**zekien**	il savait
nous avion	**genuen**	**genekien**	nous savions
vous aviez	**zenuten**	**zenekiten**	vous saviez
ils avaient	**zuten**	**zekiten**	ils savaient

Ces verbes employés isolément en début de phrases sont marqués dans l'affirmation par le préfixe **ba** "oui"**banoa** "je vais " **badakit "** je sais "s'entendent fréquemment et aussi souvent , avec la négation **ez, ez noa, ez dakit** etc.

L'accord du verbe avec les compléments
(approche pour semi-bascophones)

Ce phénomène n'est pas rare et à un certain niveau de connaissance il vaut mieux en connaître les règles ; bien que des phénomènes analogues existent en français, sous forme analytique par exemple : J'ai / je les lui ai etc..Le caractère synthétique du basque font que :

1. ce qui en français standard est un mot sera une lettre, deux lettres à l'intérieur du verbe basque.
2. en français ces compléments pronominaux n'apparaissent au complet qu'en l'absence d'un nom. En basque la redondance est possible et nous aurons aussi bien : "je les ai données ", que, "je les ai données les fleurs"

Voici quelques exemples avec le verbe avoir au datif singulier **-u-**remplacé par**-io** -(lui) pluriel -**u-** remplacé par **-izkio-**(les lui)

diot	: je le lui ai	**dizkiot** :	je les lui ai
diok	: tu le lui as	**dizkiok** :	tu les lui as
diozu	: vous le lui avez	**dizkiozu** :	v.les lui avez
dio	: il le lui a	**dizkio** :	il les lui a
diogu	: nous le lui avons	**dizkiogu** :	n. les lui avons
diozue	: vous le lui avez	**dizkiozue**:	v. les lui avez
diote	: ils le lui ont	**dizkiote** :	ils les lui ont

De même je peux exprimer "le leur" en remplaçant **-u-** par **-ie-(diet, diek, diezu, diegu, diezue, diete)** et "les leur" en remplaçant **-u-** par **-izkie-.**
Ce système de "je le lui ai", "je le leur ai" peut s'étendre à "je t'ai" "je vous ai"mais pas à "je nous ai".

Avec le verbe" être "pareillement et comme en français nous pourrons dire, avec une marque du complément cette fois placée en finale : **naiz** : je suis, **natzaio** : je lui suis etc..Au lieu de "lui" si je veux" leur" je remplace tous les "**o**" par des "**e**"(**natzaie**)

Si le basque paraît si synthétique n'oublions pas que le parler parisien le devient puisque :"je lui ai ", s'entend "jiai".Le plus fréquemment cette fois l'accord se fait dans les formes simples du pluriel, mais seulement avec le verbe" avoir", comme en français, mais en ajoutant l'infixe **-it-**.

ditut	je les ai
dituk	tu les a
dituzu	vous les avez
ditugu	nous les avons
dituzue	vous les avez
dituzte	ils les ont

Le récif des formes facultatives : l'allocutivité du verbe (niveau fort)

Après les océans calmes des règles générales, les navigateurs intrépides peuvent se risquer parmi les récifs de l'allocutivité du verbe basque. On désigne par ce terme le fait d'exprimer, par des formes spéciales, à toutes les personnes dè l'indicatif que l'on tutoie ou que l'on vouvoie la personne, alors qu'elle n'est pas impliquée dans le procès.Nous le pratiquons entre initiés.

De telles formules s'observent exceptionnellement en français dans des formules d'insistance : Je ***vous*** lui ai dit ses quatre vérités / je ***te*** lui ai dit ses quatre vérités.

Ces formules nécessitent le verbe ou l'auxiliaire avoir en français, en basque avec le verbe et sans insitance elles sont possibles pour exprimer le respect ou l'intimité. En euskara cela présente un aspect plus synthétique :

dut : j'ai (impersonnel et très courant)
diat : j'ai (en tutoyant un homme)
dinat : j'ai (en tutoyant) une femme
dizit : j'ai (en vouvoyant)

Cette complication est heureusement limitée à l'indicatif et les "initiés" n'ont tout au plus que le présent et l'imparfait des verbes être et avoir à connaître dans ce système pour en avoir les rames et les boussoles essentielles .

Pour le verbe *avoir* on lui infixe, on lui intercale au centre, à toutes les personnes

: au présent **- ia** -(tutoiement masculin), **-ina**(tutoiement féminin), **-izu** - (vouvoiement).**diat, dinat, dizit**
: à l'imparfait-**ua** (tutoiement masc.), **-una** (tutoiement feminin) , **-uzu** (vouvoiement).**nian, ninan, nizun**

pour le verbe *être* on lui suffixe des terminaisons comparables

: au présent **-uk** , (tutoiement masc.) **-un** (tutoiement fem.) **-uzu** (vouvoiement).
: à l'imparfait **-ua** (tutoiement masc.) **-una-** (tutoiement fem) **-uzu** (vouvoiement) (idem "avoir") Exemples .
je suis : **naiz / nuk/ nun / nuzu**
j'étais : **nintzen / ninduan /nindunan/ ninduzun**

Ces formes ne peuvent figurer que dans des conversations, peu dans des descriptions, et dans les temps et modes du réel, à l'indicatif seulement .

Un calque de la troisième personne. Une expression de respect qui ne modifie nullement le verbe, et ne s'utilise qu'à deux personnes est le **berori /beroriek**, qui correspond au castillan Usted, Ustedes cette "troisième personne" plus respectueuse que le "Madame est servi" est en voie de disparition, elle s'utilisa quelque temps au Sud avec les prêtres et les autorités .

Conclusion : Le syntagme verbal

Il est constitué par le verbe et tout ce qui en dépend directement, par exemple

Ezagutzen duzun Bilboko adiskide horrek / ainitzek uste baino hobekiago egin du.
"Cet ami de Bilbao que vous connaissez / a fait mieux que ce que beaucoup croyaient ".

Dans la première partie nous avons un élément de phrase qui est une relative donc une construction adjectivale **ezagutzen duzun** et un complément de nom **Bilboko adiskide** qui est inclus : malgré tout, l'ensemble dépend de **adiskide** et est limité à droite par le déterminant, c'est le syntagme nominal SN (même s'il contient accessoirement un verbe).

L'ensemble qui est à sa droite vers la fin de cette structure est le syntagme verbal SV, le verbe" faire" est dans ce cas modifié par une longue construction adverbiale sur sa gauche **ainitzek uste baino hobekiago** et c'est son auxiliaire qui est conjugué à sa droite **egin du** .

La phrase basque simple standard sera ainsi constituée d'un SN plus d'un SV, mais tout en restant simple par le jeu des sous-entendus, un des syntagmes pourra disparaître et la phrase garder un sens.

sans SN apparent : **gaizki egin dut** " (j') ai mal fait"
sans SV apparent .: **bihar agian** " demain, sans doute"
sans SN, sans SV : **isilik** " silence".

VI ADVERBE ET CONSTRUCTION ADVERBIALE.

L'adverbe accolé au verbe, le précède en euskara, le plus souvent. C'est soit, un mot (l'adverbe) soit un élément de phrase qui aura la même fonction (la construction adverbiale).

L'adverbe.possède des suffixations caractéristiques. Equivalent du français "-ment" le suffixe **- ki** est le plus usuel accolé à des adjectifs, sa variante est **- to.**

ederki / ederto : "bellement"
itsuski : laidement
gaizki : mal
ongi / ondo: bien

Avec un nom , les suffixes sont **- ik** ou **-ez** (en , à)
oin : pied, **oinez** : à pied, (**autoz, autobusez**)
esku : main, **eskuz** : à la main, **makinaz** : à la machine
dohainik : gratuitement, **ixilik** : silencieusement
ointutsik : pied-nu, **zutik** : debout.

Les adverbes d'espace, de temps et de manière

Formés à partir de pronoms, de noms, ou d'adjectifs voici un tableau des principaux adverbes, souvent sans terminaison spécifique :

Adverbes de temps

aintzinetik : auparavant
ardura (askotan): souvent
atzo : hier
aurten : cette année
behin : une fois
behinere (egundano): jamais
berandu : tard
bereala : tout de suite
beti : toujours
bihar : demain
biharamona : le lendemain
egun(gaur) : aujourd'hui
etzi : après-demain
etzidamu : après après-demain .
gero : après
geroago : plus tard
goizik : tôt
herenegun : avant-hier
igaz : l'an dernier
jadanik : déjà
jagoiti : dorénavant
laburzki : brièvement
laster : rapidement , bientôt
lehenago : autrefois
noiz : quand
orduan : alors
orain : maintenant
sekulan, (iñoiz) : jamais

Adverbes de lieu

aldean(alboan) : au côté de
azpian : en dessous
barruan(barnean) : dedans
beherean : en bas
besteetan : ailleurs
denetan : partout
gainen : au dessus
gora (goian) : en haut
han : là-bas
hara : vers là-bas
hemen : ici
hona : vers ici
hara : vers là-bas
horra : vers là
kanpoan : dehors
nondik : depuis où
nora : vers où
saihetsean : sur le côté
urbilean (ondoan): près de
urrunean : au loin
zeiharki : obliquement
zuzenki : directement

Adverbes de quantité

aski : assez
asko (ainitz) : beaucoup
berriz : à nouveau
gehiago : davantage
gehiegi : trop
gutti : peu
guttiago : moins
hain : tant ,autant
(frango) : suffisant
zenbat : combien

Adverbes de manière

alkarrekin : ensemble
bestela : autrement
bezala (legez) : comme
ere : aussi
ez : non, ni, ne ..pas.
gaizki : mal
gogotik : volontiers
hala : ainsi (au passé)
hobeki : mieux
hala : ainsi (passé proche)
hola : ainsi (au présent)
ia, kasik : presque
izugarri : énormément
laister : vite
nola : comment
ongi , **ondo** : bien
zinez : très, fortement
zutik : debout

Des locutions adverbiales ajoutent des nuances et sont les seuls éléments qui peuvent s'intercaler, dans une phrase interrogative ou affirmative , entre le verbe et l'auxiliaire. Ce sont les dubitatifs d'interrogation **ote, al** "donc", **omen** " paraît-il".

D'autres ne peuvent pas s'intercaler, ce sont les nombreuses façons de dire "peut-être", qu'une même personne peut employer, les plus usuels étant, **agian**, **baliman**, **beharbada.** Aurions -nous transmis ce doute linguistique à des porteurs de noms basques de la diaspora, deux d'entre eux , Leloir Agirre et Ochoa obtinrent des prix Nobel scientifiques : là où le doute est sans cesse nécessaire.

La construction adverbiale

Comme nous l'avons déjà écrit, la construction adverbiale peut être un long élément de phrase apportant des précisions plus grandes que les mots adverbiaux isolés .En effet soit une forme avec adverbe

: **hobeki egin dut** "j'ai mieux fait"

la variante avec davantage d'informations sera

: **uste baino hobekiago egin dut** "j'ai fait mieux que je ne croyais"

La construction adverbiale en basque sera bien ciblée "**uste baino hobekiago**", "mieux que je ne croyais" mais , construite dans l'ordre inverse du français, elle sera placée devant le verbe.

La phrase simple et indépendante

Nous pouvons classer ces phrases en trois catégories : phrases affirmatives, négatives, interrogatives .

La phrase affirmative . modèle S.O.V.

Sujet , Objet , Verbe (le verbe et l'auxiliaire à la fin)

Mais à l'intérieur de ce modèle, les mots pourrons avoir une grande liberté et nous aurons au choix pour "je vis cette jeune femme hier à Bayonne"

Atzo emazte gazte hori Baionan ikusi nuen.
Baionan emazte gazte hori atzo ikusi nuen.
Emazte gazte hori atzo Baionan ikusi nuen.
Emazte gazte hori Baionan atzo ikusi nuen.

Le seul élément qui reste réuni est, dans ce cas le Syntagme Nominal "cette jeune femme"mais bien évidemment la signification ne permet pas un *"cette jeune Bayonne femme" ni* cette jeune hier femme".

La phrase d'insistance Pour insister là où le français utilise la construction "c'est ....que"ou " c'est ...qui" le basque déplace le verbe vers l'avant et le place juste derrière l'élément qu'il veut mettre en valeur. Ce type de phrase correspond à une interrogation précédente.

Pour répondre aux questions,"Quand avez vous vu?"Qui avez-vous vu?"Où avez vous vu?"En basque il suffira de dire: Hier je vis ... Cette jeune femme je vis... .A Bayonne je vis ...:

Atzo **ikusi nuen Baionan andere gazte hori.**
Andere gazte hori **ikusi nuen atzo Baionan.**
Baionan **ikusi nuen atzo andere gazte hori.**

La phrase négative. Elle emploie simplement ez "non, ni, ne..pas". La négation doit toujours précéder le verbe conjugué dans le cas d'un verbe synthétique cela sera simple :

Ez dakit non den .(Je) ne sais (pas)où (il)est.

Par contre avec un verbe périphrastique, construit avec un auxiliaire, ce sera l'auxiliaire conjugué qui se placera derrière la négation et le verbe qui porte la marque du passé, du présent ou du futur sera rejeté à la fin de la phrase

Atzo, *ez nuen* andere gazte hori Bilbon *ikusi*.
Hier , *je ne vis (pas)* cette jeune femme à Bilbao.

Orain , *ez dut* andere gazte hori Bilbon*ikusten*
. En ce moment, *je ne vois pas* cette jeune femme à Bilbao.

Bihar, *ez dut* andere gazte hori Bilbon *ikusiko*.
Demain , *je ne verrai* pas cette jeune femme à Bilbao.

Phrase interrogative simple..Soit "Avez-vous fait ce travail ? "

1. avec intonation. Comme dans toute langue .Une phrase affirmative avec intonation devient interrogative.

Lan hori egin duzu? Vous avez fait ce travail?

2. Avec une particule “**al**”ou “**ote** “ entre le verbe et l’auxiliaire
Lan hori egin *al* duzu?Est-ce que vous avez fait ce travail?
Zer ote da ? Qu’est-ce donc?

3. Avec un suffixe **-(e)a** collé à l’auxiliaire(pratique du Pays Basque -nord plus difficile à manipuler)
Lan hori egin duzu*ea* ? Avez vous fait ce travail?
Mutil hori etorri d*ea* ? Est- ce que ce jeune homme est venu?

4 Avec un adjectif interrogatif. Elle peut suivre alors l’ordre du français et la structure devenir S.V.O. Sujet, verbe objet (de même dans les cas 2 et 3)

Quand irez-vous à la mer?
Noiz joango zara itsasora?
Où est votre camarade?
Non dago zure laguna?
Qui a fait ce travail?
Nork egin du lan hori? etc...

La phrase interro -négative .

Dans ce cas la structure de la phrase négative est conservée avec anticipation de l’auxiliaire, rejet du verbe à la fin et utilisation des particules interrogatives **al** ou **ote** placées, directement derrière la négation et suffixe **-ea** qui reste sur l’auxiliaire. Ne viendrez-vous pas demain? sera soit ***Ez* zar*ea* bihar etorriko? *Ez al* zara bihar etorriko?**

La phrase impérative .

Le verbe passe à l’avant et en basque garde l’ ordre de l’affirmation : d’abord le verbe non conjugué puis l’auxiliaire.
Egon zaitez hor! Restez là!
Ekar ezazu ura, otoi ! Apportez l’eau, s’il vous plaît .

Les phrases complexes (coordination, subordination)

Si deux phrases sont associées en toute liberté, elles sont coordonnées si elles sont dépendantes elles sont subordonnées. Dans le premier cas très simple il y aura une conjonction de coordination comme en français, dans le second, on emploiera le plus souvent des suffixes de subordination .

La coordination

Elle se fait entre, entre deux ou plusieurs phrases de même nature, de même niveau et la conjonction se place en général entre les deux ou plusieurs, parfois en basque, à la fin, comme **baizik** "seulement".

Dans la coordination chaque phrase élémentaire a une signification et peut s'isoler de l'autre .Les deux phrases peuvent se passer de conjonction.

Etxera banoa, ordu da. Je rentre à la maison il est l'heure
Orain ez, geroago bai. Maintenant non, plus tard oui

(D'ailleurs les conjonctions ne relient pas toujours des phrases, mais des mots

Zu *eta* **gu** : Vous *et* nous.
Ez dut zu ***baizik*** **maite** Je n'aime *que* vous(etc..)

Les conjonctions les plus courantes sont , bien sûr : **baina** "mais", **edo** "ou", **eta/ ta** "et", **beraz** "donc", **areta** "or", "**ez** " ni", **zeren** "car".

On distingue, cependant, les conjonctions additives telles: "**behintzat** "du moins", **bestalde** "d'autre part", **ere** "aussi" **ezeta ere** " non plus", **eta / ta** "et", **gainera** " de plus ", **halaber** "de même", **jakina** "bien sûr".
- des conjonctions de choix "**edo"** ou , **ala?** " ou bien , **bestela** "autrement".
-des conjonctions d'opposition , **ez** "non"**horregatik** "malgré tout " **alabaina ,halarikere** "cependant" **bitartean** "entre temps" .
-des conjonctions consécutives **beraz** "donc" **orduan** "alors", **hala** "ainsi"
-des conjonctions causatives *:* **azkenean** " enfin", **izan ere** "en effet", **zergatik** "pour quelle raison?"

Cette classification nous rappelle que la coordination n'est pas neutre et introduit des nuances dans chaque phrase, qui réunies soit par "et", soit par "ou" soit par "cependant" n'auront pas du tout la même nuance.

La subordination

La subordination introduit un lien de dépendance ou de causalité entre la phrase principale et la subordonnée Si la phrase est courte la subordination s'exprimera seulement à la fin généralement par un suffixe, parfois par un préfixe mais sans conjonctions isolée à l'avant de la phrase comme on le fait en français.Voyons des subordonnées sans la principale :

atzo ikusi duda*la* : *que* je l'ai vu hier.
atzo ikusi duda*lako* : *parce que* je l'ai vu hier
atzo ikusi nue*larik* : *lorsque* je le vis hier.
ostatura sartu nintzen*ean* : *quand* j'entrai à l' auberge.

Nous remarquons que les suffixes de subordination -**arik**, **- ko**, **- ean** etc..sont des déclinaisons modifiées ; Toutefois nous avons un préfixe en basque là où justement les langues voisines n'en ont pas .Une variante de **-elako** est le préfixe **bai-** et nous pouvons dire :

soit **ikusi duda*lako*** : parce que je l'ai vu
soit **ikusi *bai* tut** : parce que je l'ai vu
soit **etorri de*lako*** : parce qu'il est venu
soit **etorri *bai* ta :** parce qu'il est venu

(attention bai+dut = **baitut**, bai+da= **baita**)
De toute manière, en euskara on peut placer la principale avant ou après la subordonnée

Ez dut deitu, etorri delako./
Etorriko delako, ez dut deitu.
Parce qu'il est venu , je ne l'ai pas appelé.

Si l'on veut classer les propositions subordonnées d'après leur fonction, en écartant les relatives dont nous avons vu l'aspect adjectival et la construction inversée par rapport au français, ce sont essentiellement :

Les subordonnées circonstantielles , qui impliquent dans leur signification une condition, une cause, un but, où l'emploi de la déclinaison apparaît nettement, elles se construisent en ajoutant une déclinaison collée à -" **n**" qui traduit "que".

L'élatif **-tik** traduit "depuis que" :

sartu denetik, lanean jarri da.
depuis qu'"il est entré il s'est mis au travail.

l'inessif **- (e)an** traduit "quand" + subordonnée :

sartu den*ean*, lanean jarri da.
quand il est entré il s'est mis au travail.

le génitif **- ko** , traduit "sitôt que"" dès que":

etxera heldu naizen*eko*, hura joan izango da.
dès mon arrivée à la maison , il sera parti.

le destinatif ancien **o** traduit "tant que":

Hemen dagoen*o*, ongi da.
*tant qu'*il est ici , il est bien .

l'instrumental **(a)z + geroztik**"depuis l'instant que"
laguna ikusiz *geroztik* "
depuis l'instant que (son)camarade(il a) vu .

2. *les subordonnées complétives*

"que" s'exprime souvent par **-la,** seul
avec un verbe d'opinion :
badakit ikusi duzula
je sais que vous l'avez vu(e)
uste dut etorriko dela
je crois qu'il / elle viendra.

"lorsque "s'exprime par - **la** + le partitif **-rik :**
ikusten duzularik eman opari hau
lorsque vous le / la verrez donnez lui ce cadeau

"parce que" se construit avec - **la** et le génitif **-ko** :

ezagutzen duzulako egiteko hori emaiten dizut
parce que vous le connaissez, je vous donne cela à faire.

Les conjonctions

Toutefois, au contraire des langues voisines qui emploient des conjonctions pour exprimer "parce que", l'euskara propose le suffixe **-lako** que nous venons de voir et le préfixe **bai** - si bien que nous avons le choix :

> **ikusi duzu*lako* / ikusi *bai* tuzu**
> parce que vous l'avez vu(e)
> **etorri de*lako* / etorri *bai* ta**
> parce qu'il / elle est venu(e)

Le préfixe exceptionnel qu'est"**bai-**" est très souple et peut , chez des bascophones avertis, servir dans des propositions indépendantes du type "Parce que vous ne voulez pas venir! "ou circonstantielles du type" Parce que j'ai trop mal, je ne puis marcher".

Avec des phrases plus longues et avant d'attendre la fin du discours on utilise enfin une sorte de conjonction imitée du latin "**zeren**" tout en conservant la forme basque soudée au verbe, par exemple :

***zeren* gisa hortan hainbeste luzatu gabe hobekiago eta laisterrago egin *bai* tzezakean.**

(" *parce que* , sans se perdre autant en tergiversations il pourrait faire mieux et plus rapidement")

L'euskara emploie aussi des interrogatifs comme conjonction d'occasion, tel ***nola*** " comment", ***non*** " où" ***non ez*** "à moins que" .

> ***Nola* ezagutzen ez zuen etxe hartan ez ze*lako* sartu nahi**
> "comme dans cette maison ancienne qu'il ne connaissait, (pas) il ne voulait (pas) entrer."

La langue parlée n'emploie pas de subordonnées aussi longues et ce sont les premières phrases simples ou subordonnées courtes qui sont les plus usuelles.

Options verbales.(les "être" et les "avoir")

Pour plus de précision et notamment à l'écrit l'euskara distingue un verbe être, **izan** le plus usuel et un autre **egon** "de situation ou de résultat" (cf langues ibériques) :

Egon au présent , **nago, hago/zaude, dago, gaude, zaudete, daude** à l'imparfait, **nengoen, hengoen / zeunden, zegoen, geunden, zeundeten, zeuden .**

De même nous distinguons, comme dans les langues ibériques deux verbes avoir le basique auxiliaire **ukan,** déjà vu et "avoir= posséder" **eduki** :

Eduki au présent, **daukat, daukak/daukazu, dauka, daukagu, daukazue, daukate** à l'imparfait, **neukan, heukan / zeneukan, zeukan, geneukan, zeneukaten, zeukaten,** mais on peut se servir de l'auxiliaire avoir **+ ba badut, baduzu, baduk, badu, badugu, baduzue, badute**

Beaucoup de si

Tous les" si "ne se ressemblent pas en euskara et on a pour chaque nuance, pour chaque signification, une forme différente du verbe, du suffixe , de l'adverbe , **baldin ba- , -etz, hain** :

1. le" si "du présent est précédé de baldin + ba soudé au verbe

baldin badu : s'il a.
baldin bada : s'il est.

2. le" si" avec l'imparfait et le conditionnel

baldin banintz .... **nintzateke**
si j'étais....... je serais
baldin banu ... **nezake**
si j'avais ....j'aurais

3. le "si" dubitatif subordonnant (voir précédemment)

ez dakit etorriko den*etz*.
je ne sais s'il viendra

4. le "si "comparatif

hain **handi da non..**
il est *si* grand que...

Si vous êtes arrivé, sans désemparer jusqu'ici, vous aurez, je l'espère, une idée si bonne de notre langue que votre apprentissage ne sera pas si difficile.

VII.LA CONVERSATION DE BASE.

Ces textes sont conçus en difficulté croissante : les derniers sont des lectures à éléments culturels qui peuvent se faire dans l'une ou l'autre des langues.

En bonne compagnie **Lagunarte onean.**

Les salamecs.

Bonjour ! **Egun on !**
Bonne après-midi ! **Arratsalde on !**
Bonne soirée! **Arrats on!** (rare)
Bonne nuit! **gau on!**
A la vôtre! **Ondaizula,on egin**! (Remarque on répond à toutes ces formules."oui à vous aussi" **bai zuri ere**, "oui à toi aussi"**bai hiri ere**)
Salut! (en arrivant) **Agur,** (en partant) **urrengo arte, berrizarte.**
Au revoir ! **Ikusarte!**
A demain ! **biharrarte !** A après-demain: **etziarte!**
Souvenirs . **Goraintziak**
Meilleurs souvenirs. **Goraintzi hoberenak.**
Souvenir amical. **Adiskide goraintziak**
Souvenirs à votre famille. **Goraintziak etxekoei.**
Mes hommages à votre femme. **Zure andreari eskumuinak.**
Cordialement . **Bihotzez**
Oui **Bai,** non, ne , ne..pas : **Ez**
Peut-être **.Agian, beharbada** etc..
Je sais **.Badakit ,** je ne sais pas : **ez dakit**

Les présentations

Qui êtes-vous ? **Nor zara zu?**
(Remarque : à cette question , on donne son nom, sinon on vous répète "Comment avez-vous le nom" **Nola duzu izena?**)
Qui est , ce Monsieur ? **Nor da, Jaun hori?**
Qui est cette dame? **Nor da andere hori?**
Nous n'avons pas été présentés. **Ez gara aurkeztuak izan.**
Mon nom est Aitor . **Aitor naiz** (lit.Aitor suis)
Je suis enchanté de vous avoir connu(e) : (en se quittant) **Pozik nago zure ezagutzeaz.**

Les questions de courtoisie.

Comment allez-vous? **Nola zara? zer moduz?**
Bien et vous ? **Ongi eta zu?**
Je vous prie de m'excuser . **Otoi, barkatu.**
Excusez cet inconvénient ! **Barkatu eragozpena!**
Excusez- (moi de vous) ennuyer ! **Barkatu aspertzea.**
Je regrette .**Deitoratzen dut.**
Vous vous êtes trompé(e).**Oker zaude.**
C'est interdit. **Debekatua da.**Pas par ici . **Ez hortik**
Je vous en supplie! **Arren!**
S'il vous plaît. **Mesedez, otoi.**
Merci , **milesker,** merci beaucoup, **eskerrik asko**
Pourriez vous m'aider ? **Lagun nezakezu?**
Oui, volontiers. **Bai, gogotik.**
Savez-vous le français ? **Frantsesa. badakizu.**
Parlez plus lentement, s'il vous plaît! **Bareago hitzegin, otoi.**
Je parle peu le basque. **Euskara gutxi mintzatzen dut.**
Vous comprenez ? **Ulertzen duzu?**
Je ne comprends pas. **Ez dut ulertzen.**
Qu'est -ceci? **Zer da hau?**
Pourquoi est-ce? (cause) **Zergatik da?**
Pourquoi est-ce ? (but) **Zertarako da.**
Attention! Gare! **Kasu! kontuz!**

Des renseignements pour un curieux .

Pour combien de jours êtes-vous ici. **Zenbat egunentzat zaude hemen.?**
Pour quatre jours . **Lau egunerako.**
Pour une semaine : **Aste baterako**
La première semaine au travail . **Lehen astean lanean**
La deuxième semaine "en tourisme". **Bigarren astean "turismoan"**
Quand êtes-vous arrivé(e)? **Noiz heldu zara?**
Je suis arrivé(e) hier. **Atzo heldu naiz.**
Quelle heure est-il ? **Zer ordu da?** ou **Zenbatak dira?** "les combiens sont-ils?"
Il est une heure .**Ordu bata da.**
Il est deux heures **Biak dira.**(lit. deux sont)

Il est dix heures **Hamarrak dira** (lit. dix sont)
Il est dix heures dix **.Hamarrak eta bost dira.**
Il est dix heures et quart.**Hamarrak eta laurden dira.**
Il est dix heures et demi.**Hamart'erdiak dira.**
Il est tard **.Berandu da.**
Il est midi.**Eguerdi da,** Il est minuit **Gauerdi da.**
Je dois partir. **Joan behar dut** (lit.partir devoir j'ai)
Il est tôt. **Goiz da**.
Est-ce que vous fumez? **Erretzen al duzu?**
Je ne fume pas. **Ez dut erretzen**
Ici on ne peut fumer, là-bas oui. **Hemen ezin da erre, han bai.**
Au travail nous ne fumons pas **.Lanean ez dugu erretzen**
Dehors nous fumons. **Kanpoan erretzen dugu**
C'est vrai.**Egia da.** C'est mensonge. **Gezurra da.**
C'est impossible. **Ezin da**
Croyez-moi ! **Sines nazazu!**

Allons à l'hôtel. **Goazen hotelera**

Bonjour Monsieur !.**Egun on jauna.!**
A vous aussi, Madame. **Bai zuri ere, anderea.**
Je sais un peu de basque. **Euskaraz badakit pixka bat.**
Ne parlez pas trop vite **Ez lasterregi hitzegin**
Que voulez-vous ? **Zer nahi duzu?**
Un hôtel . **Hotel bat.**
Où se trouve l'hôtel le plus proche? **Non dago hotel hurbilena ?**
Où se trouve l'hôtel le moins cher? **Non dago hotel merkeena?**
Où se trouve l'hôtel le meilleur? **Non dago hotel hoberena?**
Je voudrais un hôtel en centre-ville **Hirigunean nahi nuke hotela.**
Je le voudrais près de la mer.**Itsasotik hurbil nahi nuke.**
Je le voudrais près de la plage. **Hondartzatik hurbil nahi nuke.**
Accompagnez- moi jusqu'à l'hôtel, s'il vous plaît. **Lagun nazazu hoteleraino, otoi.**
Soyez le bienvenu dans notre hôtel. **Ongi etorri gure hotelean.**

Je voudrais une chambre à un lit. **Ohe bakarreko gela nahi nuke .**
Je voudrais une chambre à deux lits. **Bi ohetako gela nahi nuke.**
Avec un bain? Avec le petit déjeuner. **Bainuarekin? Gosariarekin?**
Je voudrais voir la chambre, au préalable. **Gela ikusi nahi nuke, aurretik.**
La chambre vers la rue ou vers l'intérieur? **Gela kanpoaldera ala barrualdera?**
Combien est-ce pour la nuit? **Zenbat da gaua?**
Cinq mille pesetas (Saint Sébastien). **Bost mila pezeta (Donostiạn).**
C'est deux cent francs la nuit (à Bayonne) . **Berrehun libera da (Baionan).**
Je la prends. **Hartzen dut** .
Pour combien de nuits ? **Zenbat gau?**
Une semaine entière. **Astebete**
Je ne sais pas. **Ez dakit.**
Combien est-ce pour la semaine ? **Zenbat da astea?**
Le déjeuner est-il compris dans ce prix **Gosaria prezioarekin doa?**
A quelle heure donnez-vous le petit -déjeuner (à Saint Sébastien)? **Zer ordutan ematen duzue gosaria(Donostian)?**
A partir de sept heures. **Zazpitan hasita.**
A quelle heure servez-vous le petit-déjeuner(à Bayonne). **Zer ordutan ematen duzue askaria (Baionan)**?
Combien est la pension complète ? **Zenbat da pentsio osoa ?**
Je veux rester dans cet hotel. **Hotel honetan egon nahi dut.**
Je veux réserver une chambre. **Gela bat atxiki nahi dut.**
Quel(s) nom(s) dois-je mettre sur le registre de l'hôtel? **Zer izen jarri behar dut hoteleko liburuan** ?
Je veux changer de chambre. **Gelaz aldatu nahi dut .**
Cette chambre est trop chaude / est trop froide. **Gela hau beroegi da/ hotzegi da.**
Je veux une chambre plus silencieuse. **Gela ixilagoa nahi dut.**
Je veux une chambre plus grande . **Gela handiagoa nahi dut.**
Je ne prendrai que le petit-déjeuner dans votre hôtel. **Gosaria baizik ez dut hartuko zuen hotelean.**

Nous sommes d'accord. **Ados gara.**
Montez les bagages s'il vous plaît. **Bagaiak goiti ekarri, mesedez.**
Nettoyez ma chambre s'il vous plaît. **Nire gela garbi ezazu, otoi.**
Entrez et déposez les bagages ici. **Sar zaitez eta bagaiak hemen utzi .**

Installons- nous à l'hôtel. **Hotelean koka gaitezen**

Avez-vous des journaux en français? en anglais ? en basque? **Ba al duzue egunkaririk, frantsesez, ingelesez, euskaraz?**
Je voudrais voir le gérant de l'hôtel? **Hoteleko zuzendaria ikusi nahi nuke?**
La télévision ne fonctionne pas. **Telebista ez da ibiltzen.**
Quel est le voltage ?**Zenbatekoa da argi indarra?**
Du 110 volts ou du 220 V.? **Ehun ta hamarrekoa ala berrehun ta hogei Voltekoa?**
La radio ne diffuse que le programme de l'hôtel. **Irratiak ez du hotelekoa baizik ematen**
On ne peut allumer cette lumière. **Argi hau ezin da piztu.**
Apportez une autre chaise, s'il vous plait? **Ekarzu beste alki bat, otoi?**
Cet interrupteur est cassé. **Itzalgailu hau hautsia da.**
Je n'ai pas de serviette. **Ez dut txukatzekorik.**
Je n' ai pas de savon. **Ez dut xaboirik.**
Je n'ai pas de brosse à dents. **Ez dut hagin eskubilarik.**
Pourriez m'apporter une autre couverture, un autre édredon (une autre couette) ? **Ekar zenezaket beste ohestalgi bat, beste koltxa bat?**
La femme de chambre les apportera. **Neskameak ekarriko ditu.**
Ce robinet perd une goutte qui m'énerve. **Txorrotak tanta aspergarria galtzen du.**
S'il vous plait, demain matin, réveillez-moi.**Otoi, bihar goizean iratzar nazazu.**
A quelle heure est le petit-déjeuner ? **Zer ordutan da gosaria?**
Pourrais-je avoir mon petit déjeuner, demain matin, à sept heures et demi? **Har nezake gosaria, bihar goizean, zazpiak eterditan?**

A l'hôtel, au matin. **Hotelean, goizean.**

Que voulez-vous boire pour le petit-déjeuner? **Zer nahi duzu edan gosaritarako?**
D'abord un verre de jus d'orange . **Lehenbizikoz baso bat liranja zumu.**
Puis un chocolat au lait, et manger du pain grillé, des petits-pains, des croissants avec du miel. **Gero txokolate esnearekin, ogi gorritu opil, kruazant ta ezti jan.**
Ne voulez-vous pas manger du jambon et des oeufs? **Ez al duzu jan nahi urdazpiki ta arraultzik ?**
Non, je préfère un yogourt? **Ez, iogurta nahiago dut.**
Le chocolat dans une tasse ou dans un grand bol? **Txokolatea, kikeran ala katilu handian?**
Dans un bol s'il vous plaît. **Katilu batean, mesedez.**
Apportez-moi du sucre, s'il vous plaît. **Ekar azukrea, otoi.**
Voulez-vous un jus de raisin? **Nahi al duzu mahats zumua.**
Non, un verre d'eau non-gazeuse, comme aujourd'hui. **Ez, gasik gabeko baso bat ur, egun bezala.**

En quittant l'hôtel. **Hotelaren uztean.**

S'il vous plait, descendez mes bagages! **Otoi nire bagaiak jaitsi!**
Vous m'appelez un taxi. **Taxi bat deitzen didazu**
Je pourrais vous accompagner à la gare. **Geltokira lagun zentzaket**
Pourriez vous m'accompagner à la gare. **Geltokira lagun nezakezu**
Que mes lettres suivent à cette adresse. **Eskutitzek jarrai dezatela helbide honetara**
Apportez moi la facture de mon séjour. **Ekar ezazu nire egonaldiaren kondua.**
J'ai passé un bon séjour dans votre hôtel. **Egonaldi ederra eduki dut zuen hotelean.**
Donnez-moi votre carte S.V.P. Emadazu zuen txartela ,otoi
Me donneriez-vous un bonne adresse à Durango? **Emango al didazu helbide ona Durangon?**
Oui en venant de Saint Sébastien en entrant dans la ville le premier hôtel sur la gauche.

Bai, Donostiatik hirian sartzean lehenbiziko hotela ezkerraldetik.
Je vous donne cette carte du Guipuzcoa pour vous y rendre. **Hara joaiteko Gipuzkoako mapa hau ematen dizut.**
Faites un bon voyage et au revoir. **Egin bidaia on eta ikusarte.**

A la Poste **.Postan.**

Où se trouve la poste la plus proche? **Non dago posta hurbilena?**
Quand et à quelle heure, ouvre t-elle? **Noiz eta zer ordutan irekitzen da?**
Où se trouve la boîte à lettres? **Non dago gutunontzia?**
Ceci n'est pas une lettre mais un imprimé. **Hau ez da eskutitza baina imprimakia.**
Combien est-ce une lettre pour l'Europe? **Zenbat da Europarako eskutitza?**
Combien est-ce une carte postale, hors d'Europe? **Zenbat da Europatik kanporako postatxartela?**
Je veux envoyer en exprès. **Expres bidali nahi dut.**
Où pourrais-je acheter des timbres? **Non eros nezake tinbrerik?**
Je veux expédier un télégramme en France. **Telegrama bat Frantziara igorri nahi dut.**
Combien coûte chaque mot du télégramme? **Zenbat kostatzen da telegramaren hitz bakoitza?**

Au téléphone. **Telefonoan.**

Je peux utiliser ce téléphone ? **Telefono hau erabil dezaket?**
Cela fonctionne -t-il à la pièce ou à la carte? **Hau sosarekin ala txartelarekin dabil?**
Je voudrais lire l'annuaire du téléphone, s'il vous plaît? **Telefono lista irakurri nahi nuke, otoi?**
Où se trouve le téléphone le plus proche? **Non dago telefono hurbilena?**
D'où puis-je faire un appel international? **Nazioarteko dei bat nondik egin dezaket?**
Allo, oui ! **Bai, esan !**
Monsieur Urkiola ? **Urkiola jauna?**

C'est moi . **Ni naiz** .
Je voudrais parler à Monsieur Etxegarai .**Etxegarai jaunarekin hitzegin nahi nuke.**
Je voudrais parler à Madame Etxeberri. **Etxeberri andereari mintzatu nahi ninteke**.
Elle n'est pas à la maison. **Ez dago etxean.**
Quand reviendra t-elle? **Noiz itzuliko da?.**
Elle rentrera demain. **Bihar, itzuliko da.**
Ne quittez pas ! **Zaude pixkabat !**
Ils nous ont coupé. **Moztu egin digute.**
J'ai appelé trois fois. **Hiru aldiz deitu dut.**
J'appellerai à nouveau. **Berriz deituko dut.**
J'appelle depuis Saint -Sébastien. **Donostiatik deitzen dut.**
J'appellerai à neuf heures du soir. **Arratseko bederatzietan deituko dut.**
S'il vous plaît informez ce Monsieur que je me trouve à l'hôtel. **Otoi, Jaun hori abisa hotelean nagoela**.
Ma chambre est la numéro 400. **Nere gela 400.a da.**
Demain j'appellerai à son numéro. **Bihar bere zenbakira deituko dut**.
Je n'entends pas bien, parlez plus lentement, s'il vous plaît? **Ez dut ongi entzuten geldikiago hitzegin,otoi?**
Où allons-nous nous rencontrer? **Non elkar ikusiko dugu?**
Passez à l'hôtel et nous irons ensemble à Pampelune. **Hoteletik etorri eta elkarrekin joango gara Iruineara.**
Venez à l'hôtel ce soir. **Etorri hotelera gaur** .
Bonne nuit! **Gauon** .
Excusez mon retard il y a une circulation difficile. **Barkatu berandua, trafiko nekea da**.
Encore une partie de football? **Berriro, football partidu bat?**
Oui, le derby de toujours l'Atletico de Bilbao et la Real de Saint-Sébastien.**Bai, ohiko derbya Bilboko Atletikoa ta Donostiako Reala**.
Demain nous signons le contrat. **Bihar kontratua izenpetzen dugu.**
Je dois lire les conditions. **Baldintzak irakurri behar ditut**
Je ne reste pas. **Ez naiz egoten.**
Moi non plus.(moi aussi non). **Ni ere ez.**
Merci de votre visite. **Eskerrikasko zure bisitaz.**
A demain. **Bihararte.**

A la banque. **Banketxean.**

Où y a t-il une banque? **Non dago banku bat?**
Où est le change? **Non dago dirutrukea.**
Bonjour, je voudrais déposer de l'argent. **Egunon, dirua sartu nahi nuke.**
Bonjour, je voudrais retirer de l'argent. **Egunon, dirua atera nahi nuke.**
Du compte livret ou du compte courant.**Aurrezki-libretatik ala kontu korrontetik?**
Je voudrais acheter des pesetas. **Pesetak erosi nahi nituzke**
Quel est le taux de change? **Zenbat da truke tasa?**
Je voudrais un change avec mes traveller-chèques. **Trukea nahi nuke bidai-txekekin.**
Notre commission figure sur ce reçu. **Ordainagiri honetan ikusten da gure gastua.**
Puis-je retirer de l'argent avec une carte de crédit? **Dirua atera dezaket kreditxartelarekin?**
Je voudrais parler au directeur. **Zuzendariarekin hitzegin nahi nuke?**
Je voudrais faire un placement à terme. **Eperako ezarpen bat egin nahi nuke.**
J'attends un virement sur mon compte. **Nere kontuan, igorpen baten zain nago.**
Veuillez passer au guichet le caissier vous renseignera. **Zoaz leihatilara kutxazainak argituko zaitu.**
Il vous suffit de signer le chèque au dos. **Sina ezazu txekea atzekaldean.**
Je voudrais le change en dollars. **Dollaretan nahi nuke trukea.**
Avez-vous une carte d'identité? **Nortasun agiri bat al daukazu?**
J'ai besoin de précisions. **Xehetasun beharra badut.**
Quelle est votre date de naissance, votre adresse, le numéro de votre carte d'identité?
Zein dira zure jaioteguna, zure helbidea, zure nortasun agiriaren zenbakia?
Vous remplirez le formulaire de mémoire.
Buruz beteko duzu formularia.
Merci et au revoir. **Eskerrikasko eta ikusarte.**

Au Café . **Ostatuan**

Que voulez vous? **Zer nahi duzue**?
Nous voulons boire chaud. **Bero edan nahi dugu.**
Vous, que prenez-vous ? **Zuk zer edango duzu?**
Moi? un café très chaud. **Nik?kafe bero beroa .**
Un café noir ou crême? **Kafe hutsa ala ebakia?**
Non, un café au lait. **Ez, kafesnea .**
Et vous? **Eta zuk?**
Moi, un chocolat. **Nik txokolatea**
Dehors c'est la neige et le vent du nord. **Kanpoan elurra da eta iparraizea.**
Ne restez pas près de la porte, il fait meilleur dans le fond.**Ez egon ate ondoan, goxoago da zokoan**.
Voulez-vous manger quelque chose? **Zerbaitto jan gogo duzue?**
Les amuse-bouches sont frais. **Pintxoak egin berri dira.**
Qu' y a -t-il dans les pintchos? **Zer da pintxoetan?**
Ceux-ci au poisson, avec du thon et de l'anchois. **Arrainezkoak hemen, atun ta antxobarekin.**
Ceux-là à la viande sont avec du jambon en tranche fine.**Haragizkoak hor urdazpi mehearekin.**
Avec peu de pain à la mode basque. **Ogi guttirekin euskal erara.**
J'ai faim je préfère ajouter un sandwitch.**Gose naiz nahiago dut ogiarteko bat gaineratu.**
Les casse-croûtes, les sandwichs sont au jambon ou au fromage.**Ogitartekoak sanduitxak urdazpiz eta gaztaz eginak dira.**
Combien dois-je, au total ?**Zenbat zor dut, guztira?.**
Quatre pintchos, quatre rouges et un blanc : mille deux cents pesetas.**Lau pintxo, lau beltz, txakolina : mila ta berrehun pezeta.**
Au revoir . **Ikusarte.**
Ce n'est pas bon marché mais c'est de qualité. **Ez da merkea , baina bikaina da.**
Belle journée n'est-ce pas? **Egun ederra ez?**
Il fait chaud et j'ai soif. **Bero da ta egarri naiz** .
Et toi non? **Eta hi ez**?
Allons au café. **Goazen ostatura.**

Deux verres de vin rouge frais, s'il vous plaît. **Bi beltz fresko, mesedez.**
Et toi (sous entendu avoir) **Eta hik?**
Moi, un petit vin blanc, un tchacoli. **Nik, ardotxo txuria, txakolina.**
Et vous? **Eta zuk?**
Moi, une bière pression. **Nik, biera bat, kaña bat.**
Allons à l'ombre, entrons chez Kaiet boire un verre.
Goazen itzalera, sar gaitezen Kaietenera, baso baten edatera.
Oui, volontiers . **Bai, gogo onez .**
Avec cette chaleur que veux-tu? **Bero honekin zer nahi duk?**
Du frais. **Freskoa.**
De la bière ? **Garagardoa ?**
Non. Même pas de jus de fruit un tonic avec du citron me conviendrait. **Ez. Zumua ere ez, tonika lemoiarekin gogoko nuke.**
Avec cela tu ne te saouleras pas. **Honekin ez haiz mozkortuko.**
Saoul , je me mets à chanter. **Mozkor, kantuz hasten naiz.**
Moi je vais boire un Xeres . **Nik Jerez fino bat edango dut.**
Je peux téléphoner du café?
Ostatutik dei dezaket ?
Oui .Vous avez le téléphone dans le coin. **Bai. Telefonoa zokoan daukazu.**
Avez vous " Euskaldunon egunkaria" le journal basque.? **Ba al duzu "Euskaldunon egunkaria"?**
Oui, tenez. **Bai, torizu.**
Pourquoi tant de personnes dans les cafés et personne dehors?
Zergatik ostatuetan hainbeste jende eta kanpoan iñor ez?
Bientôt tous les cafés vont diffuser à la télévision le match entre Manchester et Milan .
Laister ostatu guztiek Manchester ta Milanen arteko partidua emango dute.
Partons je préfère le basket -ball. **Goazen hemendik saskibaloia nahiago dut.**
Où se trouve le terrain de spor? **Non dago kirol zelaia?**
Fais-tu du sport? **Kirolik egiten al duk?**
Pas assez. **Ez aski**

Dans les transports de ville **Hiriko garraiobideetan**

Vous m'appellerez un taxi, s'il vous plaît? **Taxi bat deituko didazu, otoi?**
Où est la station de métro la plus proche *(à Bilbao)* ? **Non dago metro geltoki hurbilena?**
A l'autre extrémité du pont d'Arriaga. **Arriagako zubiaren beste buruan.**
Où dois-je changer pour aller au musée Guggenheim? **Non aldatu behar dut Guggenheim erakustegira joaiteko?**
C'est tout droit. **Zuzen zuzena da.**
Je ne me perdrai pas. **Ez naiz galduko.**
Bonne promenade **.Ibilaldi on egin**
Merci beaucoup. **Eskerrikasko**
Quelle est la ligne pour aller à Deusto? **Zein da Deusturako linea?**
Où allez-vous? **Nora zoaz?**
Combien coûte le billet? **Zenbat da txartela?**
Où est la carte du métro? **Non dago metro mapa?**
Non fumeur. **Ez erre.**
Où se trouve l'autobus / la station de taxi? **Non dago autobus/ taxi tokia.?**
Place San Anton et rue Dato. **San Antongo plazan eta Dato kalean.**
Où est le terminus? **Non dago geltokiburua?**
A quelle heure est l'autobus? **Zer ordutan da autobusa ?**
L'autobus part à sept heures. **Zazpitan ateratzen da autobusa.**
Les Bilbobus passent toutes les vingt minutes. **Hogei minutoro Bilbobusak badira.**
Il faut faire signe, pour qu'il s'arrête **Kinu egin behar da geldi dadin .**
Je dois prendre un autobus intervilles. **Hiriarteko autobusa hartu behar dut.**
Je dois aller à Durango. **Durangora joan behar dut.**
Prenez votre billet d'autobus au bureau situé près de l'entrée de la gare du train. **Harezazu txartela trenbide geltokiaren alboan den bulegoan.**
Dois-je réserver? **Erreserbatu behar ote dut?**
Non le numéro est sur le billet.**Ez, zenbakia txartelean dago**

C'est une place non fumeur? **Ez erretzaile lekua da?**
On ne peut fumer dans tout l'autobus. **Ezin da erre autobus guztian.**

En visitant la ville . **Hiria ikustean.**

Où se trouve l'office de tourisme? **Non dago turismo etxea?**
Où se trouve le bureau de renseignement? **Non dago argibide bulegoa?**
Il est face à la plage. **Hondartzari buruz dago.**
Quand est, le festival de cinéma de Saint-Sébastien? **Noiz da Donostiako zinemaldia?**
En automne.**Udazkenean.**
Bienvenue! **Ongi Etorri!**
Je voudrais visiter le musée d'archéologie. **Arkeologia Erakustegia ikusi nahi nuke.**
Comment va t-on au Musée d'Ethnographie? **Nola joaiten da Etnografia Museora?**
Ces deux musées sont au même endroit. **Bi museoak leku berdinean daude.**
Quand a lieu le festival de musique Maurice Ravel à Saint-Jean-deLuz? **Noiz da Maurice Ravel musikaldia Donibane Lohitzunen?**
Cette église est fermée. **Eliza hau itxia (zerratua) da.**
Oui elle ouvrira aujourd'hui dimanche, à l'heure de la messe. **Bai irekiko da, egun igandea, mezaren orduan**
Pourquoi? **Zergatik?**
Elle a de trop belles choses. **Gauza ederregiak ditu.**
Cette église est fermée mais vous pouvez visiter ce couvent. **Eliza hau itxia da, baina komentu hau ikus zenezake.**
Où est le gardien de l'église? **Non dago giltzaina?**
Il ouvrira l'église à quatre heures. **Lauetan eliza irekiko du.**
De quand date cet hôtel de ville? **Noizkoa da Udaletxe hau?**
Celui-ci est de la Renaissance. **Hau Pizkundekoa da.**
On ne visite pas ce palais? **Jauregi hau ez da bisitatzen?**
Il est en cours de restauration. **Berritzapen lanetan dago.**
Il est du XVIIème siècle, froid à l'extérieur, riche à l'intérieur. **XVII.mendekoa da, kanpotik hotz, barrutik aberats.**
Combien est l'entrée? **Zenbat da sartzea?**
Cest gratuit. **Dohanik da.**

Puis-je faire des photographies à l'intérieur?**Barruan argazkirik atera dezaket?**
Oui, mais sans flash ? **Bai, baina flaxik gabe?**
Où se trouve la boutique de photographe la plus proche? **Non dago argazki denda hurbilena?**
Je voudrais une pellicule en couleur s'il vous plaît ?**Kolorezko erroilloa nahi nuke, otoi?**
De 200 Asa. **Berrehun Asakoa.**
Pour papier ou diapositives? **Paperean ala diapositibetan ?**
Vous aurez les photographies dans une heure. **Argazkiak hemendik ordu bete izango dituzu.**

En automobile **.Automobilez** (pour semi-bascophones)

Je dois aller à Guernica, montrez -moi le trajet sur la carte, s'il vous plaît .
Gernikara behar dut, erakuts mapan joanbidea otoi.
Quelle la voie la plus courte par l'autoroute ou la route?
Zein da bide laburrena, autopistatik ala errepidetik.?
Combien y a -t-il de kilomètres jusqu'à Guernica ?
Zenbat kilometro dago Gernikaraino?
Vous devez sortir de l'autoroute à Zorrontza et prendre à gauche la route de Guernica .
Zorrontzan atera behar duzu autopistatik, ta ezker Gernikako bidetik jo.
Où se trouve la rue Zakurren kalea? **Non dago Zakurren kalea?**
La seconde à droite puis la troisième à gauche. **Bigarrena eskubitik, gero hirurgarrena ezkerretik.**
D'où venez vous? Je sors de chez vous **Nondik zatoz? Zure etxetik ateratzen .**
Je puis garer ma voiture là-bas. **Nere automobila han aparka dezaket**
Oui, mais le stationnement en payant. **Bai, baina aparka saria ordainduz**.
Combien est-ce le stationnement? et pour combien de temps?
Zenbat da aparka saria ta zenbat denborarako?
Au parking d'Ibaiondo mille pesetas pour la journée (Bilbao).
Ibaiondoko aparkatokian mila peseta eguna.
Au parking du Pont Saint Esprit , trente francs (Bayonne).

Santispiritituko aparkatokian, hogeita hamar libera.
A quel endroit êtes -vous? **Non zaude?**
Sur l'autoroute, en panne.**Autopistan aberia batekin.**
Je me trouve au poste de téléphone n° 9. **Bederatzigarren (9.) telefono tokian nago.**
Contrôlez si vous avez de l'essence? **Ikus ezazu gasolinarik baduzunetz?**
Nous vous envoyons un mécanicien. **Mekanikaria bidaltzen (igortzen) dizugu.**
Ne faites rien en attendant. **Ez egin ezer bitartean.**
Avez-vous eu un accident? **Ixtripurik izan al duzu?**
Vous avez coulé une bielle. **Biela bat urtu egin zaizu.**
Je vais la remorquer.**Atoian hartuko dut.**
Votre courroie de ventilateur s'est cassée. **Zure aizegilearen hedea eten da.**
Votre bougie était mal vissée. **Zure bujia gaizki lotua zen**
Votre roue était à moitié dégonflée. **Gurpila erdi hustua da.**
Vous avez un clou dans votre pneu. **Iltze bat daukazu gurpilean.**
Avez-vous des pneus à chambre à air? **Zure gurpileek aireganbara ba al dute?**
Où avez-vous votre cric? **Non duzu altxatzekoa (gatua)?**
Essayez de démarrer à la manivelle. **Manibelarekin abiatzen saia zaitez.**
Vous devez avoir des saletés dans votre filtre à essence. **Gasolina iragazkian zikinkeria izango duzu.**
Vous avez laissé votre filtre à air en position d'hiver.
Zure aire iragazkia negu egoeran utzi duzu.
La pédale d'embrayage est trop dure. **Enbrage orpea gogorregia da.**
Votre gicleur est bouché. **Zure jiklera tapatua dago.**
Appuyer plusieurs fois sur l'accélérateur avant d'allumer.
Piztu baino lehen, bizpahirutan zapa azelaratzailea.
Le matin, en hiver, pour mieux démarrer laissez votre starter ouvert depuis la veille. **Goizean, neguan hobeki abiatzeko utz ezazu estarterra zabalik bezperatik.**
Pour mieux démarrer le matin, avant d'allumer le moteur, allumer vos lumières un instant.
Goizean hobeki abiatzeko, motorea piztu baino lehen, argiak utzi zabalik une bat

Vos disques de frein sont usés.
Zure galga (freno)diskoak higaturik daude.
Votre batterie s'est vidée. **Zure bateria hustu egin da.**
Votre lumière avant gauche ne s'allume pas.
Zure aurre-ezkerreko argia ez da pizten.
En montagne, laissez refroidir votre moteur. **Mendian utz ezazu zure motorea hoztera.**
Je voudrais une vidange du moteur avec de la 20/40 .**Motore olioaren hustuketa nahi nuke, hogei/berrogeiarekin.**
J'ai perdu les clefs de ma voiture. **Automobil giltzak galdu ditut.**
Pouvez-vous me faire une facture pour les assurances?
Segurantzarentzat kondua egin dezakezu?

Au restaurant . **Jatetxean.**

Où se trouve le restaurant le plus proche? **Non dago jatetxe hurbilena?**
Il s'en trouve plusieurs à gauche dans l'Avenue de la Liberté.
Batzu badaude ezkerrean Askatasun Ibilbidean.
Où y a -t-il un restaurant à poissons? **Non dago arrain jatetxe bat?**
Il y en a au port et dans le vieux quartier. **Portuan eta alde zaharrean badaude.**
Faut-il réserver la table? **Mahaina erreserbatu behar al da?**
Où se trouve l'auberge du village? **Non dago herriko ostatua?**
Elle se trouve de l'autre côté du pont.**Zubiaren bestaldean dago.**
Bienvenue.! **Ongi etorri!**
Combien de personnes (compagnons en basque) êtes-vous?.
Zenbat lagun zarete?
Nous sommes quatre personnes. **Lau lagun gara.**
Où se trouve la salle à manger ? **Non dago jangela?**
Elle est au premier étage. **Lehen bizitzan dago.**
Vous avez une table près de la fenêtre. **Hor duzue mahaina leihondoan.**
Nous prendrons cette table. **Mahain hau hartuko dugu.**
Je voudrais déjeuner / dîner (à midi). **Bazkaldu nahi nuke**
Nous voudrions déjeuner. **Bazkaldu nahi genuke.**

Je voudrais dîner/souper(le soir) . **Afaldu nahi nuke**
A quelle heure servez vous le repas de midi? **Zer ordutan ematen duzue bazkaria?**
Entre douze heures et une heure trente (au nord). **Hamabitatik ordu bat eterdiraino.**
Entre une heure trente et trois heures trente (au sud).**Ordu bat eterditik hiruak eterditaraino.**
Quel est le menu du jour?
Zein da egunekoa?
Apportcz moi le menu. **Ekarezadazu menua.**
Apportez-nous du pain! **Ekar ogia!**
Apportez une fouchette et une cuillère de plus, s'il vous plaît! **Ekar sardeska ta goilarra bat gehiago,otoi!**
Apportez-nous le menu . **Ekarezaguzu menua.**
Je veux lire la carte. **Karta irakurri nahi dut.**
La carte des vins s'il vous plaît. **Ardoen zerrenda, mesedez.**
Où se trouvent les lavabos? **Non dago esku garbitegia?**
Apportez-nous de l'eau. **Ekarezaguzu ura.**
Je voudrais de l'eau non gazeuse. **Gasgabeko ura nahi nuke.**
Je voudrais de l'eau plate. **Iturri ura nahi nuke.**
Je voudrais de l'eau minérale . **Ur minerala nahi nuke.**
Je voudrais un verre à vin. **Ardo baso bat nahi nuke.**
Je voudrais un verre de vin. **Baso bat ardo nahi nuke.**
Que proposez-vous **?Zer eskaintzen duzu ?.**
Tou ce qui est sur la carte, mais particulièrement les poissons et l'agneau.
Zerrenda dagoen guztia, batikbat arraina ta bildoskia.
Soupe ou bouillon? **Zopa ala salda?**
Soupe de poisson si possible. **Arrain zopa ahalbada.**
Et vous? **Eta zuk?**
Moi, une salade mixte.**Nik, entsalada mixto bat.**
Je préfère de la viande . **Haragia nahiago dut.**
Du veau ou de l'agneau.? **Aretxeki ala bildoski?**
De l'agneau rôti . **Bildoski errakia.**
Moi, du poisson. **Nik, arraina.**
Quelle sorte de poisson avez-vous? **Zer arrain mota daukazue?**
Du merlu, du thon, de l'anchois et de la sardine. **Legatza, atuna, antxoba ta txardina.**
Froid ou chaud? **Hotzik ala berorik?**

En sauce ou grillé? **Saltsan ala plantxan?**
Sans sauce. **Saltsarik gabe.**
Et sans ail. **Eta baratxuri gabe**
Outre le poisson nous avons des huîtres, des chipirons (calmars), des crevettes, des crabes. **Arrainez kanpo, oistra, txipiroi, izkira, karramarro badugu.**
Au gril mais sans ail. **Parillan baina baratxuri gabe**
Que boirez-vous avec cela?
Zer edango duzue, horrekin?
Du vin rouge. **Ardo beltza.**
Nous avons un vin de la Rioja choisi par la maison. **Etxeak hautatu Errioxako ardoa badugu.**
Les enfants ne mangent pas de pain, nous oui. **Haurrek ez dute ogirik jaten, guk bai.**
Apportez la morue en sauce, mais pas trop salée. **Ekar bakalaua saltsan baina ez gaziegi.**
Il n' y a pas de gibier? **Ihizerik ez da?**
Ce n'est pas l'époque. **Ez da garaia**
Avez-vous des confits? **Konfitik ba al duzu?**
Nous faisons des confits de canards et d'oie, comme en Gascogne.
Gaskonian bezala ahate, antzara konfit egiten dugu.
Le foie gras, également.**Gibelki gizena ere bai.**
Qu'est ce qu'intxaur saltsa? **Zer da intxaur saltsa?**
Ce sont des noix broyées préparées avec du lait. **Esnearekin nahasian intxaur xehetuak dira.**
C'est un dessert de Noël. **Gabonetako bazkalburu bat da.**
Nous n'avons pas de fruits du pays. **Herriko frutarik ez dugu.**
Il est trop tôt pour servir cerises et fraises. **Goizegi da gerezi ta marrubi emateko.**
Il est trop tard pour servir de bonnes pommes et de bonnes poires.**Beranduegi da sagar onik eta udare onik emateko.**
Nous n'avons que des bananes et des oranges. **Banana ta laranja baizik ez dugu.**
Vous prendrez bien un café. **Kafe bat hartuko duzue.**
Moi un café noir. **Nik kafe hutsa.**
Moi, un autre. **Nik beste bat.**
Moi, un café au lait . **Nik kafesnea.**

Vous, un café-crême? **Zuk, kafe ebakia?**
Toi, une camomille? **Hik, kamamila bat?**
Moi, rien. **Nik ezer.**
Ce n'est pas assez cuit. **Ez da aski errea.**
Apportez du sel, c'est fade. **Ekar gatza , geza da.**
Que prendrez-vous au dessert? **Bazkalburuan zer?**
Il y a de la tarte, des glaces, du sorbet, du riz au lait, du flan.
Badago tarta, izozki, sorbete, arrozesne ta flan.
Apportez l'addition, s'il vous plaît. **Ekar kondua otoi.**
Je n'ai pas de monnaie. **Ez dut xeherik.**

Menu de la côte

Soupe de poisson	**Arrain zopa**
Légumes cuits	**Menestra**
Salade au poisson	**Entsalada mixto.**
Tranche de boeuf	**Idiki xerra**
Filet de boeuf	**Filete**
Entrecôte	**Entrekote**
Merlu sauce verte	**Legatz koskera**
Morue à la biscaïenne	**Bakalau bizkaierara**
Morue du pêcheur	**Ondarrutar bakalaua**
Petits calmars	**Txipiroiak beltzean**
Petits calmars frits	**Erromar txipiroiak**
Pibales(civelles)	**Txitxardinak**

Menu de l'intérieur, de la montagne

Bouillon de poule	**Oilo salda**
Soupe aux légumes	**Garbura**
Piments, tomate, oignon	**Entsalada**
Jambon de Bayonne	**Baionako urdazpia**
Poule au riz	**Oilloa irrisarekin**
Côte de porc	**Xerri saiheski**
Agneau en sauce	**Bildotsa saltsan**
Gigot de mouton	**Ardiazpi**
Truite	**Amuarrain**
Piperrade	**Piperrada**
Omelette aux champignons	**Arraultzopil onddoekin**
Salmis de palombes	**Usoa saltsan**

Quelques proverbes nourrissants.

(Beltran Zalgizeko, Bertrand, seigneur de Sauguis, vers 1600)

Azak eta zopak suhandi nahi ditu
Le chou et la soupe veulent grand feu
Hortzik eztuanak, iztarri.
Qui n'a pas de dents, gosier.
Hortzik eztuanari, baba erre
A qui n'a pas de dents, fèves cuites.
Ahamen gaitzak begi gorria
Bouchée pénible, oeil rouge.
Ez jan, ez lan
Pas de nourriture, pas de travail
Tipula jan, tipula lan
Manger d'oignon, travail d'oignon.
Gizon barura, erdi deiabrua
Homme à jeun, demi-démon
Intzaur duianak jateko, baduke harri hausteko.
Qui a des noix à manger, aura des pierres pour les casser.
Xerri gorri haurren, haragia jaunen
Porc maigre pour les enfants, viande pour les adultes

A l'hôpital. **Ospitalean** (surtout pour semi-bascophones)

Où est l'entrée des urgences? **Non dago urgentzien sarrera?**
Je conduis un blessé de la route. **Bidean zauritua ekartzen dut.**
L'ambulance est payée. **Anbulantzia ordaindua dago**
Comment est-ce arrivé? **Nola gertatu da?**
Comment l'avez-vous relevé? **Nola eraiki duzue?**
Ce blessé est étranger. **Zauritua kanpotarra da.**
A t-il une Euro-Assurance? **Euro-segurantza ba al du?**
On le verra plus tard. **Gero ikusiko da.**
Voici les papiers que nous avons trouvés. **Hona aurkitu paperak.**
Il va être hospitalisé ici provisoirement. **Hemen oheratua izango da, behinbehin.**
Avez-vous pris son nom? **Hartu al diozu izena?**

Il ira en radiologie, puis en chirurgie. **Erradiologira ta gero kirurgiara joango da.**
Dans quelle service et dans quelle chambre se trouve Monsieur Smith?
Zer sail ta zer geletan dago, Smith jauna?
Il est entré hier. **Atzo sartu da.**
Je voudrais voir le médecin qui l'a pris en charge. **Hartaz arduratzen den medikua ikusi nahi nuke**.
Est -ce grave, docteur (en basque, monsieur)? **Larri al da, jauna?**
Il a perdu beaucoup de sang. **Odol asko galdu du.**
Il est en état de choc. **Txokepeean dago.**
A t-il des hémorragies internes?
Barne odolgaltzerik al du?
Non, mais il a des fractures multiples. **Ez, baina hauskura ugari du.**
Il a des fractures du bras, du pied, du poignet, des genoux et un coup à la tête.
Beso, oin, eskumutur, belaunetan hauskura ditu eta buruan ukaldia.
Nous le maintenons en réanimation. **Birpizten edukitzen dugu.**
Vous avez une plaie au dos, mais rien à la colonne vertébrale.
Zauri bat daukazu bizkarrean, baina bizkar-ezurrean ezer.
Vous avez perdu connaissance. **Ezagutza(konortea) galdu duzu.**
Vous n'avez rien, au ventre, au foie, aux reins ou aux poumons.
Ez duzu ezer (deusik) sabelean, gibelean, biriketan giltzurrinetan.
Quand quitterai-je l'hôpital?
Noiz utziko dut ospitalea?
Vous devez rester un mois entier. **Hila bete egon beharko duzu.**
Il vous faudra trois mois de rééducation pour remarcher. **Hiru hilez birikasi beharko duzu oinez ibiltzen.**
La plaie de votre tête n'est pas profonde. **Zure buruko zauria ez da sakona.**
Ce n'est que la peau qui est arrachée. **Larrua da bakarrik urratua.**

La propreté, santé et beauté.
Garbitasuna, osasun ta edertasun.

Je voudrais du talc.**Talkoa nahi nuke.**
Je voudrais un savon pour bébé. **Nini xaboia nahi nuke.**
Je voudrais un biberon et des tétines. **Biberoia ta txupak nahi nituzke.**
Je voudrais des aliments en pots pour bébé. **Ninientzako janontzi txikiak nahi nituzke.**
Avez-vous des couches pour bébé? **Nini txatarrik ba al duzu?**
Je voudrais une savonette. **Xaboi bat nahi nuke.**
Je voudrais un shampoing. **Xanpu (shampooing) bat nahi nuke.**
Je voudrais une brosse à dents. **Hortz eskubila nahi nuke.**
Douce ou dure? **Malgua ala gogorra?**
En nylon ou en soie? **Nilonez ala zetaz?**
Je voudrais de la pâte dentifrice. **Hortzorea nahi nuke.**
Avez-vous des mouchoirs en papier. **Paperzapirik ba al duzu?**
Avez-vous du papier hygiènique. **Komun paperik ba al duzu?**
Je prendrai ce peigne en corne. **Adarrezko orraze hori hartuko dut.**
Avez vous du rouge à lèvres? **Ezpain gorritzekorik baduzu?**
Avez-vous de la crême solaire? **Eguzkirako krema baduzu?**
Oui nous en avons du rose pâle au rouge foncé. **Bai arrosa argitik, gorri iluneraino badugu.**
Quels parfums avez-vous? **Zer lurrin daukazu?**
J'ai tous les parfums français principaux. **Frantses lurrin nagusiak baditut.**
Je prends cette eau de Cologne. **Kolonia hau hartzen dut.**
Montrez-moi vos rasoirs électriques! **Erakuts zuen bizargailu elektrikoak!**
Je prends de la crême à raser . **Bizar krema hartzen du**
Je n'ai plus de lames de rasoirs. **Ez dut gehiago bizar lamarik.**
J'ai des rasoirs jetables. **Bizargailu jaurtikorrak baditut.**
Avez-vous du déodorant? **Usaintzar kentzekoa baduzu?**
Et de la poudre pour les pieds? **Eta oinusain errautsik?**

Dans une librairie.**Liburudenda batean.**

Avez-vous des livres en français? **Ba al duzu frantsesezko libururik?**
Avez-vous un livre guide sur le Pays Basque? **Euskal Herriko gidalibururik ba al duzu?**
Oui, en trois langues. **Bai, hiru hizkuntzatan**
Avez-vous une carte du Pays Basque? **Ba al duzu Euskal Herriko maparik?**
Je voudrais un livre d'histoire du Pays Basque? **Euskal Herriko histori-liburu bat nahi nuke.**
Nous avons un très bon livre, mais il est très gros.**Badugu liburu bat oso ona, baina oso lodia.**
Je voudrais un livre sur l'économie du Pays Basque? **Euskal Herriko ekonomiaz liburu bat nahi nuke?**
Nous avons un petit annuaire de l'économie, en basque et en espagnol.
Ekonomiaren urtekari txikia badugu, euskaraz ta gaztelaniaz.
Avez-vous un livre qui traite de tous les aspects de la vie en Pays Basque?
Ba al duzu libururik Euskal Herriaren bizitza guztia aipatzen duena?
Oui, trois, aussi bien en français, qu'en espagnol, qu'en basque.
Bai, hiru, nahiz, frantsesez, nahiz gaztelaniaz, nahiz euskaraz
Puis-je voir votre catalogue?
Ikus dezaket zuen katalogoa.?
Avez-vous des livres sur la montagne? **Mendiaz libururik ba al duzu?**
Oui, des livres en couleur, en photos, soit en basque, soit bilingues. **Bai kolore eta argazkidunak, euskaraz edo elebidunak**
J'achèterai le livre sur la victoire des Basques dans l'Everest il y a vingt ans. **Euskaldunen duela hogei urteko garaipenezkoa Everestean, erosiko dut.**
Avez-vous un livre sur la cuisine basque? **Euskal sukalgintzaz ba al duzu libururik?**
Oui trois ou quatre en français. **Bai bizpalau frantsesez.**
Je prendrai ce bilingue. **Elebidun hau hartuko dizut.**

Qu'avez-vous sur les sports basques? **Zer baduzu euskal kiroletaz ?**
Nous avons un livre illustré de photographies. **Liburu argazkiduna badugu.**
Avez-vous un quotidien en basque? **Ba al duzu euskal egunkaria?**
Oui et un en français, un en anglais, un en allemand, et une dizaine en espagnol.
Bai eta bat frantsesez, bat ingeleraz, bat alemaneraz eta hamar bat gaztelaniaz.

Quelques emplettes . **Erosketa batzu.**

Bonjour.Que voulez-vous? **Egunon .Zer nahi duzu?**
Je voudrais du lait . **Esne nahi nuke**
Combien de litres? **Zenbat botoila?**
Quatre litres. **Lau litro**
Avez-vous du fromage de brebis? **Ardi gasna(gazta) baduzu?**
Où est le beurre? **Non dago gurina?**
Où puis-je acheter du pain? **Non eros dezaket ogia?**
Au supermarché ou à la boulangerie. **Supermerkatuan edo okindegian.**
Combien de pains voulez-vous? **Zenbat ogi nahi duzu?**
Deux grands pains de campagne. **Bi etxe ogi haundi.**
Je veux un pain bien cuit / peu cuit. **Ogi ongi errea / gutxi errea nahi nuke.**
Que cherchez-vous? **Zer bilatzen duzu?**
Je cherche le rayon des vins. **Ardoen saila bilatzen dut.**
Avez vous des vins de la Rioja? **Errioxako ardorik ba al duzu?**
Avez-vous la liqueur Izarra (l'Etoile)? **Izarra likorea baduzu?**
Est-ce le cidre nouveau? **Aurtengo sagardoa al da?**
Combien de degrés fait ce cidre? **Zenbat grado du sagardo honek?**
Celui-ci, deux degrés. **Honek bi grado.**
Quel est le degré de ce vin de Navarre? **Zenbat da Nafarroako ardo onen indarra?**
Ce vin fait (a) quatorze degrés. **Ardo honek hamalau grado baditu .**

En famille , dans la maison **Etxekoekin etxean**

Etxekoak (la famille, tous ceux qui habitent sous le même toit)
Qui êtes-vous? **Nor zara zu?**
(Je) suis Jean. **Joanes naiz.**
(Je) suis marié avec Marie et je vis dans sa maison. **Mariarekin ezkondua naiz, haren etxean bizi naiz.**
(Je) suis son mari. **Haren senarra naiz** .
C'est votre femme? **Zure emaztea da?**
Oui et (mon) grand-père est Pierre, (ma) grand-mère Madeleine. **Bai ta aitona Petiri dut, amona Madalen.**
Nos filles s'appellent Maider et Arantxa. **Gure alabak Maider eta Arantxa dira .**
Nos fils Marc et Aitor .**Gure semeak Markos eta Aitor**.
Maider et Arantxa sont les soeurs de Marc et d'Aitor. **Maider eta Arantxa, Markos eta Aitoren arrebak dira.**
Marc et Aitor sont des frères. **Markos eta Aitor anaiak dira**.
Nos filles et filles sont assez grands. **Gure seme alabak aski handiak dira.**
Les filles sont des jeunes filles et les garçons des jeunes gens. **Alabak neskatila dira ta semeak mutil.**
Marc ne veut pas faire son service militaire, il fera l'objection de conscience. **Markosek ez du soldadutza egin nahi, objekzioa egingo du** .
Aitor est parti pour l'Argentine pour ne pas rester au chômage . **Aitor Argentinara joan da langabezian ez egoteko**.
Nous sommes les enfants de Jean et Marie. **Joanes ta Mariaren haurrak gara**.
Nous sommes quatre frères et soeurs. **Lau aurride gara.**
Ce sont nos parents. **Gure gurasoak dira.**
Je ne suis pas à la maison, dans la journée. **Ez nago etxean, egunaz**.
Je travaille dans une usine nouvelle sur une machine à commande numérique. **Lantegi berri batean, zenbaki gidaritzazko makinekin lanean ari naiz.**
(Mes) fils ne travailleront pas à l'usine. **Semeak ez dira lantegietarat lanera joango**.
Ce que deux cents ouvriers faisaient, trois ou quatre le font . **Berrehun langileek egiten zutena, bizpalaurek egiten dute**.

Ma femme est secrétaire de mairie. **Anderea Udal (herri) idazkaria da.**
Notre fille aînée est conductrice d'autobus. **Gure alaba zaharrena autobus gidaria da.**
Notre seconde fille fait des études d'ingénieur à la faculté. **Gure bigarren alaba fakultatean dago ingineritza ikasten.**
Nous habitons à Usurbil. **Usurbilen bizi gara.**
C'est une petite ville entre Saint -Sébastien et Zarautz. **Donostia ta Zarautzen arteko, hiri txikia da.**
Elle a des industries neuves et propres. **Lantegi berri garbiak baditu.**
Jusqu'à quand? **Noizarte?**
Nous habitons au quatrième étage de notre immeuble. **Gure etxeko laurgarren bizitzan bizi gara**.
De la ville on voit les montagnes au loin, en bas la route nationale, et la voie ferrée.
Hiritik urrunean mendiak ikusten dira, beherean errepidea eta trenbidea.
L'autoroute passe plus loin, nous ne la voyons pas. **Autopista urrunago igarotzen da, ez dugu ikusten**.
Entrez, entrez donc. **Aurrera! sar !**
Il y a quatre chambres. **Lau logela badira**.
(Elles) sont claires et exposées au sud. **Argiak dira ta hegoaldeari begira.**
La bibliothèque est la plus petite pièce. **Liburutegia gela txikiena da.**
Petite, certes, mais tapissée de livres. **Txikia, baina liburuz estalia**.
La salle de séjour est à gauche. **Egongela ezkerrean dago**.
La cuisine également . **Sukaldea ere.**
Quelle belle cuisine! **Zer sukalde ederra!**
Oui, la cuisine est très importante dans la culture basque. **Euskal kulturan sukaldaritza oso garrantzitsua da.**
Les toilettes et la salle de bains se trouvent à droite. **Komunak eta bainua eskubian daude.**
Vous dormirez dans la chambre de notre fils qui est en Amérique. **Ameriketan dagoen semearen gelan lo egingo duzu.**
Nous nous levons tôt. **Goizik jaikitzen gara.**
En vous levant vous trouverez de quoi faire un petit-déjeuner. **Jeikitzean, gosari baten egitekoak aurkituko dituzu**.

En excursion. **Txangoan** (surtout pour semi-bascophones)

Hier, lundi, nous avons visité Durango. **Atzo, astelehena Durango bisitatu dugu.**
Demain, mercredi nous monterons au Mont Anboto.**Bihar, asteazkena, Anboto mendira igoko gara**.
Ya-t-il des cascades et des lacs, là-bas? **Ba al dago urjauzi ta aintzirarik, han?**
Non, c'est une montagne sèche aux immenses rochers blancs. **Arkaitz zuri itzelezko mendi legorra da**.
Au pied de la montagne il y a de belles forêts et de l'ombre aussi. **Mendiaren hondoan oihan ederrak dira, eta itzala ere.**
Est-ce qu'il pleuvra? **Euria izango al da?**
Pas aujourd'hui, demain oui. **Ez gaur, bihar bai.**
Faut-il prendre de l'eau ou y a-t-il des sources? **Ura hartu behar da ala iturriak badira?**
Prenez de quoi boire. **Harzazue edatekoa**.
A la première ferme vous prenez à gauche. **Lehen baserrian ezker jo.**
Toujours tout droit par le même chemin de terre. **Beti zuzen zuzena , mandobide berdinetik**.
Il fait froid, il va neiger bientôt. **Hotz da, elurra da laister.**
Le vent souffle fort. **Haizeak gogor jotzen du**.
Il fait trop beau, avec ce vent du sud, la pluie suivra. **Ederregi da aroa, Hegoaizearekin, euriak jarraituko du.**

La chasse .**Ehiza** (pour semi-bascophones)

Je voudrais aller à la chasse. **Ehizean ibili nahi nuke**.
Il vous faudra une licence ou un permis et parfois dans certains territoires la carte communale. **Ehiza lizentzia beharko duzu, bai lekuka herriko ehiza txartela.**
Où puis-je demander le permis? **Non eskatzen ahal dut lizentzia ?**
A la perception des Impôts . **Zerga etxean.**
Je veux acheter un fusil . **Arma bat erosi nahi dut.**
A deux canons . **Bi kanoi dun (bi hodidun)**
Avec un canon à balle. **Bala hodiarekin.**
Pour la chasse au sanglier? **Basurdekarako?**
Non, pour le chevreuil . **Ez, orkatzarentzat.**

Oui et celui-là pour la palombe. **Bai eta hau usoetarako.**
Comment voulez-vous vos cartouches à balle ou à plombs? **Kartutxuak nola nahi dituzu baladunak ala perdigoidunak(trajeadunak)?**
Quel gibier sauvage y a -t-il au Pays Basque. **Zer basehiza bada Euskal Herrian?**
En haute montagne le chamois pyrénéen ou isard. **Goi mendietan basahuntz edo sarrioa** .
Puis en été des sangliers errants **.Gero udan basurde ibiltariak.**Des chevreuils. **Orkatzak.**
L'ours(**hartza**) est devenu rare, considéré par les bergers comme un ennemi et non un gibier .
Hartza bakan dago, artzainek etsaitzat daukate ez ehiza.
Pourquoi n' y -a t-il pas plus de gibier en Pays Basque? **Zergatik ez da ehiza gehiago Euskal Herrian?**
Autrefois nos ancêtres chassaient toute l'année. **Aintziña gure arbasoek urte guztian ihizean ziren** .
Ils eurent de tout temps ce droit mais avec des armes moins meutrières que celles d'aujourd'hui.
Betidanik eskubide hori zuten,baina oraingoak haina hilkor ez ziren armekin.
Si je comprends bien, on veut garder l'ancien droit mais pas les anciennes armes. **Ulertzen badut aintziñako eskubideak gorde nahi dituzte, baina ez aintziñako armekin.**
Dans la moyenne montagne il reste des lièvres et des cerfs rarement **.Mendixketan erbiak eta oreinak bakanak gelditzen dira** .
Plus bas il y a des lapins, des perdrix et des canards. **Beherago untxiak, galeperrak eta ahateak.**
Les lapins sont malades **. Untxiak gaixorik daude** .
Partout le gibier le plus chassé est l'oiseau migrateur : la palombe **(usoa) .Denetan ihize ehizkatuena uso ibildaria da.**
Autrefois il y avait cent palombes pour un fusil, maintenant il y a cent fusils pour une palombe.
Lehenago ehun usoentzat arma bat bazen, orain ehun arma uso batentzat.

VIII.CIVILISATION ET LANGUE

Pourquoi et pour qui écrire en basque.

Notre langue, comme d'autres, est en contradiction avec les théories simplistes selon lesquelles il ne peut y avoir de littérature sans villes et sans économie développée.Or nous savons qu'une langue aussi brillante et répandue dans le passé que la langue gauloise n'a pratiquement jamais été écrite, à l'exclusion de rares textes de la décadence.L'absence de ces deux derniers éléments, villes et économie brillante, dans le passé du Pays Basque n'ont affecté le développement de la langue que dans le domaine extralittéraire de l'administration, et de l'officialisation de la langue.

L'euskara ne fut jamais langue de Cours princières ou royales.Notre langue eut un usage littéraire dans les parties les plus pauvres et les moins urbanisées du pays (Pays de Soule ou Zuberoa) à l'époque où dans les riches provinces de Guipuzcoa et de Biscaye, on écrivait de l'histoire et des textes juridiques en latin et en espagnol.

Dans l'ensemble du Pays Basque on recueillit une poésie médiévale, composée de chansons de gestes et de chants aristocratiques, **eresiak** composés, souvent, par des dames et qui montrent déjà notre littérature liée à des conflits idéologiques (guerres contre les tentatives de servage et de seigneurisation).

En Pays Basque-nord, le basque, langue de la Réforme protestante connaît un regain d'usage religieux au XVI ème siècle et sera jusqu'au milieu du XXème siècle la langue de l'Eglise, catholique puisque par réaction la Contre-Réforme dans notre pays se fera dans notre langue. Le triomphe politique du catholicisme, à la fin du XVII ème siècle, après la révocation de l'Edit de Nantes, diminuera l'ardeur des écrivains religieux basques, qui se contenteront de traductions.

Le XVIII ème siècle et les idées nouvelles provoqueront un nouveau mouvement littéraire dans notre Pays : au sud pour repousser les idées de l'encyclopédie de manière intelligente (roman de **Peru Abarka** par Mogel), au nord pour utiliser la satire pour la Révolution et surtout contre elle (poèmes de Salvat Monho).Ce siècle posera aussile problème de l'école en basque par les écrits de J.Egiategi le souletin et de J. Etxeberri de Sare.

Si au XVIIème siècle trois petits ouvrages de synthèse en médecine, en art vétérinaire, en navigation sont adaptés en basque, au XVIIIème siècle ce sont des recherches pédagogiques d'enseignement du latin et du basque au niveau du secondaire qui sont proposées par Joanes Etxeberri et par J.Egiategi .

Le début du XIX ème siècle verra trois écrivains populaires participer au mouvement romantique consciemment ou inconsciemment, ce sont le souletin P.Topet Etxahun, les guipuzcoans I.Iztueta et J.M.Iparragirre. Ce mouvement sera en relation avec les luttes pour l'autonomie basque des guerres carlistes.

A la fin du XIXème c'est l'idéologie nationaliste basque qui, au XXème siècle, donnera un nouvel élan à notre littérature et à la production de livres en général. L'élan des années I930 fut brisé par la guerre civile, et l'interdiction totale de la langue et de la culture par le dictateur Franco entre 1937 et 1947 puis partielle jusqu'à sa mort .

La diffusion des idées marxistes, neo-marxistes, anti-marxistes sera le nouveau ferment, d'abord d'une production de livres généraux puis commencera l'âge d'or de notre littérature que nous vivons actuellement, depuis l'officialisation de notre langue (à l'exclusion du territoire sous autorité française).

Présentement, la production de livres, aux normes internationales est mieux normalisée (30% de littérature 70% de livres généraux, classés suivant les catégories de l'UNESCO), mais le retard à combler dans le domaine de l'enseignement déséquilibre la production en ce sens au détriment des autres catégories.

Pour qui écrire

On écrivit jadis en basque, du XVIème au XIXème siècle, pour des monolingues .Alors toutes les classes de la société étaient bascophones (correspondance des nobles en langue basque).

Au XVIIIème siècle une partie du peuple (saisonniers, migrants) est bilingue ainsi que la noblesse et la bourgeoisie.Dans la première moitié du XIXème siècle le basque est exclu de l'école au Pays Basque sud, tandis qu'au nord c'est la langue principale de l'école rurale, avant le latin et jusqu'en 1880.

Jusqu'à l'interdiction par la loi Jules Ferry de 1880 l'enseignement primaire au Pays Basque - nord est bilingue, ce qui explique la vente appréciable de livres en basque dans les milieux modestes et la petite bourgeoisie tout au long du XIXème siècle.Ces livres sont des textes religieux du XVIII ème siècle en rééditions multiples (Les Exercices spirituels, Imitation du Christ, Imitation de la Vierge).

L'absence de centre universitaire, de cour princière ou royale et dès le XVIème siècle) le fait que les rois de Navarre furent des francophones ne favorisa nullement l'usage écrit de notre langue.Le nombre limité de locuteurs 100.000 au début du Moyen-Age, 300.000 à la Renaissance et 800.000 actuellement ne fut pas un facteur positif.

Il est certain que si dans le passé les villes n'ont pas toujours joué le rôle de pôle littéraire, de nos jours il en va autrement, puisque les imprimeries s'y trouvent et que les 3/4 des bascophones actuels sont des citadins.L'officialisation de la langue, son enseignement, son utilisation à tous les niveaux permettent d'offrir 45% des enseignements supérieurs dans notre langue dans la Communauté Autonome d'Euskadi (2/3 de la population).

La conscience qu'une langue ne peut survivre quand elle n'est pas utilisée dans tous les domaines de la vie contemporaine s'affirma il y a quarante ans. Depuis des efforts multiples ont abouti à une dynamique difficilement réversible.

Du côté français du Pays cette activité est surtout due aux bénévoles, les aides de l'Etat sont réticentes ou timides suivant les périodes, presque nulles pour l'alphabétisation des adultes, aussi les lecteurs y sont-ils moins nombreux. Un écrivain basque sait qu'il écrit d'abord pour les jeunes, puis pour les adultes en cours d'alphabétisation.

Littérature et transmission orale.

La littérature populaire basque est aussi riche que celle de pays plus vastes.Plus de deux mille mélodies et leurs paroles furent recueillies par plusieurs chercheurs du XIX ème siècle, Bordes, Sallaberry et deux savants du début du siècle Donostia et Azkue .

Plus récemment autant de partitions et de textes ont été réunis dans la musicothèque "**Eresbil**" de Renteria en Guipuzcoa.

Les contes mythologiques, les contes de la société pastorale, et les contes contemporains représentent - dans les douze tomes de l'oeuvre variée de J.M. Barandiaran - des centaines de textes, qui s'ajoutent à ceux qu'en Pays Basque-nord recueillirent au siècle passé Cerquand, Vinson, Francisque-Michel, Bladé et d'autres et au XXème siècle, Jean Barbier Maddi Ariztia, Joanes Casenave-Harigile.

L'originalité est faite, souvent, de la conservation de formes archaïques disparues ailleurs auxquelles des innovations plus ou moins heureuses ont ajouté un cachet particulier : il en est ainsi du dernier vestige de transmission de théâtre antique et médiéval religieux : le théâtre populaire du pays de Soule, attesté depuis le XVIIème siècle.

Ces représentations dites de "**pastorale**" parce que jouées à l'origine, par des bergers, des paysans, n'ont rien à voir avec les pastorales du répertoire français, par leurs didascalies et leur versification : elles sont d'influence espagnole, par leur scénographie elles rappellent grossièrement le théâtre grec antique et les "Miracles" médiévaux représentés dans toute l'Europe jusqu'au XVI ème siècle et jusqu'au XIXème siècle en Bretagne.

Ce théâtre, adaptait en vers de la prose française et parfois espagnole. Il eut ses heures de gloire aux XVIIIème et XIXème siècle. Il faillit disparaître vers 1930, mais après la dernière guerre, un ancien prisonnier, paysan de son état "Etxahun Iruri" relança, ces représentations avec des sujets profanes

Actuellement huit auteurs de professions très variées écrivent pour ce théâtre qui est autant un rite, une manifestation sociale qu'une activité culturelle : de très nombreux spectateurs attachent autant d'intérêt à l'art de la danse et du chant, qu'au texte devenu trop savant , qu'ils écoutent plus ou moins

Avec le temps la pastorale est devenue un spectacle total (chant individuel, choeurs, danse, psalmodie).Un autre théâtre très vivace en Soule aux XVIIIème et XIXème siècle fut victime de la pudibonderie et du "bon goût" moderne c'est celui des parades charivariques ou **astolaster** dont les textes sont mieux écrits et plus intéressants que les vies de Saints et de prophètes des pastorales anciennes.

Ce théâtre est de transmission écrite mais reprend les techniques de la littérature orale.En Navarre le **tobera** satirique se maintient en ne traitant plus de cas individuels, mais de problèmes collectifs (politiques, économiques, culturels).

La transmission orale a permis de sauver, aux XVIème, XVIIème et XIXème siècle une partie de la poésie médiévale, aristocratique et historique, poème de la mort de Berterretxe, satires contre la maison Urrutia d'Aussurucq, drame d'Alostorrea, assasinat de la dame d'Urtsua, incendie d'Arrasate.

L'improvisation des chansonniers basques ou bertsolaris.

Une particularité du Pays Basque est le caractère vivace de l'activité de ses chansonniers improvisateurs ou **bertsolari** . Lc caractère de performance presque sportive le rôle social des "championnats" d'improvisation ont quelque peu dénaturé la qualité poétique de ceux-ci : certes en 20 secondes l'on peut trouver un trait d'esprit mais certainement pas construire suivant les données de la poétique universelle, un bon poème.

L'inspiration élevée n'a de place dans l'activité de ces bardes que dans leur production écrite sur feuilles volantes imprimées **bertso-paper**, composée à tête reposée chez eux.

Le succès continu des bertsolari de l'oralité face aux meilleurs poètes"**olerkari**" de l'écrit, s'explique par le fait que la masse des adultes est peu alphabétisée dans sa propre langue et que par ailleurs, hormis la presse, elle lit peu quelle que soit la langue ; il en va de même pour le théâtre traditionnel tragique ou l'illettré dans sa langue et même le non bascophone peut suivre, apprécier les chants et les danses du spectacle sans s'ennuyer.

Tant le théâtre que le bertsolarisme pratiquent des versifications médiévales, que l'on a démontré provenir des poèmes latins du Xème siècle. Toutefois la poésie basque jusqu'à nos jours - hormis un essai d'italianisation au XVII ème siècle - n'a pas pas subi l'influence de la fameuse poésie occitane des troubadours, développée chez ses voisins.

Dans la poésie ancienne, nous avons plutôt des assonances (ressemblances d'une syllabe ou d'une voyelle) que des rimes et s'il y a une strophe nous trouvons la même assonance à la fin de chaque vers.L'allitération ou rime interne (répétition de syllabes internes au vers) n'est pas rare.

La poésie basque jusqu'à nos jours fut une poésie chantée, et en général, sauf au théâtre où le vers est "élastique", nous avons la correspondance exacte entre une note et une syllabe, ce qui l'oppose au chant espagnol. Dans les vers anciens, l' allitération n'est pas rare et une autre particularité est l'emploi de la métaphore de proximité tel dans ce chant de quête

Gora zeruan izarra
errekondoan lizarra ;
etxe hontako nausi jaunak
urrezkoa du bizarra.

Haut dans le ciel l'étoile
au bord du ruisseau le frêne ;
le maître de cette maison
a une barbe en or.

ou bien le début de cette complainte sur un assassinat au cours des guerres seigneuriales

Haltzak ez du bihotzik,
ez gaztanberak ezurrik ;
enuan uste erraiten ziela
aitunen semeek gezurrik.

L'aulne n'a pas de moëlle
ni le caillé d'os ;
je ne croyais pas que
mentaient les gentilhommes.

Il est certain que pour comprendre ces métaphores par proximité il convient aussi de connaître, tel que plus haut, les connotations de sveltesse du frêne, et celles de l'aulne mais aussi la symbolique de ces arbres, sacrés pour les anciens Basques.

La poésie contemporaine ne dédaigne pas ces procédés d'allitérations, de tropes, mais elle n 'a introduit, dans la poésie écrite, le vers libre et le vers non chanté qu'au XXème siècle, tandis que le bertsolarisme maintint la tradition du Moyen-Age .

Les textes de chansons populaires sont souvent de qualité et contrairement aux chansons d'amour françaises, les détails de lieu, de conditions sociales manquent donnant à ces complaintes une valeur éternelle .

La chanson poétique : formes et musiques.

Des travaux de Donostia, Azkue, Riezu, Bordes, Sallaberry il apparaît que quelques centaines de mélodies basques s'apparentent aux musiques de pays de la façade atlantique : Irlande, Pays de Galles, Bretagne, Vendée tandis que quelques mélodies seulement proviendraient des pays pyrénéens voisins.

Nous laissons de côté les chants de danse qui sont souvent d'importation ou d'imitation française (danses souletines, labourdines, navarraises) ou espagnole (trikitixa, fandango). Peu d'airs de danses, hormis les danses guerrières du Guipuzcoa et de Biscaye, et quelques danses en rond "jauzi" ont de l'originalité.

Dans la majorité des chants basques, il n 'y a pas de refrains les strophes sont monoassonancées.De nombreux airs, surtout ceux sans paroles qui décrivent des phénomènes naturels (la neige) le vol d'un rapace (la buse), sont inspirés de modes grégoriens.

Comme dans de nombreuses musiques populaires il y a des changements de mesure dans un air, des quart de tons qui ne respectent pas la "gamme tempérée" de la musique classique et qui n'ont pas été toujours bien notés.

Souvent c'est plus le style de chanter que la mélodie qui est caractéristique.Ces styles ont été heureusement préservés et enregistrés ; parfois ils rendent méconnaissables, sauf à un spécialiste, un air de la Cour de Louis XIV (**Bortian Ahuzki**), ou une mélodie de Schubert.(danse des "petits bâtons" ou **Makila txiki**).

A toute époque la musique basque prend des caractères européens contemporains. Aux XVIIème-XVIIIème siècle la musique baroque influe sur les chansons d'amour qui, elles-mêmes, ont des textes d'une rare qualité poétique et une symbolique de tropes simples et forts.

Zeluko izarren bidea
nik baneki,
han niro ene maite gaztea
xuxen kausi ;
bena gaur jagoiti nik hura
ez ikusi.

Haritx gazte bat nik aihotzaz
trenkaturik
uduri zait ene bihotza
kolpaturik :
erroak erori zaitzola
eiharturik.

Ahal baliz ene begia
zerraturik
ene maite gaztearena
argiturik,
ezar niro ene odola
ixuririk!

Zeren beitzen lili ororen
eijerrena,
bai eta ene bihotzeko
maitenena,
haren izanen da ene azken
hasperena!

(Le chemin des étoiles / si je le savais, / là-bas ma jeune bien aimée / tout droit trouverais, mais dorénavant / plus ne la reverrai!)

(A un jeune chêne par la cognée / abattu / est pareil mon coeur / blessé : ses racines dépériront / desséchées)

(S'il se pouvait que mon oeil / se ferme, / pour que celui de mon aimée / brille de nouveau, / je mettrais mon sang / versé!)
(Parce qu'elle était de toutes les fleurs / la plus jolie / et de mon coeur / la plus aimée / pour elle sera mon dernier / soupir.).

Des chansons plus ou moins légères et d'aventures amoureuses ont été, rarement, traduites du français et sont passées dans le folklore du Pays Basque : on les repère à la thématique à la présence de refrains, des mots tralala ou de français déformé (Petite Mignonna, A lameson etc..) ; parfois la mélodie est reconnaissable (Bon Voyage Monsieur Dumollet , Au Clair de la Lune, Ah! vous dirais-je maman).

Il y a plusieurs courants musicaux basques actuels, le Rock basque plutôt Hard (Itoitz, Hertzainak), s'est produit dans toute l'Europe. Le phénomène de la nouvelle chanson basque fut, il y a trente ans, capital pour la diffusion de notre culture à une époque où les livres étaient rares (une dizaine par an) et la population peu alphabétisée. Sans connaître la diffusion hors de nos frontières - au contraire des Catalans - nos créateurs traditionnels se contentent d'un public fidèle dans leur pays.Le seul nouveau chanteur basque connu à Paris reste Peilo Serbielle.

En musique symphonique, hormis la brève étoile baroque de Joan Krisostomo Arriaga au XVIII ème siècle, notre pays n'a produit qu'une masse de compositeur de musiques d'orgues et au XIX ème siècle, quelques noms estimables tels Hilarion Eslaba au XX ème siècle R.M.Azkue , le père Madina pour les opéras , et en musique moderne Felix Ibarrondo, Francisco . Escudero

Les deux grandes figures musicales nées au Pays Basque sont Isaak Albeniz de Gasteiz et Maurice Ravel de Ziburu (Ciboure).En musique contemporaine, Luis de Pablo a une renommée internationale.

La littérature écrite, ses heurs et ses malheurs.

Il est certain que l'installation relativement tardive de l'imprimerie au Pays Basque nord (XVI ème siècle), l'absence - en dehors des Eglises - d'intérêt des autorités pour l'édition de livres en langue basque ou en quelque langue que ce fut, fit de la littérature et du texte basque profane en général, une production manuscrite très fragile.

Au vu des noms d'auteurs dont les oeuvres ont toutes disparu (Urtsua, Etxart, au Moyen-Age, Undiano, Logras, Sauguis, Etxegarai au XVI ème siècle) on peut dire que les trois -quarts des textes basques furent détruits.

Quand on pense que d'un livre tiré à deux cents exemplaires il n'en reste qu'un, on peut imaginer ce qu'il advint des manuscrits à deux ou trois exemplaires de départ, attaqués par l'humidité, les rats, l'incurie des possesseurs, (destruction en 1955 , probable d'une caisse des œuvres de Logras, Etxegarai et Sauguis) habitude de brûler les écrits non juridiques écrits de la main du mort parce qu'ils peuvent porter malheur ou que la famille n'apprécie pas ce genre d'activité hétérodoxe. etc.

Durant tout les XVIII ème et XIX ème siècles les dictatures de Primo de Rivera et de Franco imposeront la censure ou l'interdiction totale de publication des livres en basque et la prohibition de la langue à l'école, alors que les conditions économiques de cette production étaient réunies.

La faiblesse économique du Pays Basque nord ne l'empêcha pas dans le passé d'être la principale productrice de livres en basque, sans atteindre et de loin, le développement actuel que le Pays Basque -sud a obtenu avec ses 1.300 titres annuels en euskara.En effet , après une tolérance de dix ans, puis une liberté de seize ans la production écrite y est en plein essor.

La production non-littéraire et son défi contemporain .

Nous avons vu qu'aux XVIIème et XIXème siècles de petits ouvrages de technologie connurent une production manuscrite et même imprimée en Pays Basque nord, mais c'est au cours des trente dernières années qu'au sud s'est développée cette activité.

Dès 1974, nous fondâmes une revue de sciences et de technologie en basque **Elhuyar** qui se dédoubla rapidement en un numéro de recherche et un mensuel de vulgarisation ; depuis trois autres revues universitaires scientifiques paraissent .De même dans le domaine des sciences humaines la revue d'essais **Jakin,** continue une activité commencée semi-clandestinement , sous la protection de l'Eglise, il y a trente cinq-ans.

A partir de l'institution de normalisation **UZEI** , la production de livres scientifiques et d'enseignement commença aussi bien dans le domaine des sciences dures et naturelles, qu'en sciences humaines.Le fait que des équipes de recherche universitaires, dans tous les domaines, soient constituées de bascophones garantit le niveau non seulement de la langue, mais de la production, en Pays Basque sud.

Sous autorité française il n'y a rien de comparable et nos chercheurs, en langue basque, ne peuvent publier qu'au Pays Basque- sud.Il existe ou survit à Bayonne une coopérative qui imprime quelques textes littéraires et une revue littéraire de son nom, **Maiatz** : rien, hors de la littérature, puisque la France n'a pas donné, au contraire de l'Espagne à notre langue les droits qui lui permettraient d'être employée, hors de ce domaine étroit.

IX.CIVILISATION ET LANGUE.

Reflets de la société dans la langue et la littérature traditionnelle.

L'esprit communautaire pouvait -il résister à la société de consommation, aux civilisations individualistes? Difficilement. L'éducation par l'école publique française a cherché à développer l'individualisme, la réussite personnelle et l'uniformisation.

Depuis la Révolution de 1789, tout a été fait pour détruire les biens collectifs des vallées et des communes montagnardes , par le partage, par la privatisation des terres collectives : ces biens, de nos jours passent , avec l'exode rural, dans les mains de riches étrangers et les communes voient leur territoire aliéné.

L'esprit de communauté villageoise a souffert - surtout sur la Côte Basque - également de la surévaluation du foncier, de l'augmentation des disponibilités en argent des paysans et , parfois, de l'application systématique du partage du patrimoine familial suivant la loi française.

Malgré tout le développement d'une conscience économico-politique des Basques aboutit à la multiplication de formes de productions industrielles, culturelles et de services (banque, informatique, électricité, téléphone, electro-ménager etc..) de type coopératif, d'autre part le chômage a resoudé la cellule familiale basque aux vastes dimensions, par la solidarité dans le logement, la nourriture ou la recherche d'emploi, cependant , malgré toutes les promesses, la désertification du Pays Basque intérieur sous autorité française, continue.

Les vestiges de la matrilocalité

Les filles aînées ont, de tous temps, pu être héritières .Les individus ne sont connus, souvent, en milieu rural que par le nom de leur maison. Les hommes qui se marient avec une héritière, prennent le nom de la maison de la femme.

C'est ainsi que mon oncle le jeune Batista "Bentaberri " fut rebaptisé Batista "Dordorraga", en allant épouser l'héritière de cette dernière maison.L'habitude de ne prendre que le nom de sa mère a disparu depuis très longtemps et le souvenir en est très flou.

En ville il en va autrement pour le nom donné à la personne, de même dans des villages un peu isolés ou dans les ports de pêche les gens sont surtout connus par leur surnom familial ou parfois personnel.

La femme, être responsable et différent.

On a dit et écrit que la femme pyrénéenne était indépendante depuis des milliers d'années. Il faudrait nuancer cette opinion. En effet comparée aux femmes des régions voisines sont statut est enviable : elle ne le doit ni à une lutte pour le conquérir, ni à une extraordinaire intelligence, ou générosité des hommes pyrénéens.

La femme pyrénéenne en réalité est *responsable* de la maison par suite de la transhumance des pasteurs avec leur troupeau, du départ de la plupart des hommes en âge de travail pour faire des saisons, ou émigrer pendant des années. Abandonnée avec les vieillards, les enfants la jeune femme a une lourde responsabilité .

Nous voyons ainsi qu'un de nos ancêtres "parti aux Espagnes depuis deux ans", sa femme vend une terre pour nourrir sa famille : c'est pourquoi la femme, dans le droit basque, possédait des biens personnels.

Comme dans toutes les Pyrénées toutes les femmes participaient, au niveau communal, au débat et votaient.Aux niveaux plus élevés des Biltzars ou assemblées législatives, , seules les veuves pouvaient siéger après leur mari mandant.Ce vote fut supprimé par la Révolution de 1789, parce qu'il était considéré comme un privilège.

Comme dans toute l'Europe ce statut n'a pas été, dans le détail , toujours aussi brillant, et nous observons que les femmes cessent d'écrire dans notre langue au XVIème siècle et ne reprennent la plume timidement, qu'au XIXème siècle, qu'elles sont, comme ailleurs, assez à l'écart de l'instruction scolaire.

Il est remarquable qu'entre 1950 et 1994 le nombre d'écrivains femmes est passé d'environ 5% à 35%, que les photographies de manifestations culturelles anciennes montrent des hommes (laïcs et religieux) et de nos jours un public mixte ; il n'est pas jusqu'au milieu machiste des bertsolaris où les jeunes filles ont pénétré avec succés.

Actuellement, la femme basque en milieu rural, comme en milieu urbain n'a pas perdu ces responsabilités, notamment le contrôle financier domestique et l'habitude de donner son avis pour les décisions familiales, qu'elle soit jeune ou âgée.

Un joli conte recueilli par le Père Joanes Casenave raconte qu'en Soule à Gamere (Camou) les génies **lamiña**, voulant remercier des habitants de la maison Etxeberri, leur proposèrent, un pot de pièces d'argent et un pot de graisse. Les jeunes étaient prêts à choisir le pot d'argent, lorsque l'**etxekandere zahar**"la vieille maîtresse de maison" déclara que la graisse était plus nécessaire. Ils l'écoutèrent. Quand ils entamèrent le pot il n 'y avait de la graisse qu'en surface et en dessous.de l'or.Voilà exprimé en un conte mythologique l'importance de l'avis des femmes, même âgées.

Au niveau de la langue, on remarque l'absence de masculinisation du vocabulaire de la parenté au contraire des langues indo-européennes (parent n'est pas bâti sur le mot père, ni fratrie sur le mot frère). Ce statut de la femme, être différent, se développant séparément, est marqué par l'existence d'un tutoiement et d'un traitement féminin, différent du masculin.

La maison propriété collective

Dans le droit basque appliqué dans les trois-quarts du pays et discrètement en France, on évite les partages on essaie d'organiser la cohabitation de plusieurs générations si la maison est suffisamment grande ; chacune des générations finalement n'est que l'usufruitier d'un bien restant collectif.

Toute persnne qui abandonne sa part d'héritage, conserve tacitement - cela ne peut s'écrire en droit français - un droit de refuge dans sa maison natale en cas d'isolement, de misère ou de choix personnel.

Certes si c'est un cadet il restera le plus souvent **etxeko seme zahar**, "vieux fils de maison" .S'il se marie il quittera la maison, mais jusqu'au XVII° siècle il n 'y eut pas plus de deux enfants par foyer et donc pas de problème des cadets .

Il est bien vrai qu'en période de crise rurale, le partant cadet sera le gagnant et deviendra plus riche que l'aîné : la diaspora basque des Etats-Unis est un exemple de ces réussites et celle d'Amérique du Sud à un moindre degré .

La famille basque au sens large, se perpétue aussi en ville; nous l'avons connue dans les villes du Pays Basque sud, en Pays Basque nord et même dans la diaspora parisienne. Les Basques préféraient s'entasser en famille plutôt qu'aller à l'hôtel .

Cette conception de la famille au sens large, contraire à l'image américaine de la petite cellule familiale plus ou moins éclatée à la Dallas, a retrouvé du regain, grâce ou à cause des difficultés de logement et d'emploi : désormais les jeunes Basques, au contraire de leurs aînés, ne veulent plus émigrer.

Au niveau de la langue civile on préfère encore le mot "maison "à celui de "famille", ce dernier terme étant utilisé par la religion et jusqu'à présent les jeunes Basques ont toujours dit "**gure etxea** ou **etxea**"," notre maison," la maison", mais pas "ma maison, chez moi"Le possessif "notre"**gure** se retrouve aussi pour désigner quelqu'un de la maisonnée : **Gure Maria, Gure Maddalen, Gure Eneko, Gure Joanes.**

La pérennité et la stabilité de certains noms de maisons sont remarquables, la plupart se retrouvent dès les censiers du XIV ème siècle, dans les mêmes communes.

Avant l'époque de ces censiers dans les textes les noms toponymiques sont rares et l'on désigne comme dans de nombreuses langues d'Europe et d'ailleurs par le prénom, suivi de fils ou fille et du prénom du père : sur le modèle David Mac Arthur, nous avons des **Eneko Otsoiz, Eneko** fils de **Otxoa** et beaucoup par le surnoms.à partir du X ème siècle **Begi urdina** "oeil bleu", **Emazte ona** "Femme bonne" **Bizinahi** "qui veut vivre"

De nombreux citadins savent que leur nom d'état -civil provient de telle ou telle maison rurale et l'habitude de prendre un surnom correspond, peut-être, à ce souvenir d'un nom qui n'est pas celui de l'Etat-civil., quan d ce n'est pas un nom de plume ou un nom de guerre.

Reflets de la société dans la mythologie

Hormis la langue, l'originalité basque, plus ou moins partagée avec les autres peuples pyrénéens est la survivance d'une mythologie ***qui globalement n'est pas indo-européenne.*** Elle reflète à travers ses contes et récits une structure sociale originale, qui n'a pas entièrement disparu.

Cosmogonie simple.

Même si nous observons la survivance de cultes universels préhistoriques tels ceux de la terre (**amalur** ou déesse-mère) de ces deux filles **eguzki**"soleil " et **ilargi**"lune"plusieurs caractéristiques de la mythologie basque l' éloignent totalement de celle des indo-européens.

Mythologie tribale sans dieux de *type monarchique.*

1° l'absence de la nécessité du sacrifice religieux remplacé par l'échange simple de services avec les êtres mythiques.

2° par conséquent l'absence de la faute originelle qui exige le sacrifice des cultes chrétiens, judaïques, hindouistes et païens (voir Upanishads, Nouveau Testament , Ancien Testament etc..)

3° absence de châtiment lorsque les relations avec les êtres mythiques cessent.(voir, au contraire, les mythologies indo-européennes et chrétiennes).

4° absence de dieux au sens indo-européen, d'êtres supérieurs de style monarchique et disposés en hiérarchie.Pas de dieux masculins, des demi-déesses (terre, lune, soleil).

5° aucun intermédiaire religieux professionnel entre les humains et les êtres mythiques ou les trois personification cosmiques féminines , la terre, la lune ,"la" soleil.

Cet ensemble est le reflet d'une société tribale, qui n'a pas connu de monarchie dans l'Antiquité, seulement au Xème siècle après Jésus-Christ, société qui n'avait pas de clergé (selon Strabon).

Par ailleurs les fors ou coutumes basques, les témoignages historiques, confirment la maintien de certaines structures très anciennes.De même **aucune trace** dans les contes mythologiques basques **d'une société trifonctionnelle** de type indo-européen telle que celle que G.Dumézil et M. Eliade ont décrite pour tous les peuples indo-européens ou indo-européanisés (travaux de J.I.Hartsuaga en basque).

Des trois fonctions le Clergé (religion), Noblesse (guerre) Tiers-Etat (travail) pas de traces anciennes et jusqu'à la disparition de ces trois fonctions elles ne s'imposeront jamais , totalement, en Pays Basque, sauf pour les réunions assez rares des "Etats" .Les Basques ne participeront pas d'ailleurs aux Etats-Généraux de 1789.

Les administrations centralistes monarchiques des Bourbons en Espagne et en France ne réussiront pas à détruire cette structure solide d'un monde, à l'origine, monofonctionnel et tribal.

Le clergé?

Dans la société païenne basque il n 'y avait pas de clergé: la religion était transmise par les femmes, permanentes du foyer et le culte des morts reste encore leur apanage de nos jours.

Ce rôle religieux des femmes explique sans doute la bonne conservation de notre mythologie puisque dans notre siècle les grand-mères surent, récemment encore, faire saluer le soleil et la lune par leurs petits-enfants.

> **Eguzki amandere**
> **zato egun bezala bihar ere.**
> Aiëule soleil
> venez demain comme aujourd'hui (vous fîtes).

Le clergé chrétien, dès qu'il s'introduisit dans tous les villages vers le X ème siècle n'eût pas le droit de participer directement à la politique ni de constituer un ordre séparé à la française.Cela dura jusqu'aux procès de sorcellerie du XVIIème siècle au Pays Basque nord et jusqu'aux guerres "françaises" au XVIIIème siècle en Pays Basque sud.

Sur l'ordre des autorités royales il fut constitué en Soule, à partir du XVIIème siècle un ordre mixte, le Grand Ordre, comprenant trois représentants de l'Eglise associés à la noblesse.C'est lorsque les révolutionnaires français puis les libéraux espagnols s'attaquèrent à l'Eglise que le clergé prit part activement et parfois les armes à la main aux luttes politiques (le curé Santa Cruz fut un chef de guerilla carliste).

La noblesse?

Avant les annexions par la France et l'Espagne, la noblesse basque était liée à la possession d'une maison noble qui permettait de siéger aux parlements de justice d'être exempté d'impôt. Si l'on vendait la maison noble, on perdait le droit de siéger dans la noblesse, si on l'achetait, on gagnait ce droit.A cette noblesse, les royaumes vainqueurs ajoutèrent leur noblesse de robe ou d'épée.

A coté de cela et pour résister à toute tentative de servage ou de seigneurie de la part de nobles tentés par les modèles français et espagnols, dès le XIV ème siècle les francs-alleus du Pays Basque se firent reconnaître une "noblesse collective".

Cette noblesse générale fut reconnue en Espagne et certains de ces priviléges admis en France, telle la peine capitale par décapitation pour tous .

La noblesse basque se distingua aussi par le fait que le droit basque lui reconnût la liberté de pratiquer n'importe quelle profession sans déroger (verbe qui n'existe pas en euskara).

Enfin l'un des attributs caractéristiques de la noblesse, le port de l'épée fut pratiqué par toutes les couches de la société, clergé, nobles ou peuple. Si bien qu'il n'était pas possible de définir suivant des critères indo-européens, une caste guerrière en Pays Basque.

Le peuple?

Jusqu'au milieu du XVIII ème siècle sous domination française, et jusqu'à la fin du XIXème siècle sous autorité espagnole, le Pays Basque conserva un reste d'autonomie et les assemblées du peuple, comme ailleurs dans les Pyrénées, furent les seules assemblées législatives ou **biltzar.**

Dès la fin du XVII ème siècle en France comme en Espagne les fonctionnaires royaux s'appliquèrent à empêcher ce fonctionnement. Au XVIII ème siècle le blocage fut telle qu'elle donna naissance aux premiers projets d'Etat basque indépendant (vers I765 M.Larramendi au Sud, vers 1799 les frères Garat au Nord).

Et nous arrivons ainsi au moment où le système trifonctionnel va s'écrouler ailleurs, à un Pays Basque avec un système bifonctionnel moderne. La structure de la société basque décrite par les historiens, les juristes et telle que nous la voyons dans notre mythologie, est intéressante pour les autres européens, qui pour la plupart perdirent cette structure il y a trois mille ans.

Cette structure est curieusement décrite par les Irlandais celtes dans leurs légendes, quand ils parlent des peuples non-indo-européens qu'ils trouvèrent et soumirent en envahissant l'Irlande ; c'est en Pays Basque qu'elle est la mieux conservée à tous les niveaux.

Il est intéressant de constater que tous ces mythes anciens transmis par la société rurale sont passés à la ville grâce à la récupération littéraire que l'on en a fait pour les lectures d'enfants et que d'autre part certains symboles ou thèmes antiques de la société basque réapparaissent dans les activités d'avant-garde du cinéma, de la littérature (poèmes païens de Jon Mirande), de la sculpture (cosmogonie de Nestor Basterretxea), de la peinture (mythologies deRené-Paul Gelos)et des idéologies politiques.

Danses et fêtes anciennes.

Culte solaire et danses en cercle. Expressions non liées au langage, danses et fêtes peuvent être de haute antiquité. Nos ancêtres fêtaient beaucoup - moins maintenant - comme toutes les civilisations agro-pastorales, les solstices d'été avec les"feux de dehors ", christianisés en la Saint-Jean, et le solstice d'hiver, avec les "feux de l'intérieur" christianisés en Noël.

Les danses les plus originales sont les **jauzi**, danses en rond communes à plusieurs régions des Pyrénées.En Pays Basque l'originalité réside dans le fait qu'elles tournent en sens inverse des aiguilles d'une montre, sens considéré comme néfaste par certains peuples indo-européens.

Les danses guerrières, reflets des luttes médiévales sont institutionnalisées en Biscaye et Guipuzcoa et récemment en Labourd : ainsi **l'aurresku**, danse d'honneur est donnée par des danseurs municipaux au cours de toutes les grandes cérémonies. Les danses se donnent dans quelques rares localités dans l'Eglise une fois par an.

Le carnaval..L'activité de danse est collective, elle engage toute la jeunesse d'un village dans une troupe de carnaval.Ces types de danses sont données en dehors de tout groupe folklorique et hors de la saison touristique éventuellement : les plus célèbres sont ceux de Soule, en Navarre de Lantz, en Guipuzcoa de Tolosa, en Biscaye de Durango etc..Les rituels anciens qui accompagnent les danses sont d'autres vestiges du paganisme basque.

Les autres danses populaires sont par leurs pas et leurs musiques soit d'inspiration française (danse classique souletine) ou espagnole (fandangos) ; on trouve aussi des traces de tous les styles européens et de différentes époques (branle, contre-danse, menuet, valse).

Langue et droit basque.

Les fors .Le droit basque est un droit pyrénéen, *le for* qui à l'origine s'oppose au droit romain, contaminé par celui -ci, il a retrouvé son originalité au cours de ces vingt dernières années par un *aggiornamiento* dans les deux communautés autonomes et particulièrement dans celle de Navarre .

Du côté français les notaires du Pays Basque tiennent compte, dans la mesure du possible, du droit coutumier ancien qui évite le morcellement de patrimoines déjà réduits en surface et permet le maintient des"maîtres anciens" dans la maison .

Bien que la langue basque n'ait pu s'imposer comme langue juridique, avant 1978 une foule de termes juridiques n'ont jamais été traduits. C'est ainsi que le **zinegotzi** "qui a prêté serment " est doté d'un mandat impératif et non représentatif, que l' assemblée ou **biltzar** du peuple portait en Soule le nom de **Zinbideta** "assemblée du serment". De même les maîtres et maîtresses de maison étaient qualifiés de Monsieur de la maison / Madame de la maison **Etxeko Jaun, Etxekandere,** qui rappelaient leur condition libre.

Pour traduire "autorisé" l'euskara le plus riche dispose de trois termes ,**haizu** "permis par une personne" , **zilegi** "permis par la collectivité", **sori** "permis par la religion" ; par contre "interdit "est un mot d'origine étrangère occitane **debekatu.**

Le droit basque ancien conservait de nombreux traits d'une société pastorale, un peu égalitaire. Le proverbe basque dit "**Han ere zakurrak ortutsik** "Là-bas aussi les chiens vont pieds nus". Cette société, bien sûr, connaissait d'une part des riches et des aisés : les **etxekojaun**, maîtres de maison et d'autre part des pauvres et savait aussi que ces droits, ces fors étaient difficilement applicables hors du pays. "pays d'étrangers, pays de loups", **"Atzerri otserri"** (B.de Sauguis, vers 1600).

Ce droit confirme l'absence des trois fonctions des indo-européens (noblesse, clergé, tiers-état / flamines, patriciens, plèbe) dans notre société et l'existence de deux fonctions législative populaire, juridique nobiliaire.

Ce droit révèle qu'il provient d'un conflit entre des seigneurs tentés par les modèles étrangers et le peuple, au cours des XIVème et XVème siècle et conforté par la victoire du peuple, qu'il est réécrit et amélioré au XVI ème siècle.

Un proverbe déclare d'ailleurs, rappelant le caractère de noblesse lié à la maison ,"qu'en cent ans on peut voir le vilain devenir noble et le noble vilain."**Ehun urteetan ikus ditzakek bilauna jauntzen eta jauna bilauntzen"**(A. d'Oihenart, 1657).

Le droit coutumier basque est le seul droit privé en Navarre, et en Biscaye, dans les autres provinces du sud Gipuzkoa, Araba il est légalisé depuis la loi du 1er juillet 1992, en France il est pratiqué discrètement (succession, organisation de la famille). ·

C'est ce droit et ces lois que les rois d'Espagne juraient de respecter sous le chêne de la liberté de Guernica, c'est pour cela que les Basques sont en conflit, depuis le XVIIème siècle avec les puissances dominatrices qui se sont partagées son territoire.

Mourir pour des principes: des fors à l'indépendance.

Nos ancêtres et nous, faisons preuve de constance et d'échec dans nos revendications : depuis 1790 les Basques de France réclamons vainement, un département et malgré les brimades, épuration ethnique sournoise, n'avons pas encore abandonné notre langue dont Barrère, Grégoire au XVIII ème siècle et les Reclus au XIX ème souhaitaient la mort.

Quant aux Basques du sud pour défendre leur autonomie ils se mirent - au prix de leurs vie -.du côté du prétendant perdant Don Carlos qui leur promit de respecter leur autonomie (pendant les deux guerres carlistes du XIXème siècle). Ce fut pareil en se rangeant du côté de la République espagnole qui reconnut cette autonomie mais perdit la guerre civile de 1936.

Du temps de Franco, moins opportunistes que la masse espagnole, les habitants du Pays Basque furent pratiquement les seuls à lutter par les armes contre le dictateur Franco, ce qui n'empêcha pas Madrid, de ne pas leur accorder la totalité de l'autonomie promise , provoquant une réaction indépendantiste.

Certes, hormis le royaume de Navarre, aux structures très tôt francisées, les Basques n'ont pas souhaité constituer un état, tant qu'ils bénéficiaient d'autonomie : au cours du haut Moyen-Age, en effet ces tribus qui n'avaient pas de roi se confédéraient dès qu'arrivait l'ennemi : Franc, Wisigoth.

Ce sont les menaces sur l'autonomie et les pertes de celle-ci, qui sont à l'origine, au XVIIIème siècle des projets nationalistes de royaume basque du père jésuite Manuel de Larramendi pour le sud et des frères Garat pour le nord du pays.

A la fin du XIXème siècle, toutes autonomies perdues, Sabino Arana Goiri le biscaïen fonda le Parti Nationaliste Basque sur des bases de démocratie chrétienne. C'est le gouvernement nationaliste de Jose.Antonio de Aguirre qui mènera la lutte contre Franco au Pays Basque en 1936.

Actuellement comme il a été dit par ailleurs, deux parties de l'Euskal Herri, la Navarre et Euskadi bénéficient d'une sorte d'autonomie, le Pays Basque - nord sous autorité française n'existe pas administrativement. L'Euskal Herri se prépare à constituer une Euro-région, peut-être associé à d'autres pays pyrénéens et attend, toujours, la signature par la France de la Charte européenne des langues minoritaires .

De quelques idéologues basques.

Nous aimons nous souvenir qu'à l'origine du droit international au XVIème siècle se trouve le Père de Vitoria "Gasteiz", que le *Doctor navarrus* de la Sorbonne était le navarrais Azpilikueta, qui quelques années plus tard devaient accueillir les Basques fondateurs de la Compagnie de Jésus, François de Xavier -Jatsu (Saint François) et Eneko Loyola (Saint Ignace) tous deux bascophones.

Le Jansénisme né à Bayonne, abandonné par son fondateur directeur du collège de cette ville, fut repris et développé idéologiquement par les écrits de deux Basques Duvergier de Hauranne et Martin Barcos.

Le protestantisme dont les figures principales sont Leizarraga et la famille de Gramont fut précédé par une activité humaniste du Cardinal Carranza, navarrais condamné par l'Inquisition et du Père Vitoria menacé par elle.Bref, alors que le peuple basque restait à demi-païen au XVIème siècle il est surprenant de trouver des penseurs basques à l'origine des courants d'idéologie religieuse aux XVIème et XVIIème siècles. Nos idéologues posèrent les grandes questions religieuses de la grâce, de la pénitence, de la pauvreté, de l'austérité, de la mission et de la christologie.

Au XVIII ème siècle l'Euskal Herri est le centre de diffusion des idées de l'Encyclopédie dans la péninsule ibérique.Ce fut aussi un Basque Miguel de Unamuno, qui ne trouva ni l'audience ni une langue basque en état de recevoir ses idées qui créa malgré tout le vocabulaire moderne de la philosophie ...en espagnol , au XX ème siècle.

Tentés dès le XVIIIème siècle par la technologie et à la fin du XIXème siècle par l'industrie les Basques préfèrèrent la mathématique, la physique, la chimie et ne donnèrent plus d'autres idéologues, ni en langue basque, ni dans une autre langue.

Aux époques récentes nous avons souvent cherché nos modèles aux Etats-Unis, à Cuba, en URSS sans songer à élaborer le nôtre dont il existe pourtant des réalités vivantes (propriété collective non-étatique, coopérativisme, ikastola ou modèle d'enseignement basque, etc..).

Sans pratiquer la rupture, un essayiste et critique tel Jose Azurmendi a préparé un terrain, où pour l'instant seul Eduardo Gil Bera s'est aventuré, en écrivant de la philosophie en euskara .

Aspects superficiels de certains emprunts culturels.

Le Pays Basque est mythiquement connu pour un certain nombre de caractères assez superficiels, bien que parfois répandus. *Le béret* dit basque est une coiffure pyrénéenne qui n'est guère portée qu'au travail quand il est noir, et aux fêtes quand il est rouge. Il devint populaire en France après la guerre de 1914.Le béret est désigné par des noms occitans

La danse que les touristes connaissent comme *le fandango* est un emprunt au folklore espagnol et la musique d'accordéon dite de *trikitrixa* est répandue un peu partout en Espagne son pays d'origine, et en Portugal.

La pelote basque.

C'est un ensemble de jeux apparentés tel l' **arrabota** à la courte paume et tel le **bota luze** à la longue paume ; il n'est pas jusqu'aux petites salles dites **trinquet** qui ne sont que des "salles du jeu de paume", mais à partir de ces jeux d'origine gréco-romaine, la pelote basque va développer de nouvelles formules.

L'originalité basque c'est d'abord d'avoir créé au XVIIIème siècle des murs de frontons contre lesquels on peut jouer, puis d'avoir transformé le gant de cuir en le prolongeant d'un long gant d'osier, **le chistera**, d'avoir créé de très grandes salles de jeu de paume, les **jai-alai**, enfin d'avoir inventé ou conservé toutes sortes de variantes avec des raquettes en bois (grosses palas, fines palantxa).

Ce sport s'est développé professionnellement en Amérique latine et aux Etat-Unis où il est l'objet de paris.Malgré la concurrence du football, ce sport est très pratiqué, surtout dans les villes basques. Depuis une trentaine d'années, les femmes ont investi cette discipline.

La pelote basque est devenu un produit de loisir original mais elle n'est pas plus essentielle à notre culture que la pétanque ou le football à la culture française. La culture basque a besoin, pour survivre, essentiellement de la langue basque et d'une structure socio-culturelle originale et des structures politico-administratives adéquates favoriseraient son développement .

La danse classique souletine

Introduite dans cette province de Zuberoa au XVIIème siècle par les mercenaires puis au XVIIIème par les volontaires et militaires basques, c'est la danse que l'on apprenait aux armées. Là encore l'assimilation est totale, parce que si l'on reconnaît les pas de la danse classique, le style est totalement original.

Les danseurs classiques qui s'y risquent ne peuvent pas la pratiquer : en effet dans la danse souletine et au Pays Basque en général - au contraire de la danse classique - il est interdit de s'exprimer avec les bras et ceux -ci ne doivent pas s'élever même en plein effort, au dessus de la taille.Seule la danse d'importation, le fandango, autorise à tenir les bras en l'air .

La relative nouveauté et originalité de l'architecture des maisons.

L'architecture dite "basque", en réalité celle du Labourd, sur la Côte Basque, se trouve également en Gascogne.Des maisons en pisé et colombages se retrouve sur toute la façade maritime de l'Ouest et du Nord européens depuis le Danemark jusqu'en Asturies par les Pays Bas, la Normandie et la Bretagne.

Cette architecture, nous le savons, s'est imposée au Pays Basque au XVI ème siècle. Le toit à deux pentes de la maison labourdine se retrouve dans la Chalosse gasconne voisine et en Guipuzcoa et Biscaye.

Ce sont des détails qui distinguent cette maison labourdine-standard : le toit à deux pentes est souvent dissymétrique par ajouts d'appentis et non par souci d'esthétique. Au rez de chaussée une pièce centrale l'**ezkaratz**, hall où l'on trouve à la campagne des outils agricoles et en ville de quoi s'asseoir, parfois la cuisine. L'ezkaratz dessert souvent d'un côté une étable dans les fermes (bêtes et gens sont sous le même toit), de l'autre une cuisine.En ville au lieu d'étable un garage.

Les chambres se trouvent à l'étage. Le grenier rural sert de fenil et de séchoir à maïs.

La maison dite labourdine est toujours blanchie à la chaux (jadis de fabrication personnelle) ou à la peinture et les colombages et contrevents, peints en rouge (jadis sang de boeuf) ou vert. Le toit est toujours en tuile. Dans les villes de la côte il y a de nombreuses maisons de trois étages et plus construites en style néo-basques (colombages en ciment) murs en pierre pas de pisé peu de briques. En Basse-Navarre la carcasse en bois de la maison est montée et les espaces remplis de pierres, de brique de pisé ou d'argamasa (boudins de paille, liés à la chaux)

La maison basque de l'intérieur est davantage en pierre (linteaux de portes, fenêtre) en montagne elle est souvent rectangulaire avec des toits à quatre pentes c'est une maison d'architecture montagnarde, c'est une maison pyrénéenne.

On peut dire qu'en Pays Basque chaque vallée, chaque canton a son architecture civile, mais il est rare de trouver un élément d'architecture qui n'ait pas son pendant ailleurs en Europe.

Les Arts Plastiques en Pays Basque.

Carrefour de l'Europe vers l'Espagne, passage presque obligatoire des envahisseurs et des pélerins de Saint Jacques de Compostelle, le Pays Basque est un musée de tout ce que l'on peut trouver en Europe. La Navarre est riche en art roman et gothique. On y trouve des traces de l'art mudejar d'origine islamique et des palais gothiques des rois de Navarre, tel Olite.

De beaux monastères (Roncevaux, Leyre, Irantzu, Iratxe) et des villes-musées (Estella) se trouvent en Navarre sur ce chemin de Saint Jacques.

Le Guipuzcoa et la Biscaye ont des éléments de l'architecture civile de la Renaissance. Le baroque et le néo-classique ont marqué les hôtels de ville, le néoclassique les places anciennes.

Quelques formules originales ont été développées au Pays Basque tels la stèle funéraire discoïdale, les églises en gothique basque en Guipuzcoa, Biscaye et Alava, (XVème au XVIIème siècle) les clochers calvaires à trois pointes inégales (en Soule au XVII ème siècle), les galeries d'église pour les hommes dans tout le Pays Basque -nord (église de Saint-Jean de Luz).

L'architecture du XIXème siècle nous a valu une ville qui a des airs d'Europe Centrale avec ces immeubles baroques : **Donostia** (dit Saint-Sébastien). De beaux quartiers modernes à **Iruinea** (dit Pampelune) au XXème siècle. Ce dernier siècle surtout pendant le régime franquiste a été une époque de désordre architectural et parfois urbanistique.

La peinture basque présente une originalité dans la péninsule, depuis le milieu du XIX ème siècle nos artistes s'étant formés au nord de l'Europe et plus rarement à Madrid.

C'est ainsi qu'une école basque impressioniste a eu de grands noms (Vazquez Diaz, Martiarena, Echeverria, Regoyos, Olano) puis de grands figuratifs, coloristes de la seconde école basque au début du siècle (Arteta, Zubiaurre,Salaberria, Arrue etc..).Ces oeuvres se voient au Musée San Telmo de Donostia, des Beaux Arts de Bilbao, Gasteiz, et Iruinea.

Nos artistes actuels bien qu'ils travaillent sur des thèmes basques, sont moins caractéristiques, et ils suivent les courants de la peinture internationale.

En peinture basque ancienne, on remarquait l'importance des paysagistes et des portraitistes, la rareté des surréalistes et des baroques, au contraire des catalans. Plus récemment l'abstraction a eu quelques adeptes.

Chez les jeunes l'expressionisme et le misérabilisme artistique sont caractéristiques. Même en bande dessinée humoristique cette dernière forme d'art prévaut et se fait connaître par le revue satirique et en basque **Napartheid**, éditée à Pampelune.

Par contre le livre d'enfants est le domaine de plusieurs bons créateurs coloristes et l'on peut parler là d'une sorte d'école basque de l'illustration. Certains de ces artistes tels Gonzalo Etxeberria ont participé à la composition de dessins animés.

La sculpture basque a donné quelques noms de renommée internationale, G.Oteiza, E.Txillida, N.Basterretxea ou européenne J.Beobide, Saint-Esteben, R.Mendiburu, Zumeta.

Cette sculpture, au contraire de la peinture est souvent abstraite ou symbolique ; elle s'inspire fréquemment de techniques ou de formes artisanales ; elle est en rappport étroit avec d'autres éléments de la culture basque (mythologie, luttes sociales, cinéma). Un artiste particulier Sistiaga a produit des films totalement abstraits.

Le cinéma basque se proclame tel depuis une quinzaine d'années, il a produit une cinquantaine de longs métrages , souvent financés par le pays.Beaucoup de techniciens de cinéma basques participent au cinéma espagnol. Parmi les films basques quelques uns atteignent Paris, deux ou trois ont eu des prix internationaux, mais leur diffusion reste limitée et exige de l'auteur des versions en plusieurs langues.

Le court -métrage est beaucoup plus actif et donne lieu à quelques petits festivals dont un pour les productions en langue basque.

La télévision basque **Euskal Telebista** et le gouvernement d'Euskadi ont participé à la création d'une filmothèque basque, qui regroupe et protège les films depuis les origines.Les films basques sont ancrés dans la réalité actuelle ou dans l'histoire agitée des nombreuses guerres d'indépendance, d'autres s'inspirent de romans en euskara tels **Hamaseigarren aidanez** (le pari mortel) **,Tobacco Days** (contrebande). **Gizona bere bakartasunean** (l'homme dans sa solitude).
etc.. L'Association des écrivains en langue basque organise des cours de scénarios.

Tous ces artistes, toutes ces productions, sont parfaitement intégrés dans le retour aux racines, dans le maintien de la langue, de la culture et du type de société basque où innovations et archaïsmes, dynamismes et retards occupent et préoccupent tous les créateurs.

Peuple sans état.

Pendant le royaume de Navarre et après son échec, les Basques pris entre les ambitions espagnoles et françaises, n'ont pas produit de structure politique unifiée.Néanmoins, le jour où les Basques commencèrent à perdre leurs autonomies, leurs lois ou fors au XVIIIème siècle, sous l'Espagne M.Larramendi et sous la France J.Garat proposèrent des projets de royaumes -tampons basques.

Le peuple basque qui en France n'a aucune identité administrative depuis la Révolution, a présenté en deux siècles une dizaine de demandes d'un département basque, toujours refusées sous des flots d'insultes, de diffamations, gromelés par les politiciens grimaçants et arrogants du beau-monde de Paris : cela aide à comprendre la "nervosité" de nos jeunes basques "français", plus mal traîtés que des étrangers, dès lors que la haine du Basque n'est pas considérée comme du racisme.

C'est à la fin du XIX ème siècle, en Biscaye, soumise au capitalisme sauvage, que Sabino Arana Goiri fonda le nationalisme basque sur des bases théoriques conservatrices qui ont beaucoup évolué depuis, soit vers le libéralisme, soit vers le marxisme .

A l'époque Sabino Arana Goiri, remit en faveur le symbole du **lauburu** swastika ronde des Basques, créa le drapeau de Biscaye en associant les deux drapeaux de la province, ce qui donna un emblème qui rappelle celui des Britanniques avec du vert au lieu de bleu. Ce drapeau biscaïen qui fut celui de la guerre civile contre Franco, et celui du bataillon basque de la libération française en 1944, devint le drapeau de tout l'Euskal Herri nous le nommons **ikurriña .**

Nous avons vu l'importance de l'opinion nationaliste dans la sauvegarde de notre langue et de notre culture, mais c'est aussi de ces milieux que sont sorties les grandes initiatives économiques et industrielles (électronique, informatique), les créations culturelles (cinéma, sculpture, littérature, écoles basque)

Nous avons connu la violence révolutionnaire des indépendantistes : avec effusion de sang de l'E.T.A. **Euskadi Ta Askatasuna** (Pays Basque et liberté) au Sud et sans effusion de sang d'**Iparetarrak** (Les ETA du nord).réponses à une mauvaise volonté de nos deux civilisateurs.

La seule revendication qui ferait l'unanimité des Basques est celle de l'autodétermination : en attendant notre pays connaît la succession de provocations, agitation, répression. Nous sommes encore nombreux à croire que la négociation remplacera le dialogue de sourds et la violence institutionnelle que nous imposent nos deux grandes démocraties.

La réalisation de l'Europe pourrait donner une chance au Pays Basque, écartelé en trois, pour reconstituer une Euro-Région, ouverte sur le monde et comme le disait le barde Iparragirre, s'adressant au chêne de la liberté de Guernica, dans notre hymne national "L'arbre de Guernica ":

"Répands par le monde tes fruits de liberté"

X. LES DEUX LEXIQUES

Observations pour la lecture des lexiques

Le lexique basque-français sera pour le débutant un objet de curiosité (il se servira plutôt du premier lexique : français-basque) ; l'autre sera utile pour la personne qui aura acquis ou possèdera quelques notions de basque, un perfectionnement, puisqu'elle y trouvera tous les mots du basque moderne, de la vie quotidienne, le vocabulaire des affiches, journaux, banques, télévision, panneaux et pancartes officielles sur et dans les édifices publics du Pays Basque -sud d'administration bilingue (2/3 du pays).

Nous avons employé également les deux encyclopédies générales en basque **Lur** et **Elhuyar**, ainsi que plusieurs volumes de l'encyclopédie pour l'université en basque **U.Z.E.I**.

Pour les toponymes, nous n'avons transcrit que les noms des pays, qui ont une orthographe ou une forme différente du français, ou du nom local, mais Argentina, Colombia, Irak, Iran, Québec etc..manquent, car telle est leur orthographe également en basque.

Les abréviations

(adj.) adjectif, (anat.) anatomie, (arc.) archaïsme, (arch.) architecture, (biol.) biologie, (bot.) botanique, (chim) chimie, (geo.) géographie, (gram.) grammaire, (litt.) littéraire, (math.) mathématique, (mob.) mobilier, (n)nom, (obj.) objet, (pers.) personne, (pis.) poisson, (prov.) province, (phys.) physique, (plur.) pluriel, (sing.) singulier, (subs.) substantif, (syn.) synonyme, (tech.) technologie, (v.) verbe (zool.), zoologie.

Les verbes seront donnés au passé, parfois au présent et au futur.Les noms et adjectifs sont à leur forme indéterminée sans article.

Si des mots internationaux vous sont proposés orthographiés comme en français par exemple, c'est parce que leur prononciation est différente, nous le rappellerons le plus souvent possible. Les noms de citoyenneté, d'habitants s'écrivent en minuscule en basque (**aleman**, **frantses**, **español**, **euskaldun**).

De deux mots, le premier est préféré et celui qui se trouve entre parenthèse est le moins usité.

LEXIQUE FRANCAIS -BASQUE

A

à(vers) : **-ra**
à (destiné à) : **-ri**
à (dans) : **- n**
abaisser (phys.) : **beheratu**
(mor.) : **apaldu**
abandonner :**utzi, uzten,utziko**
abattre : **egoitzi**
abeille : **erle**
abondant : **ugari, nasai**
abonnement : **harpidetza**
abonner(s') : **harpidetu**
abreuver : **eradan**
abréviation : **laburrera**
abruti : **abere, sorraio**
absent : **huts**
absolu : **erabateko**
absolument : **erabat**
absorber : **zurrupatu**
abuser : **gaindi egin**
académie : **akademia**
Acad. Basque: **Euskaltzaindi**
accalmie : **ateri**
accaparer : **bereganatu**
accepter : **onartu**
acceptable : **onargarri**
accès : **sarbide**
accident : **ixtripu**
accord : **hitzarmen**
d'accord : **ados**
accoucher : **erditu**
accourir : **lasteregin**
accrocher : **zintzilikatu**
accueil : **harrera, abegi**
accuser : **leporatu**
achat : **erospen**
acheter **: erosi**
acheteur : **erosle**
achever : (terminer **bukatu**
: (tuer) **hilurrendu**
acier : **altzairu**
acte : **egintza** (activité)
(cérémonie) **ekitaldi**
acteur : **jokolari**
action : **ekintza**
actualité : **oraingotasun**
adaptation : **moldapen**
addition : **batuketa** (math)
: **kondu** (com.)
admettre : **onetsi**
admirer : **miretsi**
adresse : **helbide**(domicile)
: **antze** (qualité)
adroit : **antzetsu, trebe.**
adulte : **heldu**
aérer : **aizeztatu**
aéroport : **aireportu**
affaire: **egiteko** (gen.)
: **afera** (sale affaire)
affamé : **gose**
affiche : **kartel**
affirmatif : **baiezko**
afin : **- gatik/ - aren**
âge : **adin**
agent : **egile**
agile : **zanpil**
agir : **ekin**
agiter : **inarrausi,**
agneau : **bildots** (animal)
: **bildoski** (viande)
agressif : **oldarkor**
agriculteur : **lurgin**
agronome : **agronomo**
aide : **laguntza**
aider : **lagundu**

aigle : **arrano**
aigu : **zorrotz**
aiguille : **orratz**
ail : **baratxuri**
aimable : **maitagarri**
aimer : **maitatu, maite ukan**
aîné : **zaharren**
ainsi : **hola** (présent)
hala (passé)
ajuster : (vêt.) **doitu**
: (tech.) **ahokatu**
Alava : **Araba** (prov.basque)
alerte : **deihadar**
aliment : **elikadura**
aliter : **oheratu**
aller : **joan, joaten, joango**
allonger : **luzatu**
allonger(s') : **etzan**
allumer : **piztu, sueman**
allusion : **hitzerdi**
alors : **orduan**
alterner : **aldizkatu**
amarre : **soka**
ambiance : **giro**
ambition : **irrits**
améliorer : **hobetu**
ami : **adiskide**
amour : **maitasun**
amuser : **jolastu, (dostatu)**
an : **urte**
analyse : **azterketa**
âne : **asto**
anguille : **aingira**
année : **urtaldi**
cette année : **aurten**
l'an prochain : **geurtz**
l'année dernière : **igaz**
anonyme : **izengabe**
anticorps : **antigorputz**
apparaître : **agertu**
appareil : **-gailu, aparailu**
apparition : **agerkunde**
appartement : **bizitegi**
appeler : **deitu**
applaudissement : **txalo**
apport : **ekarpen**
apporter : **ekarri**
apprendre : **ikasi**
approcher : **hurbildu**
âpre : **latz**
après : **gero, -ondo**
après-demain : **etzi**
après-dîner : **bazkalondo**
après-midi : **arratsalde**
araignée : **armiarma**
arbitre : (sport) **epaile**
: (litige) **arteko**
arbre : **zuhaitz**
arc : **uztai**
argent : **zilar** (métal)
: **diru** (monnaie)
armoire : **armairu**
arrêter : **gelditu**
: **atxilotu** (police)
arrière : **atze, gibel .**
arriver : **heldu, iritxi**
article : **artikulu** (écrit)
: **salgai** (comm.
artisan : **eskulangile,**
artiste : **edergile, artista**
ascenseur : **igogailu**
Ascension : **Salbatore**
asphyxier : **ito**
assemblée : **biltzar** (polit.)
: **bilera** (réunion)
asseoir : **jarri**
assez : **aski, nahiko**
assiette : **platera**
association : **elkarte**
assoiffé : **egarritu**

assouplir : **malgutu**
assourdir : **gortu**
assurance : **segurantza**(fin.)
: **ziurtasun** (qualité.)
assurer : **ziurtatu, bermatu**
atelier : **lantegi**
athée : **jainkogabe**
âtre : **supazter**
attabler(s'): **mahaineratu**
attache : **lokarri**
attacher : **lotu**
attaque(r) : **eraso** (n. et verbe)
atteindre : **iritsi**
attendre : **itxaron, igurikatu**
attente : **itxarote**
attention : **oharpen** (qualité.)
: **kasu, kontuz!**
attirail : **tresneria**
attirer : **erakarri**
attraper : **hatzeman**
attrister : **goibeldu, ilundu**
aube : **argihaste, oskorri**
auberge : **ostatu**
aubergiste : **ostalari**
aucun : **batere ez, inor ez**
au dedans : **barnean**
au dehors : **kanpoan**
au deça : **honaindian**
au delà : **haraindian**
au-dessous : **azpian**
au-dessus : **gainean**
au -devant : **aurrean, aitzinean**
à l'arrière : **atzean,gibelean**
audience : **auzialdi**
auditeur : **entzule**
audition : **entzumen** (sens)
: **entzunaldi** (jur.)
augmentation : **beregailu**
augmentable : **gehikor**
augmenter : **gehitu**
aujourd'hui : **gaur (egun)**
aulne : **altza**
aumone : **eske**
auparavant : **bestorduz**
au revoir : **ikusarte**
aussi : **ere**
aussi... que : **bezain**
aussitôt : **berehala**
autant : **hainbeste, hain**
autant ..que : **bezainbeste**
auteur : **egile**
autodidacte : **berikasi**
automatique : **automatiko**
automobile : **automobila**
autonome : **beregain**
autorisation : **baimen**
autour : **inguruan**
autre : **beste (bertze)**
avalanche : **elur jauzi**
avaler : **irentsi**
avancer : **aurreratu**
avant : **aurre (aitzin)**
avant-hier : **herenegun**
avant toit : **hegatz**
avantage : **abantaila**
avare : **zeken (zikoitz)**
avec : suffixe **-kin**
avènement : **etorrera**
aventure: **gertakari**
avenue : **ibilbide**
averse : **erauntsi, jasa**
avertir : **abisatu**
aveugle : **itsu**
avion : **hegazkin**
avocat : **abokatu**
avoir : **ukan** (v.grammaire)
avouer : **aitortu**
avril : **apiril**

B

bac : **urontzi** (récipient)
transbordadore (barque)
bache : **oihalestalki**
bactérie : **bakteria**
bafouiller : **mordoilakatu**
bagage : **puxka,bagaia**
bagarre : **borroka, bilaka**
bagatelle : **huskeria**
bague : **eraztun**
baie 1. **itsasadar** (mer)
2.**arteka** (fenêtre)
baigner : **mainatu** (gen.)
urtatu (med.)
baignoire **: mainu**
bain (salle de) : **mainugela**
baiser : **musu**
baisse : **beheratze**
baisser : **beheratu, apaldu**
bal : **dantzaldi, soinu**
balai : **jats, erratz**
balance : **balantza**
ballot : **zama**
balustrade : **baranda**
ban : **kridak**
banc : **alki** (ordinaire)
balsa (poisson.)
bande : **andana, saldo**
: **herskailu** (med.)
banque : **banku**
barbe : bizar
barbelé(fil): **alanbre horzdun**
barbouiller : **maskarotu**
barème : **barema**
barque: untzixka, txanel
barrage (eau) : **urtegi**
barre : **haga** (gen.)
: **burdinhaga** (de fer)
barrière : **langa**
bas : 1. **behera** (adj.)
2. **galtzerdi** (vêt..)
3 **bekoalde** (nom)
bascophone : **euskaldun**
base : **oinarri, erro**
base-ball : **beizbol**
basilique : **elizanausi**
basket-ball : **saski-baloi**
basque : **euskalherritar**
bassesse : **apalkeria**
bassin : **urtegi**
bas-ventre : **sabeltxiki**
bataille : **gudu**
bateau : **untzi**
batelier : **untzizain**
bâtiment : **eraikuntza**
bâtir : **eraiki**
bâtisse : **etxezar**
bâton : **makila**
batterie : **bateria**
battre : **jo, zaflatu**
beau : **eder**
beaucoup : **asko (ainitz)**
beau-fils (gendre) : **suhi**
beau-frère : **ezkontanai**
beau-père : **aitaginarreba**
beauté : **edertasun**
bébé : **nini, sein**
bègue : **mote**
belle-mère : **amaginarreba**
(marâtre). **amaizun**
bénéfice : **irabazpen**
berceau : **seaska**
béret : txapel, bonet
berger : **artzain**
besogne : **lankai**
besoin : **beharrune**.
bête : **abere**

beurre : **gurina**
biberon : **biberoi**
bibliophile : **liburuzale**
bibliothécaire : **liburuzain**
bibliothèque : **liburutegi**
bicyclette : **txirrindula**
bien : **ongi, ondo** (adj.)
: **ontasun** (fortune)
bienfait : **ongi**
bienheureux : **dohatsu**
bientôt : **laister**
bienvenue : **ongi etorri**
bière : **garagardo, zerbeza**
bijou : **pitxi, urreria**
bijouterie : **pitxitegi**
billet : **txartel**
biscuit : **biskuit**
bise : **iparaize**
bistouri : **lantzeta**
bizarre : **bitxi** , **oihes** (pers.)
Biscaye : **Bizkaia** (prov.)
Biscaïen : **bizkaitar**
blague : **toxa** (tabac)
blanc : **zuri**
blé : **gari**
blesser : **zauritu**
: **mankatu** (se blesser)
blessure : **zauri**
bleu : **urdin**
blond : **hori, larzuri** (peau)
bloquer : **blokatu**
boeuf : **idi** , **idiki** (viande)
boire : **edan**
bois : **egur** (de chauffage)
: **zur** (d'oeuvre)
: **baso** (forêt)
boîte : **kaxa**
boîteux : **erren, maingu**
bol : **katilu**
bombardement : **bonbardaketa**
bon : **on** (nom, adj.)
bonbon : **ointto, goxoki**
bonheur : **zorion**
bonjour: **agur! egun on!**
bord : **ertz, bazter**
borne : **mugarri**
bosse : **konkor**
Bosnie.: **Bosnia**
botte : **bota** (chaussure)
bouc : **aker**
bouche : **aho**
boucher : **harakin**
boucherie : **haretegi.**
bouchon: **tapailu, tortitx**
boudin : **odolki**
boue : **lohi**
bouée : **flota**
bouger : **higitu**
bougie : **kandela**
bouillir : **irakin**
bouillon : **salda**
boulanger : **okin**
boulangerie : **okindegi**
bouleau : **urki**
boulon : **burdinziri**
bouquet : **sorta**
bourrer : **asetu** (nour.)
bourricot : **astoko**
bourse : **moltsa, patrika**
Boltsa (Bourse)
bouse : **behikorotz**
boussole : **iparorratz**
bout : **mutur, buru**
bouteille : **botoila**
boutique : **saltegi, denda**
bouton : **botoi** (vêt.)
bouture : **adaxka**
bouvillon : **ergi**
boxe : **ukabilka**
boxeur : **ukabilkari**

branche : **adar**
branchette : **abar**
branler : **zurdunpatu**
bras : **beso**
besapez (bras dessus-dessous)
brasserie : **garagardotegi**
brave : **bihoztoi**
brebis : **ardi**
bref : **motz, labur**
breloque: **girgil**
Bretagne : **Bretania, Breizh**
brièveté : **laburtasun**
brigand : **ohoin**
brillant : **distirari**
briller : **distiratu, argitu**
brimade : **gogaitkeria**
brioche: **opil**
brique : **adreilu**
briquet : **mitxero, supizteko**
brise : **itsasaize**
briser : **hautsi**
brosse : **eskubila**
brouette : **eskuorga**
brouillard : **lainotu**
brouiller : **nahasi**
: **lausotu** (la vue)
broyer : **erraustu, xehatu**
broyeuse : **xehagailu**
bru : **errain**
bruit : **hots**
bruitage : **hotsegite**
brûler : **erre**
brûleur : **erretzaile** (pers.)
(tech.) **erregailu**
brûlure : **erradura**
brun : **beltxaran**
budget : **aurrekontu**
buisson : **sasi**
bureau : **bulego**
but : **helburu**
buvable : **edangarri**
buveur : **edale**

C.

cabane : **etxola, txabola**
cabaret : **kabarete**
cabine : **kabina**
cabinet : **komunak** (w.c.)
cable : **burdinsoka, kable**
cacher : **gorde, ezkutatu**
cachette : **gordaleku**
cadavre : **hilotz**
cadeau : **opari**
cadre : **marko, lauki**
cafetière : **kafeontzi**
cahier : **kartilla, ingurrazti**
caisse : **kaxa,** (banque) **kutxa**
C.d'Epargne : **Aurrezkikutxa**
caillé : **gatzatu**
caillou : **harri**
calculer : **zenbatu, kalkulatu**
Calcutta : **Kalkuta**
caleçon : **galtzapeko**
Calédonie : **Kaledonia**
calendrier : **egutegi**
calepin : **eguntegi**
calmer : **lasaitu**
calme : **lasai, bare**
calmer(se) : **baretu**
calomnie : **kalumnia**
Cambodge: **Kanputxea**
caméra : **kamara**
camion : **kamioi**
camp : **guldaltegi**
campagne : **bazter**
camper : **kanpatu**
camping : **kanpaleku**
Canada : **Kanada**

canal : **ubide**
canard : **ahate**
cancer : **minbizi**
candidat : **hautagai**
canine :**betagin**
canon : **kanoi, sutunpa** (lit.)
capable : **gai**
capacité : **gaitasun**
capital : **kapital** (argent)
nagusi (adj.)
capitale : **hiriburu**
captif : **espe, atxilotu, preso**
car : **zeren, ezen**
carburant : **erregai**
cardinal : **kardinale** (Eglise)
caractéristique : **ezaugarri** (n.)
: **nabarmen** (adj.)
carnaval : **ihauteri**
carpe : **zamo**
carrefour : **bidekurutze**
carrelage : (au sol) **baldosa**
(aux murs) **azuleio**
carte : 1(à jouer), **karta**
2(géo.) **mapa**
carton : **kartoi**
cas : **kasu**
cassable : **hauskor**
casser : **hautsi**
Catalogne : **Katalunia**
catégorie : **mota**
cathédrale : **katedrale**
cause : **kausa**
caution : **berme**
cavalier : **zaldizko**
cave : **soto**
ceci : **hau**
ceinture : **gerriko**
célébration : **ospakizun**
célébrer : **ospatu**
cent : **ehun**
centième : **ehungarren**
centimètre : **zentimetro**
centre : **erdigune**
(centre-ville) : **hirierdi**
cep : **aihen**
cèpe : **onddo beltz**
cependant : **halere**
cercle : **kirkulu, inguru**
cercueil : **hilkutxa**
cerf : **orein**
cerise : **gerezi**
cerisier : **gereziondo**
certain : (quelque) **batzu**
certes : **naski, baiki**
certificat : **agiri**
cesser : **utzi, eten**
cessez-le-feu : **sueten**
chagrin : **nahigabe**
chaîne : **katea**
chaleur : **berotasun**
chalutier : **singauntzi**
chambre : **logela**
: (prof.) **Ganbara**
chameau : **gamelu**
champ : **alor, soro**
champignon : **on**
chance : **zor**
changer : (gen) **aldatu**
: (argent) **trukatu**
chanson : **abesti, kantu**
chanter : **abestu, kantatu**
chanteur **abeslari, kantari**
chapeau : **txapel, ginbail**
chaque : **-ro** (chacun) **bana**
char : **gurdi, (orga)**
charbon : **ikatz**
charge : **karga, zama**
(admin.) **kargu**
charger : **zamatu, kar**
charnel : **haragizko**

charrue : **golde**
chasse : **ehiza**
chasser : (gibier) **ehizatu**
: (éloigner) **baztertu**
chasseur : **ehiztari**
chaste : **aratz**
chat : **katu**
chataîgne : **gaztaina**
chaudron : **bertz**
chauffage : (app.) **berogailu**
: (action) **berokuntza**
chauffe-eau : **urberogailu**
chauffer : **berotu**
chauffeur : (conduc.) **gidari**
(qui chauffe) **berotzaile**
chaume : **uztondo, berazan**
chausse- pied : **adar**
chaussure : **oinetako**
chauve-souris : **saguxar**
chaud : **bero**
chavirer : **uzkaili**
chef : **buruzagi**
aitzindari (milit.)
chemin : **bide**
cheminée : **tximinea**
chemise : **alkandora, atorra**
chemiserie : **txurisaltegi**
chêne : (rouvre) **haritz**
(- vert) **arte**
chèque : **txeke**
cher : (aimé, ami) **maite**
cheval : **zaldi**
chevalier : **zaldun**
cheveu : **ile (bilo)**
cheville : (os.) **onkatil**
: (tecn.) **kabil**
cheviller : **kabilatu**
chèvre : **ahuntz**
chez : **-ene, -baita.**
chic : **apain**
chien : (gen) : **zakur**
: (de berger) **artzanor**
chiffon : **zarpa**
chiffre : **zenbaki**
chignon : **moto**
Chine : **Txina**
chinois : **txinar** (peuple)
: **txinera** (langue
choeur : (mus.) **abesbatza**
: (arch.) **koru**
choisir : **hautatu,aukeratu**
choix : **hautu, aukera**
chômage : **langabezia**
chômeur : **langabe**
chose : **gauza**
chou : **aza**
chouette (ois.) **hontza zuri**
chrétien : **kristau**
chronique : (adj) **luzakoi**
: (nom) **kronika**
chut! : **txo! ixo!**
chute : **erori**
ci-joint : **hona hemen**
ci-inclus : **barne**
cicatrice : **orbain**
cicatriser : **orbaindu**
cidre : **sagardo**
ciel : **zeru, ortze**
cierge : **kandela, ziho**
cimetière : **hilherri**
cinq : **bost**
circonstance : **gertaune**
circuit : **zirkuitu**
circulation : (auto.) **trafiko**
: (sang) **odolbide**
circuler : **ibili**
ciseaux: **aiztur, guraizak**
citation : **aipamen**
citoyen : **hiritar**
citoyenneté : **hiritartasun**

civil : **herriko, gisako**
clair : **argi**
claque : **zafla**
clarté :(prop.) **argidura**
: (fig.) **argitasun**
classe : (cours)**ikastaldi**
: (salle) **ikasgela**
classement : **sailkapen**
classer : **sailkatu**
clef : **giltz**
cliché : **klitxe**
client : (gen.) **bezero**
: (acheteur) **erosle**
clignoter : **kliskatu**
climat : **klima**
clinique : **eritegi**
cloche : **kanpai, ezkila**
(bétail) **zintzarri, joare**
clochette : **txintxa**
cloison : **holtz, trenkada**
cloître : **kalostra**
clore : **hesitu**
clôture : **hesi**
clou : **iltze**
clouer : **iltzatu**
clouter : **iltzeztatu**
coaccusé : **auzikide**
coadjuteur : **gotzaide**
coaguler : **gatzatu**
coassocié : **lagunkide**
cochon **: zerri, urde**
coeur : **bihotz**
(à contre-coeur) **gogoz gaindi**
(par coeur) **gogoz**
cogner : **jo, kaskatu**
coiffeur : **ileapaindegi**
coin **: zoko**
col : (geo.) **mendate, lepo**
: (vêtement.) **lepo**
colère : **haserre**

colin : (pois.) **legatz**
colis : **pakete**
collecte : **bilketa**
collection : **bilduma**
collectionner : **bildumatu**
collège : **ikastetxe**
collègue : **lankide**
coller : **eratxeki**
collier : **lepoko, zilde**
colorer : **margoztatu**
combat : **gudu**
combattant : **gudari**
combattre : **gudukatu**
combien : **zenbat**
combustible : **sugai**
combustion : **erretze**
commandant : **agintzaile**
commander : **agindu**
comme : **bezala, (legez)**
commencer : **hasi**
comment : **nola (zelan)**
commission : **mezu** (serv.)
(remise) **eskupeko**
commode : **erraz**
commun: (ordinaire) **arrunt**
: (collectif) **elkarrekiko**
communal : **herriko**
commune : **herri**
communication : (de masse)
: **komunikabide**
(savante) : **txosten**
(transport) : **garraiobide**
compagnie : **lagunarte**
(de Jésus) **Lagundia**
compagnon : **lagun**
comparer : **erkatu**
compas : **konpas**
compétent : **aditu**
compétition : **norgehiago**
complainte : **hilots**

complet : **bete,**(vêt.) **jantzi**
complice : **gaiztakide**
complicité : **gaiztakidegoa**
complot : **satorlan**
comploteur : **ixiljokari**
comportement : **jokabide**
composer : (lex) **hitzelkartu**
: (art.) **ondu**
compresse : **zapailu, zarpa**
compromis: **hautsimautsi**
comptable : **kondulari**
compter : **kontatu, zenbatu**
comte : **konde**
concert : **kontzertu**
condamner : **kondenatu**
condition : **baldintza**
conditionnel : **balinezko**
conditionner : **baldintzatu**
conduire : **gidatu, bideratu**
conférence : **hitzaldi**
confiance : **sineste, fidantza**
confort : **erosotasun**
congédier : **kanpoa eman**
congestion : **kongestio**
conjoint : **ezkontlagun**
conjugaison : (gén) **uztarketa**
: (gram.) **aditzjoko**
connaissance : (méd) **ezagutza**
: (savoir) **jakite**
: (pers.) **ezagun**
connaître : **ezagutu**
consacrer : (se dédier à) **eman**
: (rel.) **gantzutu**
conseil : **aholku, kontseilu**
conseiller : **aholkulari**
conséquence : **ondoren**
content : **pozik**
conteur : **kontalari**
continent : **legor**
continental : **legorreko**
continuer : **jarraitu**
contracter : **hitzartu**
: (med.) **kutsutu**
contracter(se) : **kizkurtu**
contraire : **alderantzizko**)
contrariété : **nahigabe**
contrat : **tratu** (comm.)
: **kontratu** (jur.)
contre : **aurka (kontra)**
contrebandc: **kontrabando**
contredire : **burueman**
contrée : **eskualde**
contrexpertise: **birikerketa**
contremaître : **langileburu**
contre-sens : **okerulertze**
contribution : **ekarpen**
contrôle : **kontrol**
contrôler : **kontrolatu**
convenir : **hitzartu**
conversation : **hitzegite**
convertir : **bilakatu**
coopérative : **lankidegoa**
copropriétaire : **jabekide**
coq : **oilar**
coquille : **maskor**
cor : (med.) **baba**
(mus.) **adar, turuta**
corbeau : **bele**
corbeille : **saski**
corde : **korda**
cordial : **bihotzezko**
corne : **adar**
corner : **adarkatu**
corps : **gorputz**
correction: **zuzenketa**
(devoir) **orrazketa**
(coups) **zehaldi**
corriger : **zigortu** (châtier)
: **zuzendu** (erreurs)
corrompu : **ustel**

côte : (os) **saihetsezur**
(mer) **itsasbazter**
(pente) **aldapa**
côté : **albo, saihets**
côteau : **mendixka, hegi**
cou : **lepo**
(du pied) : **oinbizkar**
couchant : **itzalalde**
couche : (épaisseur)**tramu**
(lit) **ohe**
(revêtement) **geruza**
(neige) **lahiña**
coucher : **etzan**
couchette : **ohexka**
coude : **ukalondo**
couler : (liquide) **ixuri**
: (larme, sang) **erion**
couleur : **kolore, margo** (art)
coup : (gen) **ukaldi**
: (sonore) **kaska**
coupable : **errudun, ogendun**
couper : **moztu**
cour : (royale) **Korte**
(maison) **etxaitzin, baila**
(ferme) **barrio**
courage : **bihotz, kalipu**
courant : (eau) **urlaster**
: (elec.)**elektrikargi**
courbe : **makur**
courber : **makurtu**
courbure : **makurtasun**
courir : **laster egin**
couronne : **koroa**
courroie : **hede, ugal**
cours : (classe) **erakaspen**
course : **lasterketa, korrika**
(de chevaux) **zaldiketa**
court : **motz, labur**
cristal : **kristal**
critique: **kritika**

courtoisie : **jendetasun**
cousin : **gusu, lehengusu**
cousine : **gusina**
couteau : **aizto, nabal**
(de cuisine) **ganibeta**
coûter : **kostatu, eralgi**
coutume : **ohidura**
couture : (points) **jostura**
: (art) **josgintza**
couturier(ière) : **jostun**
couvercle : **estalki**
couvert : (adj) **estali**
: (nom) **mahaineko**
couverture : (toit) **estalpe**
: (literie) **ohestalgi**
crachat : **tu**
cracher : **tu egin**
craindre : **beldur izan**
cran : **ozke**
crâne : (os) **burhezur**
: (+muscle +peau) **kasko**
crapule : **gizatzar**
crayon : **arkatz**
créateur : **sortzaile**
création : **sorkuntza**
crêche (animal) **aska**
(enfant) **loretegi**
créer : **sortu**
crême : (de beauté) **krema**
(de lait) **esnegain**
crépir : **emokatu, zuritu**
crétin : **zozo**
creuser : **sakondu**
creux : **sakon**
cri : **oihu**, (crier)**oihu egin**
crime : **gaizki**
criminel : **gaiztagin**
crinière : **kima**
cuire (à l'eau) : **egosi**
(rôtir): **erre**

Croate : **kroaziar**
croc en jambe : **zangarte**
crochet : **gako**
croire : **sinetsi**
croiser : **gurutzatu**
croître : **hazitu**
croix : **gurutze**
croquis : **krokis**
croûte : (propre) **axal**
: (med.)**zakar**
croyance : **sinesmen**
cru : (non cuit) **gordin**
(terroir) **urtaldi**
cruauté : **ankertasun**
crue : **uholde**
cruel : **anker**
crypte : **elizazpi, kripta**
cube : **kubo**
cubitus : **ukalezur**
cueillir : **uztatu** (moisson)
: **bildu**
cuiller : **golare**
cuir : **larru**
cuisine : (lieu) **sukalde**
: (art) **sukaldaritza**
cuisse : **izter**
cuisson : **erretze**
cuit : **erre**
cuivre : **kobre, urraide**
culpabilité : **erruduntasun**
cultiver : **landu** (fig+ prop)
cure : **sendabide**
curé : **erretor**
curieux : **jakin-nahi**
: **begiluze** (pej.)
curiosité : **jakin nahi**
kuriostasun
cuver : **irakitu**
cuvette : **kubela**
cycle : suffixe **-aldi** ou **aro**
(astronomique) **aldi**
(météo.) **aro**
cycliste : **txirrindulari**
cyclone : **zirimola**
cygne : **beltxarga**
cylindre : **zilindro**

D

dallage : **harlosa**
dame : (madame) **andere**
danger : **galbide (arrisku)**
dangereux : **galbidetsu**
dans: **-(e)an** (déclinaison)
danse : **dantza**
date : **data (urtegun**, lit.)
davantage : **gehiago**
débattre : **eztabadatu**
débit : (liq)**ixurtze**
(vente) **saltze**
(commerce) **salgune**
déborder : **gainditu**
debout : **zutik**
deça (en) : **honaindi(an)**
décaféiné : **kafeinagabe**
décapiter : **burumoztu**
décéder : **zendu**
décennie : **hamarrurte**
décentrer : **erdizaldatu**
décès : **hiltze**
décevoir : **dezepzionatu**
déchausser(se) : **ontustu**
déchiffrer : **irakurri**
déchirer : **urratu**
décider : **erabaki**
décision : **erabaki**
déclaration : **aitorpen**

décoller : (avion) **aireratu**
(objet) **deslotu**
décomposer: (org.) **usteldu**
: (fragmenter) **zatikatu**
décomposition : (org.)**usteltze**
: (frag.) **zatiketa**
décompresser : **destinkatu**
décompression : **destinkatze**
décontraction : **lasaialdi**
décoration : **apaindura**
découdre : **desjosi**
découper : **puxkatu**
découragement : **etsipen**
découverte : **aurkikuntza**
découvrir : **aurkitu**
décrire : **deskribitu**
déçu : **atzipetu**
dedans: **barruan**
demoiselle : **neskatila**
défaut : **akats, huts**
défendre : (**aldetu, zaindu**
: (prohiber) **debekatu**
défendu : **debekatua**
: **zaindua**
défi : **erronka, desafio**
déficit : (gen.) **zulo**
définitif : **azkenik**
défunt : **zen**
dégât : **kalte**
dégouliner : **xirristatu**
dégoût : **nazka**
degré : (escalier) **mail**
: (température) **grado**
dehors(en) : **kanpo (-an)**
déjà : **jadanik**
déjeuner : (a.m.) **gosari**
: (midi) **bazkari**
delà(au) : **haraindian**
délai : **epe**
délateur : **salatari**
délégation : **ordezkaritza**
délégué : **ordezkari**
délicat : (phys.) **minbera**
(moral) **xugun**
délimiter : **mugatu**
délivrer : **askatu**
demain : **bihar**
: (à demain)**biharārte**
demander : **eskatu**
demandeur : **eskatzaile**
déménager : **etxaldatu**
démentir : **gezurtatu**
demeure : **egoitza**
demeurer : **egon**
demi : **erdi**
demi-heure : **orduerdi**
démission : **kargu uzte.**
démocratie : **demokrazia**
démon : **galtzagorri**
dénombrement : **zenbaketa**
dénommé: **izeneko**
dénonciateur : **salatzaile**
dénoncer : **salatu**
denrée : **janari**
dent : **hortz**
dentiste: **haginlari**
dépasser : **aurreratu**
dépendant : **menpeko**
dépendre : **menpe izan**
dépens : **eralgipen**
dépenser : **eralgi**
dépit : **hisi**
déplaisir : **nahigabe**
déplier : **hedatu**
déployer : **zabaldu**
déposer : **ipini**
déposséder : **desjabetu**
dépôt : (d'objets) **gordailu**
: (liq.) **ondar**, vin) **ahetz**
dépouiller : **larrutu**

depuis : **geroztik**
députation : **aldundi**
député : **aldun, diputatu**
dernier : **azken**
dérober : **ebatsi**
dérouler : **hedatu**
dérouter : **noragabetu**
derrière : **atzean(gibelean)**
désaccord : **desakordio**
désagréable : **ezatsegin**
désaltérer : **egarria hautsi**
désargenté : **dirugabe**
désarmer : **armagabetu**
descendant : **ondoko**
descente : (endroit) **jaitsiera**
: (acte) **jaiste**
désert : **basamortu**
déserteur : **gudaihesle**
désespérer : **etsitu**
déshabillé : **erantzi**
: (totalement) **bilaizi**
désir : **nahikunde, aiho**
désirable : **nahigarri**
désobéir : **desobeditu**
désordre : **nahaskeria**
désécher : **zukatu**
dessein : **egingai**
desservir : **mahaina goititu**
dessin : **marrazki**
dessous : **azpi**(en d.: **azpian**)
dessus : **gain**
destination: **helbide**
destructeur : **suntsitzaile**
détacher : (attache) **deslotu**
: (tache) **garbitu**
détail : **xehetasun**
détailler : **xeheki eman**
détaxé : **petxagabe**
déteindre : **marguldu**
détendre : **lasaitu**
détenu: **preso, giltzapeko**
déterminé : (gram) **mugatu**
: (adj.) **erabakior**
détonation : **zaparta**
détruire : **ezdeustu**
dette : **zor**
deuil : **minduri**
deux : **bi**
deuxième : **bigarren**
devancer : **aurrez ibili**
devant : **aurre (aitzin)**
développer : (gen) **handitu**
: (econ.) **garatu**
devenir : **bilakatu**
déverser : **ihaurri**
dévêtir : **erantzi**
dévier : **zeiharbidetu**
devoir : (vertu) **eginbide**
: (école) **langai,**(v.)**behar**
dévorer : **gliskatu**
dévouer(se): **osoki eman**
diable : **deabru**
diadème : **diadema**
diagnostique : **diagnostiko**
dialoguer : **elkarrizketa**
dictature : **diktatura**
dictionnaire : **hiztegi**
dieu : **jainko**
diffamer : **belztu,**
diffamateur : **beltzaile**
différence: **ezberdintasun**
différent : **ezberdin**
difficile : (phys) **neke**
: (intel.) **zail**
difficulté : **zailtasun**
difforme : **itxuragabeko**
digérer : **digeritu**
digne : **duin**
diluer : **urtu**
dimanche : **igande**

dîme : **hamarren**
diminuer : **murriztu, laburtu**
diminution : **murrizketa**
dinde : **poloi**
dîner : **afari, bazkari**(midi)
diocèse : **gotzaiherri**
diplôme : **diploma**
dire : **esan(erran)**
direct : **zuzen**
directeur : **zuzendari**
direction : **norabide**
diriger : **zuzendu**
discontinu : **etendun**
discophile : **diskozale**
discret : **xintxo, ixil**
disette : **gabezia, ezeria**
disparaître : **itzali, desagertu**
dispensaire : **artategi**
disperser : **sakabanatu**
disponible : (objet) **eskuko**
disposer : **ezarri/-tzen/-iko**
disque : **disko**
disséquer : **disekatu**
dissertation : **idazlan**
dissident : **bereiztiar**
dissoudre : **urtu**
distance : **urruntasun**
distant : **urrun**
distinct : (à l'oeil) **ageri**
: (à l'oreille) **nabari**
distingué : (illustre) **ospetsu**
: (élégant) **txukun**
distinguer : (remarque) **ohartu**
: (percevoir) **nabaritu**
distique : **binako**
distordre : **bihurdikatu**
distorsion : **bihurdikapen**
distraction : (loisir) **jolas**
: (erreur) **ohargabeko**
distraire(se) : (jeu) **jolastu**
distribuer : **banatu**
district : **herrialde**
diurne : **eguneko**
divers: **orotarik**
dividende : **zatigai**
divin : **jainkozko**
diviser : **banatu** (math)
division : **banaketa** (math)
divorce : **dibortzio**
dix: **hamar**
dixième : **hamargarren**
docile: **otzan, eskurako**
docilité : **otzantasun**
document : **idazki**
documentation : **jakingai**
doigt : **atz (erhi)**
domestique: (adj.) **etxeko**
(pers.) **sehi**
domicile : **bizitegi,**
dominer : **nagusitu**
dompter : **hezi/-zten/-iko**
don : (faculté) **dohain**
(présent) **opari**
donc : **beraz**
donner : **eman**
dorénavant : **jagoiti**
dormir : **lo egin**
dorsal : **bizkarreko**
dortoir : **lotegi**
dos : **bizkar**
dosage : **doiketa**
doser : **doitu**
dossier : (papier) **dosier**
(meuble) **bizkar**
douanier : **mugazain**
double : **bikun**
: (répété) **bikoitz**
doubler : **bikoiztu**
doublement : **bikoiztapen**
douche : **dutxa**

douleur : **min**
doute : **zalantza**
doux, douce : **ezti**
: **eme**
dragon : **herensuge**
drain : (en terre) **urbide**
(méd.)**zurda**
dramatique : **latzgarri**
drap : (lit) **izara (mihise)**
(tis.) **oihal**
dresser : (dompter) **hezi**
: (élever) **eraiki**
dressage : **heziketa**
dressoir : **ontzitegi**
drogue : **droga, sorkarri**
droit : (adj) : **zuzen**
: (jur.) **eskubide**
droite : **eskuin**
(extrême-dr.) **eskuinmutur**
(geom) : **zuzen**
droitier : **eskuineko**
droiture : **zintasun**
drôle : **paregarri**
dru : **trinko**
dû : **zor**
dubitatif : **dudazko**
ductile : **mehakor**
duplicata : **iheki, bikoitz**
duplicité : **maltzurkeria**
dur : **gogor**
durable : **iraunkor**
durée : **iraupen**
durement : **gogorki**
durer : **iraun,/-ten/-ngo**
dureté : **gogortasun**
durillon : **adar, baba**(pied)
duvet : **lumatxa** (ois.)
dynamique : **kementsu**
dynamisme : **kementasun**
dysenterie : **zirin,**
dyspepsie : **bihoztarre**
dyspnée : **arnasneke**

E

eau : **ur**,(dormante)**ur geldi,**
(javel) **hipoklorita**
(potable) **edateko ur**
(salée) : **ur gazi**
éblouir : **liluratu**
ébrancher : **aldaskatu**
échange : (obj.)**truke**
échaper : **ihesegin,itzuri**
écharde : **izpi**
échec : **porrot, huts**
échelle : **iskalerak (zubiak)**
échelon : **mail**
échine : **bizkarrezur**
éclair : **tximista**
éclairage : **argi**
éclaircie : (pluie)**ateraldi**
: (nuage) **odeiarte**
éclairer :**argitu**
éclat : (lumière)**distira**
(obj.) **leherkin**
(bruit) **zaparta**
école : **eskola, ikastola**
économies: **eskuarteko**
écoute : **entzute**
écran : **pantaila**
écraser : **zapaldu**
écrire : **idatzi**
écriture : **idazkera** ,:
écrivain : **idazle** (écrivain
écu : (bouclier) **erredola**
écureuil : **urtxintx**
écuyer : **ezkutari**
eczema : **nagal, ekzema**
édifice : **eraikuntza**

édifier : **eraiki**
éditer : **argitaratu**
éditeur : **argitaldari**
édition : (mais.) **argitaletxe**
(série) **argitaldi**
(produit) **argitalpen**
édredon : **koltxa**
éducateur : **hezle**
éduquer : **hezi**
effacer : **ezabatu**
effet : **ondore,** (vet.)**jantzi**
efficace : **eraginkor**
effort : (phys) **indarka**
: (intel.) **ahalegin**
effrayer : **ikararazi, izitu**
effroi : **izualdi**
égal : **berdin**
égaler **berdin egin**
égaliser : **berdindu**
église : **eliza**
égoïste : **berekoi**
élargir : **zabalagotu**
élection : **hauteskunde**
électricien : **elektrilari**
électrique : (lum.) **argi indar**
(usine) **indaretxe**
élément : **osagai**
élévateur : **(goragailu)**
élever (un être) : **hazi**
(objet) **jaso, goratu.**
éligible : **hautagarri**
élire : **hautatu**
éloge : **laudorio**
éloigner : **urrundu**
élu : (nom) **hautetsi**
(adj.) **hautatu**
émarger : **izenpetu**
emballer : **troxatu**
embarras : **traba**
embellir **: edertu**
embouteiller : **sorkatu, ito**
embrasser : **besarkatu**
éméché : **edanik**
émetteur : **hedagailu**
émigré : **etorkin**
émission : **emankizun,**
(de télévision) **telesaio**
emmener : **eroan**
émotion : **zirrara**
émoussé : **kamuts**
empereur : **enperadore**
empiler : **metatu**
emploi : **lanpide**
employé : **enplegatu**
emporter : **ereman**
empreinte : **aztarna**
emprunter : (argent) **jesan**
: (mot) **mailegu**
en : **-(e)an , -(e)z**
enceinte : (femme) **izorra**
enchanter : **xarmatu**
encore : (à nouveau) **berriz**
: **oraindik,**
encre : **tinta**
endetter : **zor egin**
endommager : **kaltetu**
enfance : (âge) **haurtzaro**
(état) **haurtasun**
enfant de choeur : **bereter**
enfanter : **haurra sortu**
enfer : **infernu**
enfermer : **zerratu**
enfiler : **hariztatu**
enfin : **azkenean**
enfler : **hanpatu, puztu**
enfoncer : **bulkatu**
enfouir : **lurpetu**
enfuir (s') : **ihesari eman**
engagement : **hitzarketa**
engin : **tramankulu**

enivrer : **mozkorrarazi**
(s') **mozkortu**
enlever : **kendu**
enneiger : **elurtu**
ennui : **asper**
énorme : **gaitz, itzel**
enquête : **ikerketa,inkesta**
enregister : (reg.) **izen eman**
(sur bande) **grabatu**
enseignement : **irakaskuntza**
: **irakasgai** (matière d')
enseigner : **irakatsi**
ensemble : **multzo** (n.math)
: **elkarrekin** (adv.)
ensemencer : **erein**
entame : **haskin**
entendre : **entzun**
entendre(s') : **elkaraditu**
enterrement : **ehorzketa**
entier : **oso**
entièrement : **osoki**
entonnoir : **inbutu**
entourer : **inguratu**
entr'aide : **elkarlaguntza**
entre : **artean**
entrée : **sarrera**, (acte) **sartze**
entrepôt : **salgaitegi**
entreprise: **enterpresa**
entrer : **sartu/-tzen/-tuko**
entr'ouvrir : **erdi zabaldu**
envers: **aurki**
environ : (lieu) **ingurune**
environnement : **ingurumen**
: (nat.) **ingurugiro**
envoi : **igorpen**
envoyer : **bidali**
épargne : **aurrezki**
A. Kutxa : c. d'Epargne
épaule : **sorbalda**
épée : **ezpata**

épine : **arantza, elorri**
époque : **aldi, aro**
épouse : **emazte**
époux : **senar**
épuiser : **nekatu**
équerre : **eskuaire**
équidistant : **biderdi**
équipage : **txopakoak**
équipe : **talde**
errer : **noraezean ibili**
éructer : **poker egin**
escalier : **iskalerak**
escargot : **barakuilu**
esclave : **esklabo**
escroc : **iruzurgile**
espérance : **itxaropen**
espérer : **itxaron/-ten/ngo**
esprit : **gogo(izpiritu)**
essai : **saio, saiakera** (lit.)
essayer : **saiatu**
essentiel : **baitezpadako**
essieu : **ardatz**
essuie-main : **zukatzeko**
est : **ekialde** (pt.cardinal)
estimer : **onetsi**
estomac : **urdail**
esturgeon : **gaizkata**
étable : **behitegi**
étagère : **apal(arlats)**
étai : **ezkora, zurkaitz**
étain : **eztainu**
étalage : **erakusmahai**
(pers.) **geldi**
étalon : (animal) **garaino**
étape : **bidaldi**
(fig.) **urrats**
étau : **trinkailu, estoka**
éteint : **itzali**, (feu)**iraungi**
étendre : **hedatu**
étendue : **hedadura**

étoffe : **ehun**
étoile : **izar**
étoile polaire : **iparrizar**
étoilé : **izartu**
étouffer : **ito**
étourdi : (distrait) **buruarin**
(de tournis) **burtxoro**
étrange : **bitxi**
être : **izan** (verb), **izaki** (n.)
étreindre : **besarkatu**
étrenne : cadeau) **opari**
.(première) **lehenaldi**
étrier : **estribera**
étroit : **hertsi**
étude : **ikasketa**
Europe : **Europa**
Européen : **europar**
évangile : **ebangelio**
évêque : **gotzain (apezpiku)**
éveiller : **esnatu (iratzarri)**
évènement : **gertaera**
éventuellement : **agian**
évident : **ageri**
évier : **zurrutegi**
éviter : **ekidin**
ex- : **ohi**
exact : **zehatz**
exactitude : **zehaztasun**
exagération : **gehiegikeria**
examen : **azterketa**
exaspérer : **sumindu,**
excédent : **gehiegikin**
excellent : **bikain**
excepté : - **izan ezik**
exciter : **zirikatu, kitzikatu**
exclure : **saihestu, baztertu**
excursion : **txango**
excuse : **barkamen**
exécuter : **egin**, (tuer) **hil**
exigeant : **asegaitz**
expatrier : **herbestetu**
expédier : **bidali/-tzen/iko**
expérience : **eskarmentu**
(scientif.) **experimentu**
expert : **aditu**
expirer : **hasbeheratu**
(mourir) **hil**
explication : **azalpen**
exploit : **sendagaila**
exploiter : **hustiatu**
explorer : **ikuskatu**
exploser : **zartatu**
exposé : (adj.) **erakutsi**
(nom) **txosten**
exposer : **erakutsi**
exposition : **erakusketa**
expression : **esaldi**
expulsion : **kanporaketa**
extérieur : **kanpoko**
exterminer : **sarraskitu**
extinction : **iraungitze**
extra : (supra) **gain**
: (hors) **kanpo**
extraction : **ateratze**
extrader : **estraditu**
extraire : **ateratu, (idoki)**
extrait : (nom) **aterakin**
extra-légal : **legez kanpo**
extraordinaire : **ezohiko**
extravagance : **oiheskeria**
extrème : (ultime) **buruko**
(fort) **ezinagoko**
(position) **muturreko**
extrême-droite **eskuimutur**
extrêmement : **ezinago**
extrémisme : **muturkeria**
extrémité : (.objet)**mutur**
: (lieu) **bazter,**
extrinsèque : **kanpotikako**
exutoire : **xira** (plur.**xirak**)

fable : **alegia**
fabricant : **egile**
fabrication : **egintza**
fabriquer : **egin**
face : (pers) **aurpegi**
.(geom.) **ertz**
.(faire face) **buru eman**
fâché : **samur**
facile : **errez**
facilement : **errezki**
facilité : **erreztasun**
fanfaron : **ahobero**
fantaisie : **hisialdi, burukeria**
fantassin : **oinezko**
fantôme : **iratxo**
farine : **irin**
faste : **hospe**
fatiguer : **nekatu** (**akitu**)
faucher : **ebaki**
faucille : **igitai**
fausseté : **zurikeria**
faute : **huts**
(faute de) : - **gabez**
fauteuil : **besalki**
fécond, féconde : **jori**
fécondité : **joritasun**
feindre : **alegia egin**
féliciter : **zoriondu, goretsi**
femelle : **urriza**
femme : **andere, emakume**
fendre : **arraildu, erdibitu**
fenêtre : **leiho**
fer : **burdin,** (rep.)**lisaburdin**
férié : **jaiegun**
ferme: **sendo, etxalde** (agr.)
fermement : **zinki**
fermer : **zerratu, itxi**
: (à clef) **giltzatu**
féroce : **odoltzale**
fertile : **emankor, jori**
fertilisation : **ontze**
fervent : **kartsu**
festival : **jaialdi**
fête : **jai (besta)**
Fête-Dieu : **Besta Berri**
feu : **su**
: (signalisation) **argi**
feuille: **osto,** (papier) **orri**
fève : **baba**
février : **otsaila**
fiancé(e) : **ezkongai**
fibre : **izpi**
ficelle : **kordatto**
fidèle(rel.)**sinestun**
: (à la parole) **hitzezko**
fiel : **gibelmin, behaztun**
fier : **harro, burgoi**
fièvre : **sukar**
figure : (image) **irudi**
(face) **begitarte**
fil : **hari**
file : **lerro**
fille:**neska,** (parenté) **alaba**
(belle-fille) **errain**
filleul : **haur besoetako**
filleule : **ugatz alaba**
fils : **seme,** (petit-)**ilobaso**
beau-fils (gendre) : **suhi**
filtrer : **iragazi**
fin: (n.) **azken,** (adj.)**xehe**
finance: **finantza, diru**
finir : **amaitu (azkendu)**
Finlande : **Finlandia**
finnois : **suomiera**
firme : **saltetxe-izen**
fissure : **zirrikitu**

fisurrer : **zirrikitatu**
fixer : **finkatu/-tzen/-tuko**
fixité : **finkotasun**
Flamand : **flandriar** (pers.)
flamme : **gar**
flan : **flan**
Flandres : **Flandria**
fléchir : **makurtu**
flêtrir : **zimeldu**
fleur : **lore**
fleurir : **loretu**
fleuve : **ibai**
flexible : **malgu**
flou : **lauso**
flûte : **txirula**
foie : **gibel**
foin : **belar**
foire : **azoka**
fois : **aldi,** (une fois) **behin**
foisonner : **nasaitu**
fol : **ero**
folie : **erotasun**
follement : **eroki**
fonction : **ihardun**
fonctionner : **ihardun (arizan)**
fond : **ondo, zola**
fondement : **ondatz, oinarri**
fonder : **ondazkitu**
fondre : **urtu**
fonds : (econ.) **funts**
: (com.) **saltegi**
fontaine : **iturri**
football : **futbol**
force : **indar**
forcément : **nahitez**
forcer : (faire effort) **indarkatu**
(violenter) **bortxatu**
(forcer à) **behartu**
forêt : **baso, oihan**
forgeron : **burdin arotz**
format : **handitasun**
forme : **itxura**
former : **moldatu**
formidable : **ikaragarri**
forniquer : **larrua jo**
fort : **indartsu, (azkar)**
fortification : **gotorleku**
fortune : **aberastasun**
fou : **ero**
foudre : **tximist**
fouet : **azote**
fouetter : **azotatu**
fougère : **ira, (garo)**
four : **labe**
fourchette : **sardeska**
fourniture : **hornidura**
fourrage : **bazka**
fourreau : **magina**
foyer : **supazter** (âtre)
fraction : **zati**
fractionner : **zatitu**
fracture : **hautskura**
fragile : **hauskor**
frais : **hozkara, fresko**
fraise : **marrubi, (arraga)**
franc: (mon.)**libera, egiati**
Français : **frantses**
France : **Frantzia**
franc-maçon : **harginbeltz**
frapper : **jo,** (rép.) **zaflatu**
fraternité : **anaitasun**
fratrie : **aurrideak**
fraude : **iruzur**
frein : **freno, galga**
frêne : **lizar**
fréquence : **maiztasun**
fréquent : **maiz**
frère : **anai** , (rel.) **fraide**
freux : **erro**
frigorifique : **hozgailu**

friser : **izurtu**
Frison : **frisiar**
frisson : **dardara**
frit : **frijitu**
frite : **frita**
frivole : **buruarin**
froid : **hotz**
froideur : **hoztasun**
fromage : **gazta, (gasna)**
front : **kopeta, (bekoki)**
frontière : **muga**
fronton :(de maison) **etxeburu**
(de pelote) **pilota plaza**
fruit : **fruta**
fugace : **iragankor**
fugitif : **iheslari**
fuir : **ihes egin, itzuri**
fuite : **itzurpide**
fumée : **ke**
fumer : **keeztatu**
fumier : **zimaur, (gorotz)**
fumure : **ongarri**
fureter : **zokokatu**
furieux : **asarre gorri**
fusée : **kohete**
fusil : **zizpa.**

G

gage : **berme**(garantie)
sari (salaire)
gagner : **irabazi**
gai : **alai**
gaiement : **alaiki**
gain : **irabazpen**
gaine : **zorro**
galicien(langue) : **galiziera**
Galles(Pays) : **Gales, Kymro**
gallois(langue) : **kymroera**
gamin : **ume**
gant : **eskularru**
garçon : **mutil**
garde : **zaintzaile** (objet)
zaindari(pers.)
garde-chasse : **ihizain**
garde-forestier : **basozain**
garde-pêche : **urzain**
garder : **zaindu**
garderie (enf.) : **haurzaindegi**
gardien d'immeuble : **atezain**
garage : **garaia**
gare : **geltoki**
(se) garer : **aparkatu**
Gaskonia : **Gascogne**
gascon : **gaskoin**
gaspiller : **hondatu,**
gâteau : **goxoki, arroskil**
gauche : **ezker**
gaule : **haga**
Gaule : **Galia**
gaz : gas
géant : **erraldoi**
gel : **izotz**
gencive : **ahobi**
gêner : **eragotzi (trabatu)**
général : adj. **orokor**
: nom **general**
généralement : **orokorki**
générateur : (tech) **sorgailu**
génération : **belaunaldi**
généreux : **bihotzon**
(d'aide) **eskuzabal**
genêt : **ote**
genèvrier : **orre**
genou : **belaun**
genre : **mota**
gens : **jende, gizaki**

gente dame: **aitorenalaba**
gentihomme : **aitorenseme**
Georgie : **Georgia, Sakartvelo**
gérer : **kudeatu**
geste : **kiñu**
gestion : **kudeapen**
gibet : **urkabe**
gibier : **ihize**
gicler : **zapastatu**
gifler : **zaflatu, zartatu**
gigot : **azpi**
giron : **magal (altzo)**
gîte : **aterpe**
glace : **horma**, glaçon : **izozki**
glisser : **zirristatu, lerratu**
globe : **lurbiribil**
gloire : **aintza**
glouton : **sabelkoi**
gober : **klikatu**
goéland : **kaio**
gomme : **ezabailu**
gond : **ate erro**
gonfler : **hanpatu**
gorge : **zintzur**, (geo.)**arroila**
gouffre : **leize**
goulu : **ezinase**
gourdin : **bordoi**
gourmand : **onkoi**
gousse (d'ail) : **izter**
gousse(de légume) : **leka**
goût : (esthétique)**gostu**
: (biol.) **zapore**
goûter : **dastatu**
goutte : **gota (oinitoi)**
gouttière : **itaizur**
gouvernant : **agintari**
gouvernement : **gobernu**
(g.basque, **Eusko-jaurlaritza**)
gouverner : **gobernatu**
grâce (pardon) : **barkamen**
grâce à : **.-ri esker,**
gracieusement : **dohainik**
grade : **mail**
graisse : (fondue) **urin**
(nature) **gantz**
graisser : **urinztatu**
grammaire : **gramatika**
grammairien : **gramatikari**
grand : **haundi (handi)**
(personnage): **handimandi**
grandeur : **handitasun**
grandir : **haunditu**
grandmère : **amama,amo**
grands-parents : **arbasoak**
granivore : **alejale**
gras : **gizen, koipetsu**
grattoir : **karraka**
Grêce : **Grezia**
Grec : **greziar**
grec : **grekera, eladera**
grêle : (météo.) **harri**
grelot : **girgila**
grésil : **kaskabar**
griffe : **atzapar**
grillon : **txirtxita**
grincer : **kirriskatu**
gris : **gris (arre)**
grive : **birigarro**
grogner : **kurrinkatu**
gronder : **burrunbatu**
gros : **lodi**
groseille : **andere mahats**
grossesse : **izorraldi**
grossir : **loditu**
grotte : **koba(harpe)**
groupe : **talde**
guère : **hanbat**
grue : **kurilo**
guérir : **osatu (sendatu)**
guetter : **zelatatu**

H

habile : **trebe(antzetsu)**
habileté : **trebetasun**
habilitation : **gaitasun**
habiller : **jantzi**
habit : **jantzi, soineko**
habitable : **bizigarri**
habitant : **bizizale**
habitation : **bizileku**
habiter : **bizi**
habitude : **ohitura**
habitué : **ohitua**
habituel : **ohiko**
habituer : **ohitu, azturatu**
hâche : **aizkora**
haine : **gorroto**
haïr : **gorrotatu, (higuindu)**
haleine : **arnas, (hats)**
halte : **geldialdi**
hameçon : **amu**
hanche : **aldaka**
hardiesse : **atrebentzia**
hareng : **txardinzar**
harnais : **zaltoki**
harpon : **arrankazi**
hasard : **zori**
hasardeux : **gertuzko**
hâte : **lehia, (presa)**
hâtif : **goiztiar**
haut : **gora** (très haut) **goihen**
(nom) **gain**
hautain : **handikari**
hautement : **goraki, goratik**
hauteur : **goratasun**
haut-parleur : **abots gorailu**
hebdomadaire : **astekari**
hémorragie : **hemorragia**
herbe : **belar**
hériter : **ondoretu**
hernie : **etendura**
hésitation : **zalantza**
hésiter : **zalantzan egon**
hêtre : **pago**
heure : **ordu**
heureux : **zoriontsu**
(bienheureux) **dohatsu**
heurter : **kuzkatu**
hiberner : **negukatu**
hibou : **hontza**
hier : **atzo**
(avant-hier) : **herenegun**
hiérarchie : **hierarkia**
hippisme : **zaldi kirol**
hippodrome : **hipodromo**
hirondelle : **ainara**
histoire : **historia**
hiver : **negu**
homicide : **gizeraite**
homme : **gizon**
homonyme : **izenkide**
Hongrie : **Hungaria**
hongrois: **magiarrera**
honnête: **eskugarbi**
honneur : **ohore**
(funèbres) **hilbeharkiak**
honte : **lotsa**
hôpital: **eritetxe(ospitale)**
horaire : **ordutegi**
horizon : **ortzertz**
horizontal : **horizontal**
horloge : **erloiu**
horreur : **lazdura**
hors : **kanpotik**
hors-texte : **idatz bazter**
hôte : **arrotz**
hôtesse : **etxekandere**
houx : **gorosti**

hoyau : **jorrai**
huche : **arka**
huile : **olio**
huit : **zortzi**
huitième : **zortzigarren**
huitre : **ostra**
hulotte : **urubi (gaubele)**
humain : **jendezko, giza**
humanisme : **gizabide.**
humanité : **gizatasun** (qual.)
humble : **apal**
humecter : **hezetu**
humerus : **besondo**
humeur : **humore**
humide : **heze**
humidité : **hezetasun**
humilité : **apaltasun**
humus : **lurbeltz**
hurlement : **orroa**
hurler : **orroa egin**
hutte : **etxola**
hybride : **hibrido**
hydraulique(n): **urjakintza**
hydrogène : **hidrogeno**
hygiène : **higiene**
hypocrisie : **zurikeria**
hypothèse : **hipotesi**
hypothèque : **hipoteka**

I

ici : **hemen**
(depuis ici) **hemendik**
(vers ici) **hunat**
idée : (pensée) **gogo**
: (intention) **asmo**
: (générale) **ideia**
identique : **berdin , orobat**
identité : (d'idée) **orobatasun**
(carte d') **nortasun agiri**
idiot : **ergel, zozo**
idoine : **egoki**
idolatre : **idolozale**
ignorance : **ezjakintasun**
ignorant : **ezjakin**
il, ils : **hura, haiek**
île : **ugarte**
illicite : **ez zilegi**
illisible : **irakurgaitz**
illuminer : **argitztatu**
illusion : **irudipen**
ilustrateur : **irudigile**
image : **irudi**
imaginable : **asmagarri**
imbattable : **ezingaraitu**
imbécile : **xoro, lele**
imberbe : **bizargabe**
imbroglio : **nahaspila**
imbuvable : **edanezin**
imitation : **ihakin**
immangeable : **jangaitz**
immédiat : **berealako**
immense : **baztergabeko**
immergé : **urperatu**
immeuble : **eraikuntza**
immigrant : **etorkin**
immoral : **moralaz kanpo**
immortel : (pers.) **ezilkor**
(obj.) **betiereko**
impact : **koska,**(fig)**eragin**
impardonnable : **barkaezin**
impartial : **aldegabe**
impasse : **bide itsu**
impatient : **ezinegon**
impayable : **ordainezin**
impératif : **derrigorrezko**
(gram.) **agintaldi**

imperméable : **bustiezin**
impertinent : **mutiri**
imperturbable : **izugaitz**
impitoyable : **urrikalgaitz**
importance : **garrantzi**
important : **garrantzitsu**
importer : (com.) **inportatu**
(psycho.) **axolatu**
impossible : **ezinezko**
impôt : **zerga**
imprécis : **zehazgabe**
imprégner : **letatu**
imprenable : **hartuezinezko**
impression : **zirrara**
imprimer : **irarri (inprimatu)**
inprononçable : **ahozkaezin**
imprudent : **zuhurgabe**
impudeur : **ozarkeria**
impuissance: **indareza,**
ezindura
impuni : **zigortugabe**
impur : **ezgarbi (satsu)**
imputrescible : **ustelduezin**
inaccessible : **eskuragaitz**
inaccostable : **hurbilezin**
inachevé : **bukatugabe**
inactif : **geldo , ezihardun**
inapte : **ezgai**
inaptitude : **ezgaitasun**
inassouvi : **asegabe**
inattaquable : **erasogaitz**
inattendu : **ustegabeko**
incapable : **gaiezin**
incapacité : **gaiezintasun**
incarcérer : **giltzapetu**
incassable : **hautsezin**
incendie : **sualde, sute**
incertain: **ezbaiezko**
incessamment : **lehenbailehen**
incidemment : **bidenabar**
inciser : **pikatu, sakotu**
incivil : **moldegaitz**
inclination: **makurdura**
: (pers.) **erakarmen**
incoagulable : **gatzaezin**
incombustible : **errezin**
(difficile à brûler) **erregaitz**
incommode : **eragaitz**
incomparable : **berdingabe**
inconscient : **ohargabe**
inconvénient : **eragozkai**
incrédule : **sinesgaitz**
inculper : **bizkarreratu**
incurable : **ezinsenda**
indéfini : **mugagabe**
indemnisation:**kalteordain**
indigne : **ezduin**
indiscret : **begiluze**
individu : **norbait**
individuel : **norbereko**
indolent : **nagi**
indolore : **mingabeko**
indompable : **hezgaitz,**
industrie : **industria**
industriel : **industrilari**
inégal : **desberdin**
inévitable : **ezinbestezko**
infamant : **laidogarri**
infecter : **usaindu**
inférieur : (enbas)**behereko**
(d'en dessous) **azpiko**
infernal : **ifernuko**
infidèle : **hitzgabeko**
infiltrer : **iragatzi**
infini : **baztergabe**
infirmière : **erizain**
influençable : **eraginkoi**
influence : **eragin**
informateur : **berriemaile**
infusion : **uregosi**

ingrédient : **ekai**
inhumain : **ezjende, (abre)**
initial : **hasierako**
initiative : **ekimen**
injecter : **xiringatu**
injure : **irain**
injuste : **bidegabeko**
injustice : **bidegabekeria**
innocement : **lainoki**
innocence : **errugabetasun**
innocent : **errugabe**
inondation : **uholde (soperna)**
inopportun: **behargabeko**
inoubliable : **ahaztezin**
inquiet : **urduri, artega**
inscrire : **izen eman**
insecte : **zomorro, (mamutx)**
insensible : **sorgor, soraio**
insolation : **eguzki-ukaldi**
insoluble : **urtuezin** (prop.)
inspirer : **arnasartu**
instable : **egongaitz**
instant : **une**
instinct : **sen (suma)**
institution : **erakunde**
instruction : **irakaskintza**
instruire : **irakatsi**
instrument : **tresna**
insu (à l') : **ezjakinean**
insurger(s') : **jazartu**
intact : **osorik,hukigabeko**
intelligence : **adimen**
intelligent : **adimentsu, argi**
intempérant : **neurrigabeko**
intendant : **mutilnausi**
intenter : **saiatu (jaukitu)**
intention : **xede**
intentionnel : **halanahiz**
intercalaire : **tarteko**
intercession : **arartekotasun**
intercesseur : **ararteko**
interdiction : **debeku**
interdire : **debekatu**
intéressant : **jakingarri**
intéresser(s') : **axolatu**
intérêt : **axola,arreta**
(fin.) **interes**
intérieur : **barru, barne**
interligne : **lerrotarte**
interlocuteur : **hizkide**
intermédiaire : **bitarteko**
international : **nazioarteko**
interne : **barne-, barneko**
interpeller : **deiegin**
interrogateur : **galdetzaile**
interrogatif : **galdetzeko**
interrogatoire : **galdeketa**
interrompre : **eten**
intestin : **heste**
intime : **min**
intimider : **herabetu**
intoxiquer : **(pozoindatu)**
intrigant : **azpikari**
introduire : **sarrarazi**
inutile : **alfer, ezdeus**
invalide : **ezindu, elbarri**
invariable : **aldagaitz**
invasion : **olde**
invendable : **salezin**
inventer: **asmatu, aurkitu**
invention : **aurkikuntza**
inverse : **alderantzi**
inverser : **itzuli**
inversement : **alderantziz**
invertébré : **ezurgabe**
investigateur : **pezkizegile**
invitation : **gomita**
involontaire : **nahigabeko**
invoquer : (reli.)**otoiztu**
iranien: **iraniera, persiera**

ironie : **ironia, irkaitz**
irraisonnable : **zentzugabe**
irrationnel : **ezadimenezko**
irréalisable : **gauzatezin**
irrécusable : **gezurtaezinezko**
irréfléchi : **buruarin**
irréligieux : **fedegabe**
irréparable : **antolatuezinezko**
irréprochable : **narriogabe**
irrésistible : **ihardokiezin**
irrésolu : **kekomeko, kilimala**
irrigation : **urtapen**
irritable : **minkor**
irritation : **sumindura**
irruption : **oldarpen**
isoler : **bakartu**
isoloir : **bakartegi**
issue: **aterabide**
Italie: **Italia**
Italien : **italiar, italiano**
itinéraire : **bidegai**
ivre : **mozkor, ordi**

J

jabot : **paparo**
jadis : **aintziña**
jaloux : **bekaitz**
jalousie : **bekaizkeria**
jamais : **sekulan,behinerez**
jambe : **hanka, (zango)**
jambon : **urdazpi**
jante : **ustai**
janvier : **urtarril**
Japon : **Japonia**
jardin : (potager) **baratz**
: (d'agrément) **loretegi**
jarret : **belaunpe, izterzain**
jatte : **konketa**
jauge : **eduki(edeiteko)**
jauger : **eduki (eden)**
jaune : **hori**
jet : **zirrista**
jeter : **aurdigi**
jeton : **tanto**
jeu : **joko**
jeudi : **ostegun**
jeûne : **baraur**
jeune : **gazte**
jeune homme : **mutil**
jeunesse : **gaztetasun**
joie : **poz, alaitasun**
joli : **polit**
jonc : **ihi**
jonquille : **ilori**
jouer : **jokatu**
joueur : **jokalari**
joue : **matrail**
joug : **uztarri**
jouir : **gozatu**
jouissance : **gozamen**
jour : **egun**
journal : **kazeta**
journaliste : **kazetalari**
judas : **barrandaxilo**
juge : **epaile**
Juif : **judu**
juillet : **uztail**
juin : **ekain**
jument : **behor**
juré : **zinegotzi**
jurer : **zinegin**
juridique : **legezko**
juriste : **legelari**
jusque : **-arte , -araino**
juste : **zuzen**
justesse : **zuzentasun**
justice : **zuzenbide**
justifier : **zuritu**

K

képi : **kepis** , kilogramme
kilogramme : **kilograma**
kilomètre : **kilometro**
Kurde : **kurdiar**

L

la/le : **-a** ("sujet"de être)
-ak (avec"sujet"de avoir)
là : **hor** (vers là) **horrat**,
là-bas: **han**
labeur : **lan**
laborieux : (n.) **langiletsu**
(adj.) : **neke**
labourer : **irauli**
lac : **aintzira**
lac de piégeur : **xedera**
lacheur : **utzaile**
lacune : **hutsune**
laid : **itsusi**
laine : **ardile**
laisser : **utzi**
lait : **esne**
laitière : **esnadun**
laiton : **letoin**
laitue : **litxuba**
lame : **xafla**
lamenter (se) : **deitoratu**
laminer : **irundu**
lampe : **argiontzi**
lampiste : **argizain**
lance: **azta, (lizarmakila)**
lancer : **botatu**
langage : **mintzaira**
langouste : **otarrain**
langue : **mihin** , **hizkuntza**
languette : **mihixka**
lard : **urdai**
large : **zabal**
larme : **nigar**
larve : **har,** (diptères) **eltxar**
(lépidoptères) **beldar**
latéral : **saihetseko**
latrines : **komunak**
latte : **olaxka**
laurier : **ereinotz**
laver : **garbitu**
lécher : **milikatu**
leçon : **erakasgai**
(morale) **erakaspen**
léger : **arin**
légume : **barazki**
lendemain : **biharamon**
lent : **astitsu,bare**
léopard : **lehoinabar**
lequel : **zein**
lésine : **zikoizkeria**
lessive : **bokata**
lettre : (d'écriture) **hizki**
(missive) **gutun, eskutitz**
leur : **bere**, (leurs : **beren**
levant : **ekialde**
lever (se): (d'assis) **zutitu**
(de coucher) **jaiki**
levier : **palanka**
lèvre : **ezpain**
lézard : **musker, sugandil**
libération : **askapen**
libérer : **askatu**
liberté : **askatasun**
librairie : **liburu denda**
libre : **aske**
lien : **lokarri**
lierre : **huntza**
lieu : **leku,toki**
lièvre : **erbi**
lignage : **leinu**

lime: **karraka** (fer), **arraspa**
limpide : **argi**
lin : **liho**
linceul : **izar**
linguiste : **hizkuntzalari**
linguistique : **hizkuntzalaritza**
liquide : **ixurgai**
lire : **irakurri**
liseur : **irakurtzaile**
lit : **ohe**
litière(bête) : **iaurkin**
litre : **litro,pinta**
littéral : **hitzezhitz**
littérature : **literatura**
livide : **zurpail**
livre : (écrit) **liburu**
livreur : **salgaiketari**
lobe : **gingila**
local : (adj.) **lekuko**, (n.) **gela**
locataire : **etxetiar, apopilo**
loger (se) : **bizi**
logique: **logika** (adj) **bidezko**
loi : **lege**
loin,: **urrun,**(de loin)**urrundik**
long : **luze**
longueur **:luzetasun**
louche : **ilun,**oeil**(ezkel)**
louer : (de louange)**goretsi**
(locat.) **akuratu, alokatu**
loup : **otso**
lourd: **astun, pisu**
loutre: **ugadera**
lubrique : **likits**
luette : **ahogangail**
lueur : **dirdira**
lui : voir , “il”
luire : **distiratu**
lumière : **argi**
lundi : **astelehen**
lune : **ilargi**
lunettes : **betaurreko**
luth : **aluda, arrabita**
lutte : (guerre) **gudu**
(à main nue) **borroka**
(révolte) **jazarpen**
luxation : **zainhartadura**
luxe : **luxu, handikeria**
luxer : **zainhartatu**
luxueux : **luxutsu**
luxure : **likiskeria**
lycée : **lizeo**
lycéen **:lizeoko**

M

machin : **zer** (objet), **urlia**
machine : **makina , -gailu**
maçon : **hargin**
maçonnerie : (art) **hargintza**
: (profession) **hargingoa**
magasin : **saltegi**
magnifier : **handietsi**
mai : **maiatz**
maillet : **maillu**
main : **esku**
maintenant : **orain**
maire : **auzapez,alkate**
mairie : **udaletxe**
mais : **baina**
maïs : **arto**
maison : **etxe**
maître : **nausi, ugazaba**
mal : (n) **gaitz** (adj) **gaizki**
malade : **eri, gaixo**
maladie : **eritasun, gaitz**
maladroit : **baldar, dorpe**
mâle : **ar**

malfaiteur : **gaizkigin**
malgré que : **nahiz**
malheur : **zorigaitz**
malhonnête : **eskuzikin**
malpropre : **zikin**
manche : **mahuka**
mandat (leg.) : **ahal, esku**
manger : **jan, jaten, jango**
manière : **era**
manifestation : **agerpen**
(politique) **manifestaldi**
manquer : **hutsegin**
marché : **merkatu**
marcher : **ibili**
mardi : **astearte**
marguerite : **margarita**
marmite : **eltze, lapiko**
mariage : **ezkontza**
marier : **ezkondu**
mare : **urmael, ur bildu**
mars : **martxo**
marteau : **mailu**
matière : **gai, lehengai**(1ére)
matin : **goiz**
mauvais : **txar, gaizto**
maxillaire : **baraila**
maximum : **gehienik**
mazout : **gasolio**
médecin : **sendagile(osagile)**
mécanicien : **mekanikari**
méchant : **gaizto**
mécréant : **sinesgabe**
médicament : **sendagailu**
médiocre : **eskax**
méduse : (zoo.) **marmuka**
meilleur : **hoberen**
mélanger : **nahasi**
membre : **lohadar,** (fig.)**kide**
même : **bera, berdin**
mémoire : **oroimen**

ménage : **senaremazte**
mener : **eroan, lagundu**
mensonge : **gezur**
mentir : **gezur erran**
menuisier : **zurgin**
mépriser : **gaitzetsi**
mer : **itsaso**
merci : (gratitude) **eske**
merci : **eskerrikasko**
mercredi : **asteazken**
mère : **ama**
merle : **zozo**
merlu : **legatz**
merveilleux : **miresgarri**
mésestimer : **gutietsi**
mesurer : **neurtu**
métallurgie : **metalgintza**
métier : **lanpide**
mètre : **metro**
mettre: **ezarri**
(mettre le feu): **su eman**
meuble : **altzari**
meule: (à aiguiser) **geztera**
meurtre : **hilketa**
microphone : **mikrofono**
midi : (temps) **eguerdi**
(sud) **hegoalde**
miel : **ezti**
mien : **nire(ene)**
mieux : **hobeki**
mille : **milla**
milieu : **erdialde**
mille : **mila**
million : **milioi**
mince : **mehe**
minet : **pitzitzi**
minuit : **gauerdi**
minute : **minutu**
miracle : **mirari**
miroir : **ispillu, (mirail)**

miser : **ezarri,** (jeu) **jokatu**
misérable : **behartsu**
misère : **behargorri**
mobile : **ibilkor**
mode : **moda**
modèle : **eredu**
moderne : **gaurko**
modernité : **gaurkotasun**
modeste : **apal**
moëlle : **muin**
mœurs : **aztura, ohidura**
moi : **ni**
moindre : **txikiago**
moins : **gutiago**
mois : **ila (hilabete)**
moisi : **mindu**
moisson : **uzta**
moitié : **erdi**
molaire : **hagin**
mollet : **zangosagar**
moment : **une, aldi**
monastère : **komentu**
monde : **mundu**
mondial : **munduko**
monnaie : **moneta, xehe**
mono : **- bakoitz, -bakar**
monogame : **lagunbakarreko**
monographie : **monografia**
monoplace : **lebukakarreko**
monopole : **monopolio**
monothéiste : **jainkobakarzale**
monotone : **soinubakarreko**
monseigneur : **musde**
monsieur : **jaun**
monstrueux : **eskerga, gaitz**
mont : **gain**
montage : **muntaia**
montagnard : (hab.) **menditar**
: (sportif) **mendigoizale**
montagne : **mendi**
montant : (constr.) **habe**
(prix) **orotara**
(adj.) **igole**
montée : (acte) **igotze**
(lieu) **aldapa**
monter : **igo**
montre : **ordulari**
montrer : **erakutsi**
montreur : **erakusle**
monture : **zamari**
monument : **oroitgailu**
moquer(se) : **trufatu**
morale : **morala**
morceau : **zati (puxka)**
mordant: **ausikari**
mordre : **ausigi, horzkatu**
morgue : (de morts) **hiltegi**
moribond : **hilurran**
morne : **hits**
morose : **ilun**
morphologie : **morfologia**
mort : **hil** (adj.)
morue : **makailo**
mot : **hitz**
motif : **arrazoin**
moteur : **motore**
mou : **malgu**
mouche : **euli**
mouiller : **busti**
moule : **molde**(forme)
moulin : **errota(eihera)**
moulu : **eiho/-tzen/-ko**
mourir : **hil, zendu**
mousse : (bot.) **oroldio**
moustique : **eltxo**
mouton : **ahari**
mouvement : **higidura**
moyen : **bitarteko, ertain**
Moyen-Age : **Erdi Aro**
muet : **mutu**

mur : **horma (muru)**
mûr : **umo, zohi**(moisson)
muraille : **harresi**
muscle : **giharre**
musclé : **giharretsu, gotor**
musée : **museo, erakustegi**
musique : **musika, eresi**
mutilé : **elbarritu**
myope: **begilabur**
myrtille : **ahabi**
mystique : (le) **mistikazale**
: (la) **mistika**
mythologie : **mitologia**
mytiliculture : **xirlategi**

N

nage : **igeri**
nageoire : **hegal**
nager : **igerikatu**
nain : **epotx, ñaño**
naissance : **jaiotza** (pers.)
: **sorpen** (activité)
naître : **jaio, (sortu)**
nappe : **zamau, (mahaioial)**
narguer : **zirikatu**
narration : **kondaera**
natal : **jaiotzeko**
nation : **nazio**
nationalité : **herritargoa**
Nativité : **Eguberri**
nature : **izadi,** (qualité)**izaera**
: (adj.) **huts** cf pur
naturel : (adj.)**berezko**
(nom) **izate, jite**
naturellement (certes) : **naski**
naufrager : **hondatu**
nausée : **goitika, oka**
Navarrais : **nafartar**
Navarre : **Nafarroa**
navire : **untzi**
néant : **ezerez,ezdeus**
nécessaire : **beharrezko**
nécessité : **behar**
nécessiter : **behar izan**
néfaste : **zorigaitzeko**
négatif : **ezezko**
négligent : **ezaxol**
négociant : **salerosle**
neige: **elur**
nenni : **ezetz**
néophyte : **hasberri**
nerf : **nerbio (zain)**
nerveux : **bizi**
net : **oso, garbi**
nettoyer : **garbitu, (ikuzi)**
neuf : (nouveau) **berri**
: (chiffre) **bederatzi**
neveu (nièce) : **iloba**
nez : **sudur**
ni : **ez**
nid : **kabia**
nier : **ukatu**
niveau (gén.) **maila, hein.**
(outil) **galga**
noble:**aitonenhaur, noble**
noce : **eztei**
noeud : **korapilo**
noir : **beltz**
nom : **izen**
nombre : **zenbaki**
nommer : **izendatu**
non (ne) : **ez**
nord : **ipar**
normal : **araueko**
normaliser : **araukotu**
norme : **arau**
note : **nota,** (écrite) **ohar**
notre : **gure**

nourrice : (sèche) **haurzain,**
(animaux) **bazkatzaile**
nourrir : **hazi**
(animaux) **bazkatu**
nourrison : (hum.) **bularreko**
: (anim.)**hazkai**
nourriture : **hazkurri, janari**
nous : **gu /guk**
nouveau / nouvelle : **berri**
nouveauté : **berritasun**
nouvelle : (n.) **berri, albiste**
noyer : **ito, itozten, itoko**
nu : **bilaiz**
nuage : **odei**
nuageux : **odeizu**
nuance : **ñabardura**
nucléaire : (phys.) **nuklear**
nudité : **bilaiztasun**
nuée : **odeilodi**
nuire : **kaltegin**
nuisible : **kaltegarri**
nuit : **gau**
nul : **batere ez**
nuque: **garondo**

O

o ! : **oi!**
obéir : **sinetsi**
obèse : **lodi**
objecter : **ihardoki**
objecteur : **ihardokari**
objet : **gauza, zer**
obligatoire : **nahitaezko**
obliger : **behartu**
obscur : **ilun**
obscurité : **iluntasun**
obsèques : **hileta**
observation : **oharketa**
observer : **ohartu**
obstacle : **oztopo**
obtenir : **ardietsi (kausitu)**
occasionnel : **gertuzko**
Occident : **mendebalde**
occuper (s') : **arizan, ihardun**
océan : **itsasaundi**
octobre : **urrila**
odeur : **usain**
œil : begi
œuf : **arraultz,** (à la coque)
koskoan,(plat) **frijitu**
(brouillés)**nahaski**
offense : **irain**
offensive : **erasoaldi**
office : **lanpide**
officier : **gudalburu**
offre : **eskaintza**
offrir : **eskaini**
oignon : **tipula**
oiseau : **hegazti**
ombrage : **itzalpe**
ombre : **itzal**
oncle : **osaba**
onde : **uhain**
ongle : **atzazkal**
onze : **hamaika**
opération : **zenbaketa**
opérer : **ebaki**
opinion : **iritzi (aburu)**
opposer(s') : **bihurtu**
oppression : **zapalkuntza**
optimiste : **baikor**
option : **hautu**
or : **artean**
orage : **ekaitz**
oral : (nom /adj.) **ahozko**
orange : **laranja**
orbite (oeil) : **betzulo**
ordinaire : **arrunt, ohiko**

ordinateur : **ordenagailu**
ordonnance : (med.) **errezeta**
(ordre) **antolabide**
ordre : **antolaketa, orden**
ordure : **zakar**
oreille : **belarri**
orfèvre : **urregin**
organe : **organo**
orgueil : **burgoitasun**
Orient : **Ekialde**
(Moyen-Or.) **Ekialde Erdi**
(Extrême-Ori.) **Ekialde Urrun**
orienter : **norabidetu**
originaire : suffixe **-tar/ -ko**
original : **beregisako**
origine : **etorki**
originel : **sortzezko, jaiotzez**
orme : **zunar**
ornement : **apaindura**
ornementer : **apainkatu**
orner : **apaindu**
ornière : **bidezulo**
orphelin : **zurtz**
orphelinat : **humezurztegi**
orteil : **behatz**
orvet : **ziraun (sugeitsu)**
os : **hezur**
osciller : **kulunkatu**
oser : **ausartu**
osier : **zume**
otage : **bahi**
oter : **kendu/-tzen/duko**
ou : **edo**
où : **non**
oubli : **ahazkortasun** ,
oublier :**ahaztu/-ten/-tuko**
ouest : **mendebalde**
oui : **bai**
ourlet : **aizpildura**
ours : **hartz**
outil : **tresna**
ouvert : **ireki**
ouvrier : **langile**
ouvrir : **ireki**

P

pacage : **alatoki, bazkaleku**
pacifique : **bakezale**
page : **orrialde**
paie : **sari**
païen : **pagano**
paille : **lasto**
pain : **ogi**
pair : **biritxi**
paire : **pare**
paisible : **baketsu**
paître : **bazkatu, alatu**
paix : **bake**
palais : (arch.)**jauregi**
(anat.) **ahosabai**
pâle : **zurpail**
palombe (ramier) : **uso**
Pampelune : **Iruñea**
pampre : **laia**
panier : (petit)**saski**
(grand) **zare, otar**
panneau : **ohol**
panse : **zorro**
pantin : **panpin**
père : **aita**
pape : **aitasaindu**
paperasse : **papertzar**
papier : **paper**
papillon : **tximeleta**
papoter : **kalakatu**
Pâques : **Pazko**
par : **zeihar (barna), -ek**
parade: (défilé) : **agertaldi**

paraître : **agertu**
paralysé : **paralisatu,**
parapluie : **aterki(euritako)**
parc : (floral) **loretegi**
(arboré) **zuhaizti**
pardessus : **beroki**
pardon : **barkamen**
parebrise : **parabrisa**
pareil, pareillement : **berdin**
parfois : **noizean behin**
parfum : **lurrin (urrinon)**
pari : **apostu**
paritaire : **bialdeko**
parking : **aparkaleku**
parlement : **legebiltzar**
parler : **hitzegin (mintzatu)**
parmi : **artean**
paroisse : **parropia**
parole : **hitz**
parquer : (animaux) **korralatu**
parquet : **zurzola, tronadura**
parrain : **ugazaita**
parricide : **gurasohiltzaile**
part : **zati**
partager : **zatikatu**
parti : (résolution) **egingai**
(choix) **alde**
(politique) **alderdi**
particule : **partikula,txatal.**
partie : **puzka, zati**
partiel : **zatizko**
partir : **abiatu**
partisan : suf. **-tiar / aldeko**
partout : **denetan**
pas : (nom) **urrats**
(adverbe) **ez**
passage : **igarotze**
passé : (nom) **iraganaldi**
passepartout : (clef) **giltzorde**
passer : **igaro (pasatu)**
passereau : **txori**
passion: **irrits, aiho**(lit.)
: (douleur) **nekaldi**
pasteur : **abeltzain**
pastille : **pastilla**
patience : **egonarri**
patient : **egoile, jasankor**
patisserie : **goxoki**
(boutique) **goxotegi**
patrie : **aberri**
patriote : **abertzale**
patron : **nagusi**
patte : **atz, atzapar**
paume : **ahur**
paupière : **betazal**
pauvre : **behartsu**
pauvreté : **behartasun**
payer : **ordaindu (pagatu)**
pays : **herri**
PaysBasque **Euskal Herri**
paysan : **nekazari**
peau : **larru**
pêche : (activité) **arrantza**
(fruit) **mertxika**
péché : **bekatu**
pécher : **bekatu egin**
pécheur : **bekatari**
pêcheur : **arrantzale**
peigne : **orraze**
peindre: **margotu, tindatu**
peine : (phys.) **neke**
: (morale)**bihozmin**
peiner : **nekatu**
peintre : **margolari**
peler : **larkendu, zuritu**
pêle-mêle : **nahas-mahas**
pelle : **pala**
pellicule: **axal, filme**
pelote : **pilota**
peloton : **multzo, pilotoi**

pencher : **makurtu**
pendant : **anartean, artean**
pendule(f.) : **erloiu**
pénétrer : **sartu**
pénible : **neke**
pensée : **gogoeta, gogamen**
penser : **pentsatu, gogozkatu**
penseur :**pentsalari**
pension : (vieillesse)**zaharsari**
(guerre) **larrusari**
pente : **aldapa, (patar)**
péril : **gaitzbide**
périmètre : **ingurune**
période : **aldi**
périodique : **aldizkari**
péritoine : **peritoneo**
permanent : **egonkor**
permis : (par la loi) **zilegi**
: (par l'église) **sori**
: (nom) **baimen**
perpendiculaire : **elkarzut**
perpétuel : **biziko, taigabeko**
perroquet : **papagai**
persévérer : **jarraiki**
personnage : **pertsonaia**
personne : **jende, gizaki**
perte : **galtzapen**
pesant : **astun**
peser : **pisatu**
pétard : **zartagailu**
petit : **txiki**
petite- fille : **alabaso**
petit-fils : **semeso**
pétition : **eskaera**
pétrin : **oramahai**
pétrole : **petrolio**
peu : **gutti, apur**
peur : **beldur** (peureux) **beldurti**
peut-être : **agian, beharbada**
pharmacie : **botika**
phase : **agerraldi**
phénomène : **fenomeno**
phoque : **itsaszakur**
photographe : **argazkilari**
photographie : **argazki**
physicien : **fisikalari**
physique : (science) **fisika**
pic : (mont) **gailur**
(outil) **piko**
pic-vert : **okil**
pièce : (morceau) **peza**
(salle) **gela**
(théâtre) **antzerki**
pied : **oin**
piège : **arte , zepo**
pierre : **harri**
Pierre : **Petiri, Peru**
piéton : **oinezko**
pieuvre : **olagarro**
pigeon : **etxe-uso**
pile : **meta**
pilier : **habe**
pilote : (mer)**lemari**
: (air) **gidari**
piment : **piper**
pin : **pinu**
pinson : **elurtxori**
pipe : **pipa**
piquer : **zistatu**
pire : **txarrago**
pirogue : **txanel**
pis : **herrape**
pisciculture :**arrainhaztegi**
piscine : **igertoki**
pisser : **txisegin, pixegin**
piste: **aztarna, bidexka**
pitié : **urrikalmen**
place: **plaza, enparantza**
placer : **ezarri**
plage : **hondartza**

plaider : **auzitan ari**
plaie: **zauri**
plaindre : **kexatu**
plaisanterie : **zirto, txasko**
plaisir : **atsegin**
plan : **egitasmo**
planche : **ohol**
plant : **landare**
plantation : **landatze, sartze**
plante : **belarki**
planter : **sartu, landatu**
plaque : **zafla**
plat : (plaine) **laun, ordoki**
(met) **janari**
plateau : **gainordoki**
plèbe : **jendexume**
plein : **bete**
pleur : **nigar**
pleuvoir : **euri egin**
pli : **tolesdura, plegu**
plier : **tolestu, plegatu**
plomb : **berun, plomu**
plonger : **pulunpatu**
: (dans l'eau) **urperatu**
pluie : **euri**
plume : **luma (hegats)**
plupart : **gehienak**
plus : **gehiago, gehi**(mat.)
pluvieux : **euritsu**
poche : **poltsiku, (sakela)**
poële : **zartagin**
poème : **olerki**
poète : **olerkari**
poids : **azta, pisu**
poignet : **eskumutur, ukarai**
poil : **bilo**
poing : **ukabil**
point : **puntu**
pois : **ilar**
poison : **pozoin**
poisson : **arrain**
poitrine : **bular**
poivre : **piperbeltz**
police : **polizia**
(municipale) **hirizaingoa**
(E.A.E.) **Ertzantza**
policier : (basque) **ertzain**
politesse : **gurbiltasun**
politique : **politika**
polluer :.**kutsatu**
polygone : **poligono**
polyvalent : **balioanizko**
pomme : **sagar**
pomme de terre : **patata**
pompe : **uraga**
pondre : **errun**
pont : **zubi**
ponte : **errute**
populaire : **herrikoi**
population : **biztanlegoa**
porc : **urde, txerri**
port : **portu**
portatif : **ekargarri**
porte : **ate**
porte-à-faux : **zurdunpa**
porte -clefs : **giltzuztai**
portée : **kumaldi**
porter : **ekarri**
portrait : **irudi**
poser : **ipiñi**
possible : **eginkizun**
Poste : **Posta**
postérieur : **ondoko**
posthume : **hilondoko**
pot : **ontzi**
potable : **edateko**
potage : **eltzekari**
potence : **urkabe**
pouce : **atzandi**
poudre : **errauts, polbora**

poulailler : **oilategi**
poulain : **zaldiko**
poule : **oilo**
poulet : **oilasko**
poulette : **oilanda**
pouliche : **behoka**
pouls : **poltsu**
poumon : **birika**
poupe : **txopa**
pour : **alde**
pourboire : **eskupeko**
pourcentage : **ehuneko**
pourchasser : **lasterkatu**
pourquoi: (but) **zertarako**
: (cause) **zergatik**
pourri : **ustel**
poursuivre : **jarraiki**
pousser : **bultzatu**
pouvoir : **ahal**
prairie : **belardi**
précéder : **aurrea hartu**
précieux : **baliotsu**
précis : **zehatz**
préciser : **zehaztu**
prédire : **iragarri**
préexister : **lehen izan**
préface : **hitzaurre**
préféré : (le/la)**maitena**
préférer : **nahiago izan**
préfixe : **aurrizki**
préjugé : **aurreritzi**
prélude : **hastapen**
premier : **lehen, lehenbiziko**
prendre : **hartu**
preneur : **hartzaile**
préparatif : **prestaketa**
préparer : **prestatu**
près : **hurbil(urran)**
presbytère : **apezetxe**
présent : (gram.) **orainaldi**
présentation : **aurkezpen**
présenter : **aurkeztu**
présidence **lehendakaritza**
président : **lehendakari**
présomptif : **ustezko**
presque : **hurbiltxe**
presse : (journaux) **prentsa**
(hâte) **lehia, prisa**
presser : **tinkatu(aurizki)**
: (hâter) **lehiatu**
pression : **presio, tinka**
prestige : **hospe**
prêt : (adj)**gertu, prestik**
(nom) **jesapen**
prétexte : **aitzaki**
prêtre : **apaiz**
preuve : **proba, froga**
prévenir : **abisatu**
primeur : **lehenaldiko**
primitif : **leheneko**
priorité : **lehentasun**
prison : **espetxe**
priver : **gabetu**
prix : **prezio, ordainsari**
problème : **arazo, ariketa**
procédé : **- bide**
procès : **auzi**
procès-verbal : **batzaragiri**
: (contravention) **isun**
prochain : (nom) **urko**
(adj.) **ondoko, hurbileko**
proclamer : **aldarrikatu**
procréer : **umatu**
prodige : **mirari**
production : **ekoizte**
produire : **ekoitzi**
professeur : **irakasle**
profit : **irabazi, baliapen**
profiter : **baliatu**
programme : **egitarau**

progrès : **aurrerapen**
progresser : **aurreratu**
progressiste : **aurrerakoi**
projet : **asmo**
projeter : **asmo izan**
(jeter) **jaurtiki**
proliférer : **humekatu**
prolonger : **epeluzatu**
promenade : **ibilaldi**
promener(se) : **paseatu**
promesse : **agintza, (hitzeman)**
promettre: **agindu, (hitzeman)**
pronom : **izenordain**
prononcer : **ahozkatu**
propos : **solaz**
proposer : **eskaini**
proposition : **eskaintza**
propre : **garbi**
proprement : **garbiki**
propreté : **garbitasun**
propriétaire : **jabe**
propriété **: jabetasun**
proscrit : **iraisi**
prospère : **jori**
prostituée : **loretxo, emagaldu**
protecteur : **zaintzale**
protéger : **zaindu, estalpetu**
protester : **protestatu**
prou : **frango**
prouesse : **aripen, balentria**
provenance : **etorki**
proverbe : **atsotitz**
province : **herrialde**
provision : **urte janari**
provocation : **kitzika**
proximité : **hurbiltasun**
prudemment : **zuhurki**
prudence : **zuhurtasun**
prune : **aran, okaran**
public : (n.)**jendarte**, (adj.)**ageri**

puce : **arkakuso**
puceron : **belarzorri**
pudeur : **lotsaon**
puerilité : **haurtasun**
pujilat : **ukabilka**
puis : **gero**
puiser : **idoki, ateratu**
puissance : **ahalmen**
puissant : **ahaltsu**
puits : **putzu**
pulpe : **mami (bihotz)**
pulsation : **taupa, danba**
punir : **zigortu**
punition : **zigor**
pur : (sans mélange) **huts**
(mélange net) **garbi**
purée : **pure**
purement : **garbiki**
pureté : **garbitasun**
Purgatoire : **Purgatorio**
purge : **purga**
purger : **libratu, garbitu**
purifier : **garbi eman**
purisme : **garbizaletasun**
puriste : **garbizale**
purulent : **zornatsu, hiro**
pus : **zorne, hiro**
pustule : **kiskil**
putois : **ipurtats, pitotx**
putréfaction : **usteltze**
: (résultat) **usteldura**
putride : **ustel**
pygargue : **itsas arrano**
pyjama : **pijama**
pyramide : **piramide**
Pyrénées: **Pirineo**
pyrétique : **sukarrerako**
pyrogène : **sukailu**
pyromane : **su-ero**
pyrotechnie : **piroteknia**

Q

quadragénaire : **berrogeiurteko**
quadrillé : **laukotu**
quadrupède : **lauhatzeko**
quai : (gare) **oinbide**
(mer) **kai , nasa**
qualifiable : **kalifikakor,**
qualificatif : **kalifikatzaile**
qualifier : **kalifikatu,zeindu.**
quand? : **noiz?**(conj.)**-ean**
quantité : **kopuru**
quarante : **berrogei**
quart : **laurden**
quartier : **auzune**
quatorze : **hamalau**
quatre : **lau**
quatre-vingt : **laurogei**
que ? : **zer ?**
(relatif) **-n**
(complétif) **-n , -la**
quel : **zein**(auquel : **zeini**)
quelconque : **edozein, zein nahi**
quelque : **batzuk , zenbait .**
quelque chose : **zerbait**
quelqu'un : **norbait**
en quelque sorte: **nolabait**
question : **galdera (itaun)**
questionner : **galdetu**
questionnaire : **galdeketa**
quêter : **eskatu**
queue : **buztan(isats)**
qui ? : **nor?**
qui : (relatif) verbe **+ n**
quiconque:**nornahi**
quille : (jeu) **birla**
: (navire) **gila, jobalta**
quincaillerie: **kinkiladenda**
quinquennal : **bosturteko**
quintal : **kintale**(de 50kg
quinte(de toux) : **eztulaldi**
quinteux : **eztulkari**
quintuplé : **boskin**
quinzaine : **hamabosteko**
quinze : **hamabost**
quittance : **ordain agiri**
quitte : **gabetu**
quitter : **utzi**
quoi? : **zer?**
quoique : **nahiz**
quotidien : **egunkari**
quotient : **zenbanaki**

R

rabaisser : **beheratu**
rabattre: **jaitserazi**
raccomoder : **adabaki**
raconter : **kondatu**
radiateur : **berogailu**
radio : **irrati**
raide : **gogor**
raidir : **gogortu**
raie: (trait) **marra**
(poisson) **arraia**
raison : **zentzu, arrazoin**
ramasser : **bildu.**
rame : (naut.)**arraun**
ramener : **birekarri**
rance : **mindu(karratu)**
ranger : **lerrokatu**
(mettre à part) **goititu**
rapide : **laister(arin)**
rappel : **birdei**
rapport: (fin.) **mozkin**
(math.sex.) **harreman**
rare : **bakan**

ras : **motz**
raser : **moztu**
(la barbe) **bizarra egin**
rassassier : **ase**
rassis : (pain) **errezahar**
rat : **arratoin**
rate : **bare**
râteau : **eskuare(arrastelu)**
rater : **hutsegin**
ration : **janzati**
rave : **arbi**
ravin : **arroila**
ravir : (enchanter) **xoratu**
(prendre) **kendu**
ravitaillement : **bizigailu**
rayer : **marrazkatu**
rayon : (lumière) **leinuru**
(miel) **orraze**
(onde) **izpi**
(sport) **aina,arraiari**
réaliser : **gauzatu**
récent : **berri-berri**
réception : **harrera**
recette: (finances) **irabazpide**
(cuisine)**sukaltearau**
recevoir : **eskuratu(jaso)**
réciproque : **elkarganako**
réciter : **gogoz erran**
recommander : **artamendatu**
récompense : **sari**
reconquête : **birjabetze**
recopier : **biridatzi**
recouper : **birmoztu**
recevoir : **jaso**
rectifier : **zuzendu**
reçu : **jaso agiri**
reculer : **atzeratu**
récupérer : **bereskuratu**
redire : **errepikatu, biresan**
redoubler : **bikoiztu**

réduit : **murritz**
réel : **egiazko**
réélire : **birhautatu**
refaire : **birregin**
réfléchir : **gogoztatu**
: (renvoyer) **eslaitu**
réflexe : **erreflexo**
réfrigérateur : **hozgailu**
refroidir : **hoztu**
refuge : **aterpe**
regard : **begirada(so)**
regarder : **begiratu.**
régénérer : **birsortu**
régime : (polit.) **jaurpide**
:(diététique) **janarau**
région : **eskualde**
règle : **arau**
règlement : **arautegi**
régler : (idées) **arautu**
: (objet) **antolatu**
regret : **garbai (urriki)**
régulier : **araueko**
rein : **giltzurin**
reine : **erregiña**
réinsertion **birgizarteratze**
rejet : refus) **egoizte**
relatif: (gram.) **erlatibu**
: (math.)**batazbeste**
relation : (lien)**harreman**
relaxer(se) : **lasaitu**
religion : **erlisio**
remarquer : **hauteman**
(noter) **ohartu**
remesurer : **birneurtu**
remettre : **eskura eman**
remonter : **berriz igo**
remords : **bihotz zimiko**
remplacer : **ordarikatu**
remplir : **bete**
remuer : **higitu**

renard : **azeri**
rencontrer : **topatu**
rendre : (redonner) **itzuli**
: (vomir) **goitikatu**
renforcer : **gotortu**
renier : **ukatu**
renommé : **omen handiko**
renouveler : **berritu**
renseignement : **argibide**
rente : **urtesari(errenta)**
rentrer : **berriz sartu**
répandre : **hedatu**
repas : **apairu(janaldi)**
repasser : **lisatu**
repentir : **damu**
repère : **xedagarri**
repli : **bihurgune**
répliquer : **ihardoki**
répondant : **ihardesle**
répondre : **erantzun(inardetsi)**
report : **luzapen**
repos : **atseden(pausu)**
reprendre : **birhartu**
représentation : **emanaldi**
reproduire : **aldakitu**
reproduire(se) : **umekatu**
reptile : **narrastari**
république : **errepublika**
réputé : **ospetsu**
requête : **eskari**
réserve : **erreserba**
réservoir : **biltegi**
résidence : **egoitza**
résistant : **iraunkor**
résister : **iraun**
résoudre : **ebatzi (argitu)**
respect : **begirune (errespetu)**
respirer : **arnastu (hatsartu)**
responsable : **erantzule**
responsabilité : **erantzukizun**
ressemeler : **zolaberritu**
ressource : **baliapide**
ressusciter : **piztu**
restaurant : **jatetxe**
rester : **egon**
résultat : **emaitza**
résumé : **laburpen**
rétablir : **birjarri**
retard : **berandu.**
retenir : **eratxeki, eraduki**
retentir : **durundatu**
retirer : **atzera hartu**
retour : **itzulera**
retraite : (fin.) **zaharsari**
rétréci : **hestu, (hertsi)**
réunion : **bilera, bilkura**
réunir : **bildu , batu.**
réussir : **ardietsi**
réussite : **ardiespen**
rêve : **amets**
réveil : **iratzarpen**
revendre : **birsaldu**
révérence : (geste) **gur**
(attitude) **begirantza**
révolte : **jazarpen**
révolution : **iraultza**
revue : **agerkari**
rhume : **marranta**
riche : **aberats**
richesse : **aberastasun**
rideau : **gortina (leioihal)**
rien : **ezer ez, deusik ez**
rieur : **parregile(irrigile)**
rigueur : **zorroztasun**
rime : **errima**
rire : **parre**, jaune(**irrizuri**)
(méchant) **irkaitz**
risque:**arrisku, gaizpide.**
risquer : **atrebitu**
rite : **errito**

rivage : **bazter**
rival : **lehiakide**
rivaliser : **lehiatu**
rixe : **bilaka**
riz : **arroz (irris)**
robe : **gona**
robinet : **zorrota**
robuste : **gotor**
roc : **arkaitz**
rôdeur **: ingurukari**
roi : **errege**
roitelet : (personne) **erregetxo**
roitelet : (oiseau) **erregetxopita**
rôle: (nom) **izen liburu**
: (théâtre) **rol**
: (fonction) **egiteko(funkzio)**
romain : **erromatar**
Rome : **Erroma**
rompre : **kraskatu**
rompre(se) **eten**
rond : **borobil**
ronde : **itzulinguru**
rondeur : **biribilune**
ronflement : **zurrunka**
ronger : **karraskatu**
rongeur : **karraskari**
ronronnement : **kurrunka**
rose : **arrosa**
rosé : **gorrixka**,(vin) **gorri**
rosée : **ihintz**
rossée : **zafraldi.**
rossignol : **urretxindor**
rôti : **erraki**
rôtir : **erre**
rotule : **belaunburu**
roue : **gurpil, (erroda)**
rouge **: gorri**
rougir : **gorritu**
rouiller : **erdoildu**
rouler : **borobilkatu**
route : **errepide**
roux : **ilegorri, bilogorri**
royaume : **errege herri**
ru : **errekaixto**
ruban : **txingola**
ruche : **kofain**
rude : **garratz**
rue : **kale (karrika)**
ruisseau : **erreka**
ruminant : **ausnartzaile**
rupture : **eten**
rusé : **maltzur**
Russe : **errusiar**
rythme : **erritmo**

S

sabbat : (sorcier) **akelarre**
sable : **hondar**
sac : **zaku(zorro)**
sacrifier(se) : **burua eman**
sacristain : **giltzain**
sadique : **sadiko**
sage : **zuhur**
sage-femme : **emagin**
sagement : **zuhurki**
sagesse : **zuhurtasun**
saignant : **odoltsu**
sain : **osasuntsu, sano**
saindoux : **urin**
saint : **saindu**
sainte : **santa**
sainteté : **saindutasun,**
saison : **urtaro**
salaire : **sari**
salaison : **gaziki**
salaud! : **urdea!** (lit.cochon!)
sale : **zikin**
salé : **gazi**
saler : **gazitu**
salive : **tu , (ahogozo)**
salle : **gela**
saumon : **izokin(salmoi)**
salope ! : **urdaina!**(cochonne!)
saluer : **agurtu**
salut : **agur**
sanction : (positive) **onespen**
:(négative) **zigorpen**
sanctuaire : **saindutegi**
sandale : **abarketa, espartin**
sang : **odol**
sanglant : **odolixurle**
sangle : **uhal, hede**
sanglier : **basurde**
sans : **gabe** (postposition)
santé : **osasun**
sardine : **txardina**
satire : **satira**
sauce : **saltsa**
sauf : (adj) **salbu**
(à l'exception) **izan ezik**
saule : **saratsa**
saumâtre: **gesal**
saumon : **izokin**
saumure : **gatzur**
saut : **jauzi**
sauter : **jauzi/-ten/-iko**
sauvage : (adj.)**basa**
(n.) **basati**
sauver : **salbatu**
savoir : **jakin,/-iten/-ingo**
savon : **xaboin**
scélérat : **bihotzbeltz**
scène : **antzesleku**
sceptique : **sinesgaitz**
scie : **zerra (sega)**
science : **jakintza**
scier : **zerratu**
scrutin : **bozkaldi**
sculpture : **eskultura**
se(réfléchi): **bere + buru**
seau : **suil**
sec : **legor (idor)**
sécheresse : **legortasun**
second : **bigarren**
seconde : **segunda**
secouer : **astindu**
secours : **sorospen**
secret : (adj.) **ixilpeko**
(nom) **segeretu**
secrétaire: **idazkari**
secteur : **sail**
séculaire : **mendetako**

segment : **segmento**
ségrégation : **bereizkeria**
seigle : **zekale**
seigneur : **jaun**
sein : **bular**
seize : **hamasei**
séjour : **egonaldi**
sel : **gatz**
sélection : **hautaketa**
selle : **zaltoki**
selon : **arabera**
semblable : **irudiko**
sembler : **iruditu**
semence : **hazi**
séminaire : **apaizgaitegi**
semis : **ereitze**
sénat : **senatu**
sens : (direction) **norabide**
(faculté) **zentzu**
sensible : suffixe **-bera**
sentence : (justice) **epai**
sentier : **bidexka,bidetxigor**
sentiment : **sendimendu**
sentinelle : **zentinela**
sentir : **usnatu**
séparation : **bereizte**
sept : **zazpi**
sépulcre : **hilarri**
séquestre : **bahi**
série : **andana**
serment : **zin**
serpent : **suge**
serré : **tinko**
servante : **neskato**
service : **zerbitzu**
serviette : **eskuoihal**
servir : **zerbitzatu**
serviteur : **zerbitzari**
seuil : **atalarri**
seul : **bakarrik**
si : **baldin.**
Sida : **Hies**
siècle : **mende**
siège : **alki, jarleku**
sien(son) : **bere, haren**
siffler : **txistukatu**
sifflet : **txistu**
signal : **seinale**
signature : **sinadura**
signer : **sinatu**
significatif : **adierazkor**
silence : **ixiltasun**
silhouette : **zilueta**
simple : **bakun**
simultané : **aldibereko**
sincère : **egiati**
singe : **tximino**
sinistre : **zoritxarreko**
sinon : **bestelan**
sitôt : **orduko**
six : **sei**
social : **gizarteko**
socialiste : **sozialista**
société : **gizarte**
soie : **zeta**
soif : **egarri**
soigner : **artatu**
soirée : **arrats**
soit ..soit : **nahiz... nahiz**
soixante : **hirurogei**
sol : **lur**
soldat : **soldadu, gudari**
solde: **merketza** (com.)
soleil : **eguzki**
solennel : **arranditsu**
solemnité: (adj.**hospe**
solfège : **solfeio**
solidarité : **elkartasun**
solide : **sendo,** (n.) **solido**
solidifier : **sendartu**

solidité : **sendotasun**
soliste : **bakarlari**
solitaire : **bakarzale**
solitude : **bakartasun**
solstice : suffixe **-buru**
solution : (à pb) **ebazpide**
sombre : **ilun**
somme : **kopuru, dirutza**(mon.)
sommeil : **lo**
sommier : **koltxoi**
somnifère : **loeragile**
somnolence: **logale(logura)**
somptueux : **handizki**
son : (pos.) **bere, soinu**
sonata : **sonata**
sondage : **zundaia**
sonder : **zundatu**
songe : **amets**
songer : (rêver) **ametsegin**
sonnaille : **zintzarri**
sonner : **txintxatu**
(cloche) **dangatu**
sonore : **ozen**
sonoriser : **ozendu**
sorcellerie: **sorgintza**
sorcier : **sorgin,**
sort : **zori,**
(mauvais) **zorigaixto**
sorte : **mota**
sortie : **irteera,irtetze**(acte)
sortir : **ateratu,irten**
sou : **sos, txanpon**
souche : **ondo**
souci : **kezka, arrengura**
soudain : **bat-batean**
souder : **soldatu**
soudeur : **soldatzaile**
soudure : **soldaketa**(acte)
soldagai (produit)
souffle : **putz (hats)**
souffler : **putzegin**
soufflet : **hauspo**
souffrance: **pairakuntza**
souffrir : **pairatu**
soûl : (d'alcool) **mozkor**
soulever : **jaso, eraiki**
soulier : **oinetako (oski)**
soupape : **tapailu**
soupçon : **susmo**
soupe : **zopa**
soupir : **hasperen**
souple : **malgu**
source : **iturburu**
sourcil : **bekain**
sourd : **gor**
sourd-muet : **gormutu**
sourire : **irribarre, irri**
: (verbe) **irribarre egin**
souris : **sagu**
sous : **azpian**
sous-bois : **oihanpe**
sous-chef : **buruzagiorde**
souscripteur : **harpidedun**
souscrire : **harpidetu**
sous-estimer : **gutietsi**
sous-louer : **birakuratu**
soussigné : **izenpetzaile**
sous-sol : **lurpe**
soustraction : **kenketa**
soustraire : **kendu**
soutenir : **sostengatu**
soutirer : **erautsi**
souvenir : **oroitzapen**
souvent : **askotan, maiz**
souverain : **subirano**
soyeux : **zetazko**
spacieux : **zabal**
spatial : **izarrarteko**
speaker : **edasle**
spécial : **bereizi**

spécialiste : **aditu**
spectacle : **ikuskizun**
spectaculaire : **ikusgarri**
spectateur : **ikusle**
spectre : **mamu** (phys.) **espektro**
spéculation : (argent) **dirujoko**
: (pensée) **burulan**
spéléologie : **espeleologia**
spéléologue : **leizekari**
sperme : **esperma(sortazi)**
spirale : **kurubil**
spirituel : **gogozko**
splendeur : (lumière) **distira**
(abondance) **naharotasun**
spoliation **: harrapaketa**
spongieux : **belakitsu**
spore : **esporo**
sport : **kirol**
sportif : **kirolari**
spot : (lumière) **argitika**
squelette : **hezurdura**
stabilité : **egonkortasun**
stable : **egonkor**
stade : **zelaitoki**
stage : **ikastaldi**
stagner : **gelditu**
stalactite **: estalaktita**
stance : **ahapaldi**
stand : **saltoki**
standard : **estandar**
station : **geltoki,** (v.) **egoite**
statistique : **estatistika**
statue : **gizairudi**
stèle : **lorratz, harzut.**
stériliser : **esterilizatu**
stimuler : **piztu**
stomacal : **urdaileko**
stop! : **geldi! stop!**
stopper : **gelditu**
store : **itzalkari**

strie : **ildaska**
structure : **egitura**
studieux : **ikaskor**
studio : **estudio**
stupéfait : **txunditu**
stupéfiant : **sorgor**
stupide : **kirten, zozo**
style : **era, tankera**
stylographe : **iturluma**
su : **jakin**
subit : **bat-bateko**
subjectif : **subiektibu**
sublimation : **gorentasun**
sublime : **goren**
submergé : **gainditu**
subordonné : **menpeko**
subsidiarité : **sorostasun**
substance : **ekai**
substantif : **substantibo**
substituer : **ordekatu**
subtil : **mehe**
subvention : **dirulaguntza**
subversion : **iraulketa**
subvertir : **gainazpiratu**
succomber : **jausi, hil**
succulent : **mardul**
sucer : **xurgatu(murtxatu)**
sucre : **azukre**
sud **: hegoalde**
sueur : **izerdi**
suffisant : **aski, nahikoa**
suite : **ondorio, jarraipen**
suivre : **jarraiki**
superficiel : **azalezko**
supposé : **ustezko**
supposition : **uste**
sur : **gainean**
sûr : **ziur**
surdité : **gortasun**
surface : **azalera**

svelte : **lerden**
syllabe : **silaba**
sylvestre : **oihaneko**
symbiote : **bizikide, sinbioto**
symbole : **sinbolo**
sympathique : **begiko**
syndic : **sindiko**
syndicat : **sindikatu**
synonyme : **izenkide**
synovie : **sinobia**
syntaxe : **joskera**
synthèse : **sintesi**

T

ta : (cf ton) **hire**
tabac : **tabako**
table : **mahain**
tablette : **harlaze**
tablier : **altzo**
tache : **makula**
tâche : **lansail**
tacheter : **tikatu**
tachycardie : **takikardia**
tacite : **ixileko**
tact :(toucher) **hukitze**
(délicatesse) **maina**
taille : (hauteur)**handitasun**
(couper) **ebaketa**
(-crayon) **zorrozkailu**
tailler : **ebaki**
taire : **ixildu**
talon : **orpo (aztal)**
talus : **ezponda**
tamaris : **tamarixa**
tambour : **atabal**
tampon : **tanpoi**
tan : **tanu**
tanner : **apaindu (sobatu)**
tant : **hain**
tante : **izeba**
tantôt: (récemment) **oxtion**
(bientôt) **laister**
taon : **iteuli, ezpare** (gros)
tapis : **tapiz**
taquinerie : **narritatze**
tard : **berandu**
tardif : **berantiar**
tare : **narrio**
tarif : **tarifa**
tarir : **agortu/-tzen/-tuko**
tarte : **tarta**
tas : **meta**
tasse : **kikera**
tasser : **zapaldu**
tâter : **eskuztatu**
tâtons :**itsuka,haztamuka**
taudis : **txabola, gelatxar**
taupe : **sator**
taureau : **zezen**
taurillon : **zekor**
taux : **tasa**
taverne : **edantegi**
technicien : **teknikalari**
technologie : **teknologia**
tel : **holako, halako**
téléphone : **telefono**
télévision : **telebista**
témoin : **lekuko (jakile)**
tempe : **loki**
tempérance : **neurritasun**
température : **tenperatura**
tempête : **ekaitz**
temps : **denbora,**
tendance : **joera**
tendeur : **hedagailu**
tendu : **hedatu, tinkotu**
tenir : **eutsi, atxiki**
tenter : **saiatu**

ténu : **meheño, gari**
térébenthine : **turmentina**
terne : **hits**
terrain : **lureremu**
terrarium : **lurtegi**
terrasse : **terraza**
terre : **lur**
terreau : **lurbeltz**
terrer : **lurreztatu**
terrible : **bildurgarri**
terrien : (habitant)**lurtar**
: (propriétaire) **lurdun**
territoire : **lurralde**
tertre : **muino**
tesson : **hauskin**
test : **test**
testament : **ordeinu**
tester : **ordeinatu**
testicule : **barrabil**
tête : **buru**
tête-à-tête : **buruzburu**
têter : **edoski**
tétin : **ditiburu**
têtu : **burugogor**
texte : **idazki**
thé : **te**
théatral :**antzerkiko**
théâtre : (lieu) **antzoki**
(art) **antzerti**
(pièce) **antzerki**
thermal : **urberoko**
thermique : **berozko**
thermomètre : **termometro**
thermostat : **termostato**
thermothérapie : **berosendabide**
thésauriser : **altxorratu**
thèse : tesis
thon : **atun**
thorax : **bular, torax**
tibia : **zangobizkar**
ticket : **txartel**
tiède : **epel**
tige : **zurtoin**
tilleul : **ezki**
timbre : **tinbre** (poste)
(son) **hots**
timide : **uzkur , herabesti**
timidité : **uzkurtasun**
tintamarre : **zarata**
tir : **tiro**
tirage : **eginaldi**
tirailleur (tireur) : **tirokari**
tirer : **tiratu, erakarri**
(avec arme) **tirokatu**
tisane : **tisana**
tison : **ilenti, ikazbizi**
tisonnier : **sumakila**
tisser : **ehundu**
tissu : **ehun**
toi (tu) : **hi**
toile : **oihal**
toilette : (acte) **garbiketa**
toit : **teilatu**
tomber : **erori**
ton (ta,tes) : **hire**
tonne : **tona**
tonneau : **upel**
tonnerre:**trumoi, ortzantz**
torchon : **zukatzeko**
tordre : **bihurtu**
torture : **tortura**
tôt : **goiz**
total : **oso**
toucher : **huki /-tzen/-iko**
toujours : **beti**
tour : **dorre**, (tec.) **dornu**
(mouvement) **itzuli**
tourisme : **turismo**
tourner : **itzuli, inguratu**
tout : **dena, guztia.**

trace : **aztarna**
tradition : **ohitura**
traduire : **itzuli**
tragédie : **tragedia**
trahir : **saldu**
train : **tren**
traîner : **narrastatu**
trait : **marra**
traité : **hitzarmen**
traître : **saltzaile**
tranquille : **lasai**
transfert : **besteratze**
transformation : **aldaketa**
transmettre : **bidali (helarazi)**
transparent : **garden**
transpirer : **izerditu**
transporter : **garraiatu**
travail : **lan**
travailler : **lanegin**
travailleur : **langile**
traverser : **zeiharkatu.**
treillis : **burdinsare**
treize : **hamahiru**
trembler : **ikaratu**
tremper : **busti**
trente : **hogeitahamar**
trépidation : **daldar**
très : **txit, oso**
trésor : **altxor**
tribunal : **auzitegi**
tricot : **ile (trikota)**
trier : **bereizi**
trimestre : **hiruilabete**
trio: **hiruko**
triompher : (milit.) **garaitu**
: (pacifique.) **buruzagitu**
triste : **hits**
trois : **hiru**
tromper : **iruzurtu**
trop : **gehiegi**
trou : **zulo (zilo)**
trouver : **aurkitu (idoro)**
tuer : **hil**
tueur : **hiltzaile (eraile)**
tuile : **teila**
tumulte : **zarata**
turbulent : **gaitz**
tuyau : **hodi (tubo)**
tympan : **belarrimintz**
type : **mota**
typhon : **tiribiti**
tyran : **tirano**

U

ultra-son : **ultrasoinu**
ultra-violet : **ultramore**
un: **bat**
unanime : **baterako**
uni : **batera**
unifier : **batu egin**
union : **batasun**
unique : **bakar**
universitaire : **unibertsitari**
université : **unibertsitate**
uranium : **uranio**
urbain : **hiriko**
urbanisme : **hirigintza**
urgent : **premiazko**
urine : **pixa, gernu**
usage : **erabilera**
user : **erabili, higatu**
usine : **lantegi**
ustensile : (cuisine)**ontzi**
usure (arg.) **: lukuru**
(érosion) **higadura**
utérus : **umoi**
utile : **erabilgarri**
utilisable **: erabilkor**
utilisation : **erabilpen**
uvule : **aho gangaila**

V

va : **doa**
vache : **behi**
vagabond : **arlote**
vague: **uhin (olatu)**
vaillant : **bihoztoi**
vainqueur : **garaile** (guerre)
: **irabazle** (sport)
vaisseau : **untzi**
vaisselle : **ontzi**
valeur : (comm.) **balio**
: (morale) **balore**
vallée : **ibar**
vanité : **handikeria**
vanter(se) : **handizkitu**
vapeur : **lurrun**
varier : **aldatu (ainizkotu)**
vase : **urontzi,** (boue) **lohi**
veau : **txahal**
végétation : **landaredi**
véhicule : **ibilgailu**
veille : **beila,gauzaintza**
veilleur : **gauzaindari**
veine : **odolzain**
velours : **irubilo (balus)**
vendre : **saldu**
vendredi : **ostiral**
venir : **etorri**
vent : **haize**
vente : **salpen**
ventre : **sabel**
ver : **har**
verbe: **aditz**
verdir : **berdatu**
verge : **azote**
verger : **sagardi**
verglas : **leira**
vérifier : **egiaztatu**
vérité : **egia**
verre(matière) : **beira**
vers: **-ra (-runtz)**
vertige : **burxoro**
veste : **txaketa, jaka**
vêtement : **soineko ,jantzi**
veuf(ve): **alargun,/-tsa**
via : **-tik**
viable : **bideragarri**
viande : **haragi**
vibrer : **daldaratu**
vice-président : **buruorde**
(pol.) **lehendakariorde**
victime : **opari**
vider : **hustu**
vie : **bizi** (bio.), **bizitza**
vieillesse : **zahartasun**
vieux : **zahar**
vif : **bizi, pizkor.**
vigne : **mahasti**
village : **herriska**
ville : **hiri (kale)**
vin : **ardo**
vinaigre : **ozpin**
vingt : **hogei**
viol : **bortxaketa**
violon : **arrabita, bibolin**
vipère : **sugegorri**
viril : **gizon**
virilité : **gizontasun**
visage:**aurpegi, begitarte**
vision : **ikusmen**
visiter :**ikuskatu, bisitatu**
vite : **laister**
vitesse : **abiadura, laister**
vitre : **berin leihar** (lit.)
vivant :**bizi,** (adv.) **bizirik**
vive ! : **gora!**
vivre : **bizitu.**
voeu : **zin, boto**
voilà : **horra**

voir : **ikusi, ikusten, ikusiko**
voisin : **auzo**
voix : **abots**
: (voixbasse) **ahapeka**
: (haute voix) **goratik**
: (vive voix)**ahomihiz**
vol : **lapurreta,ohointza**
(mouvement) **hegalaldi**
volaille : **hegaizti**
volant : **gider**
volatil : **lurrunkor**
volatile : **hegaldari**
volatiliser : **lurrundu**
volcan : **sumendi**
voler : **lapurtu**
hegan egin (ois.)
volet : **leihozur**
voleur : **ohoin, lapur**
volonté : **nahikunde**
volontiers : **gogotik**
volupté : **atsegin**
vomir : **goitikatu**
vorace : **jankor, asezin**
votant : **botzemaile**
vos : **zure** (sing.) **zuen** (pl.)
votation : **hauteskunde**
voter : **botzeman**
vôtre : **zuen**
vouer(se) : **burua eman**
vouloir : **nahi izan**
vous : (de politesse) **zu**
(pluriel) **zuek**
voyage : **bidaia**
voyageur : **bidaiari**
vrac(en) : **nahasian**
vrai : **egiazko,benetako**
vraiment : **egiaz, benetan**
vrille : **ginbaleta**
vu : **ikusi**
vue : **ikuspen, ikuspegi**
vulgaire : **arrunt**
vulgariser : **bulgarizatu**
vulnérable : **zaurikor**
vulve : **alu**

W

wagon : **bagoi**
wagonette : **gurdixka**
water -closets : **komunak**
watt : **watt**
week-end : **asteburu**

X

xénophile : **arroztiar**
xénophobe : **arrotzetsai**
xylophage : **zurjale**
xylophone : **txalaparta**

Y

y : **hemen, hor , han**
yacht : **iate**
yaourt : **jugurt**
yoga : **ioga**

Z

zèbre : **astoñabar, zebra**
zébrure : **farranga**
zélateur : **aldekari**
zéle : **kar**
zélé : **kartsu**
zénith : **zenit**
zéro : **huts**
zône : **-alde , alde(zona)**
zoo : **piztitegi**
zoologie : **zoologia**
zoologue : **zoologilari**
zootechnie : **abelazkuntza**
zozo: **telele**
zut! : **alainkoa!**
zygote : **zigoto** (sic)

LEXIQUE BASQUE-FRANCAIS

A

abendu : décembre
aberats : riche
abere : bétail
abesbatza : chorale
abeslari : chanteur
abestu : chanter
abiadura : vitesse
abiatu : démarrer
abisatu : aviser
abuztu (v.**agorrila**) : août
adar : branche
adarjo : se moquer de
adierazi : signifier
adierazpen: signification
adin : âge
adi-/-tu/-tuko :comprendre
adiskide : ami
aditz : verbe
afaldu,/-tzen/-duko: dîner
afari : dîner (nom)
afrikar : africain (adj.)
agentzia : agence
agertu/-tzen/-tuko : paraître
agindu : commander
agintari : dirigeant politique
agintaritza : direction
agiri : acte (écrit)
agor : tari
agorrila : août
ahabi : myrtille
ahal : pouvoir
ahapaldi : strophe savante
ahari : mouton
ahate : canard
ahaztu /-ten/-tuko : oublier
ahizpa : soeur de la soeur
aho : bouche
aholkatu (v.)conseiller
aholkulari : (n.) conseiller
ahoskatu : prononcer
ahots : voix
ahuntz : chèvre
aihotz : serpe
aintza : gloire
aipamen : citation
aipatu : citer
airatu : s'envoler
airatsu : léger, vaporeux
aire : air
aireportu : aéroport
aisa (erraz) : facile
aita : père
aitaginarreba : beau-père
aitatasun : paternité
aitortu : avouer
aitortza : confession
aitz (arkaitz) : roc, rocher
aitzin(aurre) : devant
aitzinatu : avancer
aitzur : pioche
aizkor : hache
aizto : couteau
aizturrak : ciseaux
akats : défaut
aker : bouc
Akize : Dax
ala : ou bien
alaba : fille(lien de parenté)
alaitasun : gaîté
alanbre : fil de fer
alargun : veuf
alatu/-tzen/-tuko : paître
aldakor : changeant
aldamio : échafaudage

aldarrikatu : proclamer
aldatu/-tzen/-tuko : changer
alderantzi : contraire
alderdi : parti
alderdikide : militant
aldi : temps (astron.), fois
aldibereko : simultané
alditxartu : s'évanouir
aldiz : tandis que
aldizka : tour de rôle
aldizkari : périodique
ale : grain, tome de livre
ale/-tu/-tzen/-tuko : égrener
aleman : Allemand
Alemania : Allemagne
alfer : paresseux
alferkeria : paresse
aliketa : pinces(outil)
aulki : chaise
alokairu : loyer
alor : champ
altxor : trésor
altz : aulne (bot.)
altzairu : acier
altzo : giron
alu : vagin
aluminio : aluminium
ama : mère
Ama Birjina : Sainte Vierge
amaizun : marâtre
amatu : être mère
amets : rêve
amildegi : précipice
amon : grand-mère
amorru : rage
amu : hameçon
amurrain : truite
anai : frère
anai-arrebak : fratrie
anaitasun : fraternité (vertu)
andere : dame
andereño : demoiselle
andere mahats : groseille
andregai : fiançée
anitz : beaucoup
anorexia : anorexie
antolatu : organiser
antzaldatu : transfigurer
antzara : oie
antzerki : pièce de théatre
antzerti : art du théatre
antzoki : théatre (lieu)
antzu : stérile
apaindu : orner
apaingailu : ornement
apaiz : prêtre
apal : bas, humble
apika : sans doute
apiril : avril
apo : crapaud
apologia : apologie
apur (syn. **gutti**) : peu
-arr- : mâle
- ar - tar : habitant de
- ara cf -kara
Araba : province d'Alava
arabera : selon
arakatu : fouiller
aran : prune
ararteko : médiateur
arau : norme, règle
- arazi : faire faire
arazo : problème (gen.)
arbola : arbre fruitier
ardi : brebis
ardo : vin
ardokoi : ivrogne
ardozale : amateur de vin,
ardura : responsabilité
arduradun : responsable

areago : davantage
aretu/-tzen/-tuko : herser
argal : faible (phys.)
argazki : photographie
argazkitu/ -tzen /- tuko
: photographier.
argi : lumière
argibide : renseignement
argitaletxe: maison d'édition
argitaratu : publier
argitu/-tzen/tuko : éclairer
aran : vallée
arhan : prune
ari : être en train de
-ari : suffixe professionel
ariketa : exercice intellectuel
arima : âme
arkatz : crayon
armiarma : araignée
arnas : respiration
aro : époque-**aro**,temps
arrain : poisson
arraindegi : pisciculture
arraindenda : poissonnerie
arrakasta : succès
arrano : aigle
arrantza : pêche
arrantzale : pêcheur.
arratoi : rat
arratsalde : après-midi
arraultz : œuf
arrauztoki : ovaire
arrolla : fossé, gorge
arrunt : ordinaire
arrotz : horsain, hôte
arte : espace
artekotasun : médiation
artelan(ederlan) : œuvre (art)
artikulu : article
artile : laine de brebis
Artizar : Vénus (plan.)
arto : maïs
artzain : berger
artzanor: chien de berger
artzantza : élevage ovin
asaba : ancêtre lointain
ase : (adj.) repu
: (subs.) bombance
asegurantza : assurance
aska : auge
askaldu: petit-déjeuner (v.)
askapen : libération
askari : petit-déjeuner
askatasun : liberté
askatu : libérer
aski (syn.**nahikoa)** : assez
asko : beaucoup
asmatu : projeter
asmo : projet
aspaldi : il y a longtemps
aspertu : s'ennuyer
aste : semaine
astelehen : lundi
astearte : mardi
asteazken : mercredi
asti : loisir
astileku : base de loisirs
aistigar : érable
astindu,/-tzen/-tuko
: secouer violemment
asto(astama) : âne, ânesse
astun(syn.**pisu**) : lourd
ate : porte
aterabide : issue
ateragailu : extracteur
ateratu : sortir
aterbe : refuge
aterbedun : qui a un abri
aterbegabe : sans- abri
aterberatu : s'abriter

aterera (irteera) : sortie
ateri : accalmie(pluie)
aterkin : parapluie
aterpe : abri
aterpetu : se mettre à l'abri
atoi : remorquage
atorra (alkondara) : chemise
atorrahas : en chemise
atorrapeko : tricot de corps
atseden : repos
atsekabe : douleur morale
atsegin : plaisir
atso : vieillarde
atxilotu : arrêter
atxiloketa : arrestation
atz : doigt
atzapar : patte d' animal
atze : derrière, arrière
atzeman : attraper
atzeratu(gibeldu) : reculer
atzerakoi : rétrograde
atzerri : pays étranger
atzerritar : étranger
atzo : hier
auhen : lamentation
aukeratu (hautatu) : choisir
aukera : **(hautu)** : choix
aukerabide : libre arbitre
aulki : chaise
aurkezle : présentateur
aurkezpen : présentation
aurki : envers
aurkitu ,/-tzen ,/-tuko
: découvrir
aurkiberri : découverte
aurkibide : index
aurkientza : partie (lit.)
aurkigaitz : difficile à trouver
aurkikuntza : découverte
aurkitzaile : découvreur
aurpegi : visage
aurre(syn.**aitzin**) : devant
aurreratu : avancer
aurrezki : épargne
aurreztu : épargner(argent)
ausiki : mordre
australiar : Australien
Austria : Autriche
auzi : procés
auzitegi : tribunal
auzo : voisin
auzogune : quartier
auzolan : travail collectif
axalezko : superficiel
aza : chou
azal : écorce, peau.
azaldu,/-tzen/-tuko
: expliquer
azeri : renard
azi : semence
azken : dernier
azoka : foire
azpi : dessous
azpi : gigot
azpiegitura : infrastructure
azpijale : traitre
azpijoko : complot
azpikeria : fourberie
azpiko : dépendant
azpiratu : dominer
aztatu, haztatu : soupeser
(h)aztakatu : palper
aztal : talon
aztarna : empreinte
azterbide : analyse
aztergai : objet d'étude
azterketa : examen
azterkuntza : investigation
aztertu : étudier
azti : devin

B

ba : oui (abrégé)
baba : fève
bada : il est (il y a)
badira : ils sont (il y a)
bahiketa : prise d'otage
bahitu : séquestrer
bahiketa : séquestration
bai : oui
baina : mais
bai- : parce que
baizik : seulement +négation
bakalau : morue
bakan : rare
bakar : seul
bakarlari : soliste
bakarrik : seulement + affirm.
bakartasun : solitude
bakoitz : chacun
bakun : simple
bakundu : simplifier
balantza : **balance**
baldin : si (condit.)
baldintza : condition
baldintzatu : poser conditions
balio : valeur , **balore**(intel.)
bana : chacun un
banaketa : division(math.)
banana : banane
bantailla : écran
baratz : jardin
baratxuri : ail (syn **berakatz**)
barazki : légume.
barda (bart) : hier soir
bare : 1.limace 2.calme 3.rate
baregarri: calmant
baresare : mésentère
baretasun : sérénité
baretu : calmer, se calmer
bariatu : varier
barkatu /-tzen/-tuko :
: pardonner
barkapen : pardon
barne : interne
barrabil : testicule
barru : intérieur
bartz : lente (insecte)
basa : sauvage (adj)
basati : sauvage (subs)
basandere : génie (fem.)
basajaun : seigneur de la forêt (mythologie)
baserri : campagne
baserritar : campagnard
baso : forêt,
verre à boire
basurde : sanglier
bat : un
bataio : baptême
batasun : union
batu : réunir
batuketa : additionner
batzar : réunion
batzarre : junte.
batzorde : commission
batzordekide : délégué
batzuk : quelques, des
bazkaldu: manger à midi
bazkari : repas de midi
bazkide : sociétaire
baztanga : variole
bazter : écart extrémité
: bord
bazter utzi : abandonner
baztergarri : écartable
baztertu : écarter
baztertzaile : écarteur

bedeinkatu : bénir
bedera (**v.bana)**
bederatzi : neuf (9)
begi : œil
begiratu (behatu) : regarder
begirune : respect
begizko : mauvais œil
behartu, /-tzen,/tuko
devoir (verbe conjugué)
beharrezkotasun : nécessité
behartsu : nécessiteux
behatz : orteil
behi : vache
behin : une fois
behinere ez : jamais
behizain (unain) : vacher
behor : jument
behoka : pouliche
bekaitz : jaloux, envieux
bekatu : péché
belar : herbe
belarjale : herbivore
belárri : oreille
belauṇ : genou
belauriko : à genoux
belaurikatu/-tzen/-tuko :
s'agenouiller
beldur : crainte
bele : corbeau
beldur : crainte
beltz : noir
beltzaran : brun
ber : le même
bera: lui- ṃême
bera : mou (suf."sensible")
berandu : tard
berde : vert
berdin : égal
berdintasun : égalité
berdura (barazki) : légume

bere : son, sa
berebil : automobile
berehala : aussitôt
bereizi : séparer
bereizitasun : particularité
bereizpen : séparation
berekoi : égoïste
beretu : s'approprier
berezko : naturel (adj.)
berezkotasun : naturel (n)
bereizkuntza : distinction
beribil : automobile (lit.)
berjabe : indépendant
bermatu : garantir
bermagarri : garant
berme : garant
berniz : vernis
bero : chaud
berodura : échauffement
berogailu : radiateur
beroki : pardessus,
berotasun : chaleur
berotu : chauffer
berrargitaratu : rééditer
berrehun : deux cents
berreraiki : reconstruire
berreskuratu : récupérer
berretsi : ratifier
berri : neuf, nouvelle
berriemaile : informateur
berriketa : conversation
berriketari : journaliste
bertsolari : chansonnier
bertute : vertu
bertze (v.**beste**)
besalki : fauteuil
besape : aisselle
besarkada : accolade
beso : bras
besta (jai) : fête

bestalde : autrement
beste : autre
bestelan : autrement
betaurreko(ak) : lunettes
betazal : paupière
bete : plein
betekizun : accomplissement
beti : toujours
betiereko : éternel
betikotasun : éternité
betiko : pour toujours
betile : cil
betilun : triste
beto : veto
betzulo : orbite
bezain : autant
bezala (**legez**): comme
bezero : client
bezpera : veille.
bezuza : cadeau .
bi : deux
Biblia : Bible
bibliografia : bibliographie
bibolin (arrabita) : violon
bide : chemin, route
bidaia : voyage
bidaide : compagnon de voyage
bidali /-tzen/ -iko : envoyer
bidegabe : injuste
bidegabekeria : injustice
bidekurutze : carrefour
bidelapur : voleur(de routes)
bideokazete : cassette vidéo
bider(aldi) : fois
biderka : multiplication (math.)
biderkadura : produit (math)
biderkatzaile : multiplicateur
bidesari : péage
bideragarritasun : viabilité
bidexka : sentier
bidezain : cantonnier
bidezki : justement
bidezki : légitimement
biguin : mou
bihar : demain
biharamon : lendemain
bihotz : cœur
bihotzeihera : palpitation
bihotzbera : cœur sensible
bihotzekomin : angine
bihotzeman : encourager
bihotzerre : dyspepsie
bihotz zimiko : remord
bihotzgogor : cruel
bihotzmin : peine
bihoztoi : courageux
bihurri : (obj.)tordu
: (pers.) perverse
bihurtu : tordre, résister
bikain : excellent
biki : jumeau
bikoitz : double
bikoizketa : doublage
bikor : granule
bila/tu : chercher
bilaiz : nu
bilakatu : évoluer
bilakaera : évolution
bildu : ramasser
bilbatu : ourdir .
bilduma : collection
bilera(bilkura) : réunion
bilketa : collecte
bilo : poil , cheveu
bilomozle : coiffeur
bilozu : velu
biltoki : lieu de réunion
biltzaile : collecteur
biltzar : assemblée
bilur : noeud coulant

bina : deux chacun
biologo : biologiste
bipildu : épiler
birabarki : vilebrequin
birao : blasphème
birbaieztatu : réaffirmer
birberotu : réchauffer
birfindegi : raffinerie
birfindatu : raffiner
biribil(borobil) : rond
birigarro : grive mauvis
birika : poumon
birjina : vierge
birla : quille
birlandatu : transplanter
birlandu, /-tzen/-duko : remanier
birrindu : détruire
birringailu : râpe
birsaldu : revendre
birsortu : reproduire
bisisturte : année bissextile
bisita : visite
bisonte : bison
bitamina : vitamine
bitartekari : intermédiaire
bits : écume
bitxi : bizarre
bitxilore : marguerite
bizar : barbe
bizartegi : coiffure (homme)
bizi : vie (biol)
bizi(tu) : vivre, habiter
bizialargun : conjoint séparé
bizialdi : temps de vie
bizibehar : nécessité de vivre
bizibide : mode de vie
bizidun : être vivant
bizigabe : inanimé
bizigarri : vivifiant
bizigai : aliment
bizi izan(bizitu) : vivre
bizikera : conduite de vie
biziki : très, vivement
bizikide : compagnon
bizikleta (v.txirrindula)
bizilagun : habitant
bizitegi : appartement
bizitza : habitation
Bizkaia : Biscaye
bizkaiera: dialecte biscaïen
bizkaitar : Biscaïen
bizkar 1. dos 2. crête
bizkarrezur : rachis
bizkarroi : parasite
bizkarzur : faîtage de toit
bizkor : vif
bogatu : ramer
bokal : voyelle
Bokale : Le Boucau
bokata : lessive
bola : boule
bolatoki : jeu de boule
Bolikosta : Côte d'Ivoire
bonbil : flacon
borda : grange
Bordele : Bordeaux
borroka : lutte
borrokari : combattant
bortxatu : forcer, violer
bortz (bost) : cinq
botatu : lancer
botoila : bouteille
botz (abots) : voix
bozeramaile : porte-parole
bozkatu (hautatu) : voter
bozketa : élection
bozkatzaile: votant
brageta : braguette
branka : proue

brastez : brutalement
Bretania : Bretagne
bretoin(breizhtar) : Breton
bretoiera(breizhera) : langue bretonne
broka(aldaxka) : bourgeon
Budismo : boudisme
bufalo : buffle
buhame : Bohémien
bukanas(v.**zapi**) : mouchoir
bular : poitrine
bulego : bureau
bultzatu/-tzen/-tuko : pousser
buras : nu-tête
burdina : fer
burdinari : fil de fer
burdinbarra : barre de fer
burdindegi : quincaillerie
burdingintza : sidérurgie
burdinola : bas-fourneau
burdinsarde : fourche en fer
burdinur : eau ferrugineuse
burdinzali : louche
burezur : crâne
burgoi : arrogant
buru : tête
buruhauste : tracas
burmuin : cerveau
burulan : travail intellectuel
buruxka : glane
burutapen : idée
burutsu : intelligent
burutu : achever
burutzapen : achèvement
- buruz : vers
buruz : par coeur
buruzagi : chef
buruz-buru : face à face
burtxora : vertige
bustaldi : arrosage
bustitu: mouiller
bustidura : humidité
bustitasun : mouillure
butz : souffle
buztan : queue
buztanikara: bergeronnette
buztin : argile
buztinerre: brique
buztinezko : argileux
buztingile : potier
buztinola : poterie(lieu)
buztinontzi : poterie (obj.)
buztintza : argile (dépôt)
buztintxuri : kaolin

da : (il)est
dabil : (il) marche (f.forte)
daki : (il) sait (forme forte)
dakar : (il)apporte (f.forte)
dakusa : (il)voit (f.forte)
damu : regret
danborrada : tambourade
danga : coup de cloche
Danimarka : Danemark
danimarkar : Danois (hab.)
danimarkera : danois(lang.)
dantza : danse
dantza askatu : danse seul
dantza jauzi : danse en cercle
dantzaldi : bal moderne
dantzari : danseur
dantzategi : dancing
dardar : vibration
dastamen : goût (sens)
dastatzaile : dégustateur
data (urtegun) : date
dato : donnée
deabru : diable, démon
debekatu: interdire
debeku : interdit
dei : appel , citation
deiadar : clameur
deialdi : convocation
deitoratu : déplorer
deitu: appeler
deitura : nom de personne
demokrazia : démocratie
dena, oro: tout
denak (guziak) : tous
denbora : temps
desagertu : disparaître
desegin : défaire
desoreka : déséquilibre
diru : monnaie
dirudun : riche en argent
dirulaguntza :subvention
diruzain : trésorier
diru sarrera : dépôt
diru zor : dette d'argent
disko : disque
distantzia v.urruntasun
distira : brillance
ditare : dé à coudre
doblatu : doubler
dohain : don
dohainik : gratuit
dohatsu : bienheureux
doi : juste
doi-doi : très juste
dolu (minduri): deuil
domina : médaille
Domuru Santu :
Toussaint
donetsi : consacrer
Donibane : Saint-Jean
Donostia : Saint-Sébastien
drama : drame
droga : drogue, pesticide
dromedari : dromadaire
du : (il) a
duda : doute
dugu : (nous) avons
duk :(tu, mas.) as
dun : (tu , fem.) as
dupa : barrique
dut : (j') ai
dute : (ils) ont
dutxa : douche
dutxatu : doucher
duzu : vous (sing.) avez
duzue : vous (plur.) avez

ebaki : couper
ebanjelio : évangile
edalontzi : verre
edale : buveur : boire(v.)
edan : boire(verbe)
edari : boisson
edate : boire(nom.)
edateko ur : eau potable
eder : beau
edergailu : ornement
edertasun : beauté
edertu : embellir
edertzaile : embellisseur
ederzale : amateur de beauté
ediren (idoro) : trouver
edo : ou
edonor : n'importe qui
edozein : n'importe quel
eduki : tenir, contenir
edukin : contenu
egarri : soif
egia : vérité
egiantza : vraisemblance
egiaz : vraiment
egin, egiten, egingo: faire
eginbide : devoir
structure
egoera : situation
egoki : convenable
egon, /-ten,/-ngo : rester
egonaldi : séjour
egosi, /-ten, /-iko: cuire
egotzi, : accuser
egun : jour
egunkari : quotidien (adj.n.)
egur : bois de chauffage
eguraldi : météo du jour
eguzki : soleil
ehiztari : chasseur
ehun : cent
eihera(errota) : moulin
eiho : moudre
ekaina : juin
ekarri : apporter
eki(ancien nom du soleil)
ekialde : orient
EkialdeUrbil : Proche O.
EkialdeUrrun:ExtrèmeO.
ekimen : initiative
ekin : agir
ekintza : action
ekoitzi : produire
ekoizpen : production
ekologia : écologie
ekologista : écologiste
elaberri : roman
elkar : réciproquement
elkarrekin : ensemble
elkarhizketa : entretien,
elkarikusketa : entrevue
elkarlaguntza : entraide
elkarlan : travail collectif
elkartasun : solidarité
elkarte : société**egitura** :
elkartu : réunir
elur : neige
elurjauzi : avalanche
elurte : chute de neige
elurtegi : station de neige
ema : femelle
emaile : qui donne
emakume : femme
eman/-aten/ngo: donner
emankor : productif
emaitza : résultat
emazte : femme (épouse)

energia : énergie physique
enplegatu,/-tzen,/-tuko : employer une personne
enterpresa : entreprise
entzun: entendre
entzutegi : audience (justice)
epai : jugement , fauchage
epaile : juge / faucheur .
epaitegi(auzitegi) : tribunal
epe : délai
epel : tiède
era : manière
eratu : organiser durablement
erabaki : décider
erabateko : absolu
erabili/-tzen/-ko : utiliser
eragile : stimulateur(pers.)
eragin : influence(n.)
eraginkor : efficace
eragotzi/-zten/-iko : gêner
eraiki : édifier
eraikin : édifice
eraikintza : construction (acte)
erakarri/-tzen/-iko : attirer
erakunde : institution
erakusketa : exposition
erakuspen : démonstration
erakustaldi : exhibition
erakutsi : montrer
: exposer
eraldaketa : transformation
eraman : emporter
eranskin : supplément
erantsi : rajouter
erantzi /-zten/ -iko : dévêtir
erantzun : répondre
erantzukizun : responsabilité
eraso : attaquer
eraungi/-tzen/-iko : éteindre
erbi : lièvre
erdi : moitié
erdialde : centre
erdigune : milieu
erditu : mettre au monde
erdizkatu : couper en deux
ere : aussi, également.
erein/-iten /-ingo : semer
eremu : surface de terre
eresi(musika) : musique
ergel : imbécile
erhi (voir **atz**): doigt
eritasun : maladie
eritetxe, ospitale : hôpital
erizain : infirmière
erizaintza : infirmerie
erle : abeille
erlauntza : ruche
ernalkuntza : reproduction
ernamuin : germe
ernari : fécondé
erne : éveillé, vigilant
ero : fou
erori /-tzen/-iko : tomber
erosi/-ten /-iko : acheter
erosketa : achat (acte)
eroso : confortable
erraldoi : géant
erran (esan): dire
errauts : poussière
erraz : facile
erre : brûler
errege : roi
erregiña : reine
erreka : ruisseau
errepide : route
errepublika : république
erresuma : état
Errioxa : Rioja
Errobi : Nive (rivière)
erroitz : précipice

erroketa : racine d'un nombre
Erroma : Rome
Errumania : Roumanie
errumaniar : Roumain (pers.)
errumaniera : roumain (lang.)
Errusia : Russie
esan : dire
esan nahi : signification
eskaini /-tzen/-iko : offrir
eskaintza : offrandc
eskari : demande
eskatu : demander
esker : gratitude
eskerrikasko : merci beauc.
eskola : école
Eskozia (Alba): Ecosse
eskoziar : Ecossais
esku : main
eskuarra : paume
eskubide : droit (jur.)
eskuin : droite
eskulangintza : artisanat
eskumuin : salutation
eskuratu : s'emparer
eskutitz : lettre, missive
eskutur : poignet
esne : lait
espaloin : trottoir
España : Espagne
espetxe : prison
estadu : état-nation
Estadu Batuak : Etats-Unis
estali,/-tzen/-iko : couvrir
Estatu Orokor : Etats - Généraux
estatutu : statut
estazio : station(observation)
estolda : égoût
estreinaldi : première(spect.)
estropada : régate

eten : (se) rompre
etengailu : interrupteur
etorkin : immigré
etorkizun : avenir
etorri : venir
etsai : ennemi
etsitu : découragé
etxalde : ferme
etxe : maison
etxebizitza : appartement
etxekandere : maîtresse
etxekojaun : maître
etxeratu : rentrer chez soi
etzan :1.(se)couchcr
(log.)reposer sur
(geo) être situé
etzi : après-demain
euri : pluie
europar : européen
euskaldun : bascophone
euskalherritar : Basque
euskalki : dialectebasque
euskara : langue basque
ezagutu : reconnaître
ezaugarri : caractéres
ezagun : connaissance
ez : non , ne .. pas .
ezarri : mettre
ezerez : rien , néant
ezezkor : négatif
ezin : impossible
ezker : gauche (direction)
ezko(argizari) : cire
ezkondu : marier
ezkongai : fiançé(e)
ezkontza : mariage
ezpain : lèvre
eztei : noce
ezti : 1. miel 2. doux
eztul : toux

fabula (voir **alegia)**
fago : hêtre
faktore : facteur, élément
faktura (kondua) : facture
fakultate : Faculté
falta : faute
défaut : **huts**
faute humaine : **erru**
faltsu (-izun, sasi-) : faux
fama (**ospea**) : réputation
familia (v. **etxekoak)**
fandango : danse basque
faro(itsasargi) : phare
fauna : faune
faxa : gaine de vêtement
fede : foi
fededun : croyant
fedegabe : incroyant
federatu : fédérer
Felipe : Philippe
femur(izterezur) : fémur
Fenizia : Phénicie
feniziera : phénicien (lang.)
fenomeno : phénomène
ferekatu : caresser
festa (jaia) : fête
fetu : foetus
feudal : féodal
fidatu : avoir confiance
fidagarri : fiable
fidakor : trop confiant
filarmonia : philarmonie
filatelia : philatélie
filme : film
filmetegi : filmothèque
filologia : philologie
filosofia : philosophie
filosofo : philosphe
finkapen : fixation
finkatu : fixer
firrinda : vibration
fisika : physique
fisko : fisc
fits : brin
fitxaketa : fichage
fitxategi : fichier
Flandria : Flandres
flandriar : Flamand
flasko : flacon
floka (sorta) : bouquet
fonetika : phonétique
forru : doublure
foru : droit non romain
foruzale : partisan des fors
fotometria : photométrie
fraide : moine
frango : suffisamment
Franmazon : Franc-Maçon
frantses : Français (-se)
Frantzia : France
frantziar : français (adj.)
fresagailu : fraiseuse
fresko : frais
frigorifiko: réfrigérateur
friji(tu): frire
Friula : Frioule
froga : preuve
fruta : fruit
fuelolio : fuel
funts : fondement
funtzionari : fonctionnaire
fuselaia : fuselage
fusila(tu) : fusiller
futbol : football
futbolari : footballeur
futbolina : babby-foot

G

gabe : sans
gabekeria : privation
gabetasun : manque
gabe(tu) : priver
gai : sujet, thème
gai : capable
gain : haut
gainean : dessus
gainera(tu): ajouter
gaitasun : capacité
gaitz : difficile, maladie
gaitzetsi : mépriser
gaixo(eri) : malade, patraque
gaizki : mal
gaizto : méchant
galdera : question
galdetu : questionner
galdezkatu : interroger
galdu : perdre
galera : perte
galtzerdi : chaussette
-gan - gana (v.déclinaison)
gandik : de la part de
gar : flamme
garagardo : bière
garai : hauteur, époque
garaipen : victoire
garai(tu) : vaincre
garaikide : covainqueur
garbai : regret
garbi : propre
garbitasun : propreté
garbitegi : lavoir
garbi(tu) : nettoyer
garden : transparent
garesti : cher (prix)
gari : froment
garrantzi : importance
-garren : -ième,**-garri** : -ant
Gasteiz : Vitoria
gau : nuit
gauza : chose
gazi(tu): saler
gaztaro : jeunesse (âge)
gazte : jeune
gaztetasun : jeunesse(état)
gaztelar : Castillan
gaztelera : castillan
gaztelu : château fort
gehi : plus (math.)
gehiago : davantage
gehiegi : trop
gehiegikeria : abus
gehiena : le plus
gehi(tu) augmenter
gela(barne) : pièce, salle
geldi : calme (adj.)
geldi(tu) : s'arrêter
geldialdi : arrêt
geldo : apathique
geologia : géologie
geografia : géographie
gera : gésier
gerezi : cerise
gerla(guda) : guerre
gernu(urxuri) : urine
gero : après, plus tard
geroaldi : futur (gram)
geroarte : à bientôt
gerorapen : report
gerri : taille
gerriko : ceinture
gerta(tu) : survenir ,
gertaera : évènement
gertu : prêt à
gertu(tu) : préparer
geztera : meule à aiguiser
gezur : mensonge

-gi, -ki : matière de
gibel : foie
gibel (atze) : arrière
gidari : conducteur
giltza : clef
giltza(tu) : fermer à clefs
giltzurrin : rein
Gipuzkoa : Guipuzcoa (prov.)
giro : ambiance
gizabide : courtoisie
Giza Jakintza : Science Humaine
gizarte : société
gizen : gras
gizon : homme
gogamen : pensée(faculté)
gogo : esprit
gogoeta : pensée (activité)
gogor : dur, coriace
gogotik : volontiers
gogoz : par coeur
gogozkatu : réfléchir(penser)
goi : haut
goihen : plus haut, extréme
goitu : vaincre (une personne)
goiz : matin
goizalde : matinée
goiztar : matinal
goiztiar : précoce
gona : robe
gor : sourd
goraipa(tu) : faire louanges
gora(tu) : élever
goraintziak : salutations
gorde : cacher, garder
gordin : cru
goroldi : mousse (bot.)
gorosti : houx
gorputz : corps
gorri : rouge
gosari : petit déjeuner
gose : faim
gosedun : affamé
gosete : famine
gotzain : évêque
goza(tu) : jouir
gozamen : jouissance
gozo : doux
gozoki : patisserie
gozotegi : patisserie (com)
graba (tu) : enregistrer
grabaketa : enregistrement
gradu : degré
grafia : graphie
gramatika : grammaire
greziar : Grec
greziera, eladera: grec.
gu : nous
guda : guerre
gudari : soldat, combattant
gudu : combat
gune : point, espace
guraso : père et mère
gurdi : charriot
gure : nôtre, nos
guri : mou
gurin : beurre
gurpil : roue
gur (tu) : faire la révérence
gusu : cousin, cousine
guti : peu
gutiago : moins
gutiegi : trop peu
gutiespen : dédain
gutietsi : dédaigner
guzti (oro) : tout
guztiak : tous
guztira : total d’opération
guztiz : totalement
guztizko : totalité

H

habe : pilier
habil : va -t-en
Haga : La Haye
hagun : écume
hain, hainbeste : tant
haitz : rocher
haizatu : chasser au loin
haize : vent
haizemaile : éventail
haizu : permis, autorisé
hala : ainsi
halabehar : fatalité
halabeharrez : fatalement
halaber : pareillement
halabiz : ainsi soit-il
hamabi : douze
hamaika : onze
hamar : dix
han : là-bas
handi : grand
har : ver
haragi : chair ,viande
harakin : boucher
harategi : boucherie
hargin : maçon
hari : fil
haritz : chêne
harkaitz: rocher
harpa : harpe
harpe: abri sous roche
harreman : relation
harresi : muraille
harri : pierre
harribizi : pierre précieuse
harro : vaniteux, enflé
hartu : prendre
hartzaile : preneur
hartzedun : créancier
hasi/-sten /-iko: débuter
hasiera : début
hats : respiration
hau : ceci , celui-ci
haur : enfant
hautatu : élire, choisir
hautagai : candidat
hauteskunde : élection
hauts : cendre
hautsi : casser
hautsontzi : cendrier
hazi : élever (un vivant)
hazkunde : augmentation
hazkuntza : élevage
hedatu : étendre
hegaldatu : s'envoler
hegazkin : avion
hegazti : oiseau
hego : sud
hegoaize : vent du sud
helburu : but
heldu : arriver
helgabe : immature
helpide : secours, aide
hemen : ici
herabe : qui répugne à
herbal : famélique
herdoil : rouille
heren : tiers
herenegun : avant-hier
Herensuge : dragon
heriotza : mort (nom)
herra : haine
herri : commune, pays
herriarteko : international
herrikide : compatriote
herrikoi : populaire
herritar : indigène, habitant

herrizor : dette publique
hesi : clôture
heze : humide
hezi : dresser, éduquer
hezur : os
hezurtza : squelette
hi (toi,tu avec le verbe être)
hik(toi,tu avec le verbe avoir)
higatu : user
higitu : bouger
higuin : dégoût
hil : mourir
hila : mois
(h)ilargi : lune
hilerri : cimetière
hileta : enterrement
hilharri : pierre tombale
hilkutxa : cercueil
hilotz : raide mort
hiltze : le" mourir"
hire : ton, ta , tes
hiri : ville
hiriarteko : interurbain
hiriberrikuntza : rénovation
hirigarapen : dévelop.urbain.
hirigin : urbaniste
hirigintza : urbanisme
hirigune : centre urbain
hiri kudeaketa : gestion urb.
hiritar : citoyen
hiritargoa : citoyenneté
hiru : trois
hirukoitz : triple
hits : pâle et triste
hitz : mot
hitzaldi : conférence
hitzartu : convenir
hitzarmen : accord
hitzegin (mintzatu) : parler
hitzordu : rendez-vous
hizkuntza : langue
hiztegi : dictionnaire
hobe : meilleur
hobeki : mieux
hogei : vingt
hondakin : déchet
hondar : sable
hondartza : plage
hona : voici
hontz : hibou
hor : là
hori : celui-là, cela
horra : voilà
(h)orri : feuille
(h)orrialde : page
hortz : dent
horzdura : dentition
horztatu : se feuillir
hots : bruit
hotz : froid
hozkailu : réfrigérateur
hozpera : frileux
hoztu : prendre froid
hukitu : toucher
hukigarri : émouvant
huntz : lierre
hur : noisette
hura : celui-là , lui
hurbil (urren) : près de
hustu : vider
huts : vide, (n.) faute
hutsal : dénaturé
hutsalkeria : légéreté
hutsarteka : à temps libre
hutsezin : infaillible
hutsezintasun infaillibilité
hutsik : vide (adv.)
hutsune : espace vide
: défaut
huzi : répartir

I

ia : presque
ibai : fleuve
ibar : vallée
ibi : gué
ibilagiri : permis de conduire
ibilaldi : promenade
ibilbide : avenue
ibilera : démarche (allure)
ibilgailu : véhicule
ibili : circuler, fonctionner
idazkari : secrétaire (employé)
idazketa : écriture
idazle : écrivain
idazlerro : ligne d'écriture
idazmakina : machine à écrire
ideia (asmo) : idée
idi : boeuf
idor (legor) : sec, aride
ifernu : enfer
igande : dimanche
igaro (iragan) : passer
igartu : se dessécher
igarri : deviner
igaz : l'an passé
igel : grenouille
igeltsu : plâtre
igeri egin : nager
igerleku : piscine
igertegi : piscine couverte
igitai : faucille
igo (igan) : monter
igogailu : ascenseur
igorle : expéditeur
igorri : expédier
igurika(tu) : attendre
iharduera : activité
iharduki : rétorquer, résister
ihardunbide : procédure
ihartu : se dessécher
ihesi egin : fuire
iheskor : fugace (adj.)
iheslari : fugitif
ihesle : fuyant
ihi : jonc
ihintz : rosée
ihiza : chasse
ihize : gibier
ihiztari : chasseur
ikaratu : tremble
ikasi : apprendre
ikasketa : étude
ikaskide : condisciple
ikasle : étudiant
ikastaro : scolarité
ikastetxe : collège
ikastegi : centre d'études
ikastola : école en basque
ikasturte : année d'étude
ikatz : charbon
ikatzkin : charbonnier
ikerketa : recherche
ikerketari : chercheur
ikerlari : inspecteur
iker(tu) : rechercher
ikertzaile : inspecteur
: contrôleur
ikusgarri : spectaculaire
ikusi /-ten/iko : voir
ikuska(tu) : inspecter
ikuskizun : spectacle
ikusle : spectateur
ikustoki : observatoire
ikuzi /-ten/-iko : laver
ikuzleku : lavoir
ilar : petit pois
ilargi : lune
ile : poil, cheveu
ilegorri : roux / rousse

illoba : neveu
ilobaso : petit-fils
iltze : clou
iltza(tu) : clouer
ilunpe : obscurité (natur.)
iluntasun : oscurité(intelect.)
iñar : filet (air, eau, lumière, feu)
inardetsi : répliquer
inarrosi : secouer
inausi : élaguer
iñautiri : carnaval
indar : force
indartsu : fort(adj.)
industoki : chantier de fouilles
industria : industrie
ingelera : langue anglaise
ingeles : anglais
ingeniari : ingénieur
inguratu : entourer
inguru : tour, cercle
ingurugiro : environnement
ingurumen : milieu social
inkeinu : grimace
inkesta : enquête
inon ez : nulle part
inor ez : personne
inolaz ez : en aucune manière
inprima(tu)(irarri) : imprimer
inprimagailu : imprimante
intxaur : noix
inude : nourrice
inurri : fourmi
ipar : nord
iparrekialde : nord-est
Ipar Irlanda : Nord-Irlande
iparmendebalde : nord-ouest
Iparralde : Pays Basque -nord
ipiñi (jarri) : mettre
ipuin : conte
ipuinlari : conteur
ipurdi : fesse
irabaz(i) : gagner
irabazle : gagnant
irabazpen : gain
iradoki : suggérer
iradokizun : suggestion
iragarri : annoncer
iragarki : annonce
iragazi : filtrer
iraila : septembre
irain : insulte
irakasketa : enseignement
irakasle : enseignant
irakatsi : enseigner
irakin : bouillant (liquide)
irakurketa : lecture (acte)
irakurri /-tzen/-iko : lire
irakurle : lecteur
iratzargailu : réveil
iratzarri : réveiller
iratze (ira) : fougère
irauli : retourner, labourer
iraun : durer
iraungi : éteindre
iraungiezin : inextinguible
iraun : durer
iraunkor : durable
iraupen : durée
ireki/-tzen/-iko : ouvrir
irekigailu : ouvre-boîte
irentsi/sten/tsiko : avaler
irin : farine
irizpide : critère
iritzi : opinion
Irlanda : Irlande
irlandera : gaëlic
irrati : radiodiffusion
irrati baliza : balise radio
irrati zunda : sonde radio
irratsaio : émission (radio)

irri (parre) : rire
irribarre : sourire
irribera : moqueur
irrigarri(barregarri) : risible
irrikatu : désirer vivement
irrintzi : cri de triomphe
irrista(tu) : glisser
irudi : image, (adj) semblable
irudi(tu) : sembler
irudikeria : illusion
irudimen : imagination
Iruinea : Pampelune
iruindar : Pamplonais
irun : filer (laine)
iruntegi : machine à filer
iruzur : tromperie, fraude
isil : silencieux
isildu : se taire
isiltasun : silence
Islandia : Islande
israeldar : Israélien
istripu : accident
isuri verser
isurle : verseur(personne)
isurkai : liquide
isurkari : verseur(pers.)
isurkor : fluide
italiar(italiano) : italien
ito, itotzen, itoko : se noyer
itsasandi : océan
itsasbazter : côte
itsas(i) : coller, agglutiner
itsaso : mer
itsasoratu : prendre la mer
itsasuntzi : bateau
itsastar : marin
itsasturu : membre d'équipage
itsu : aveugle
itsukeria : aveuglement
itsusi : laid
iturburu : source
iturri : fontaine
itxaron : attendre
itxaropen : espérance
itxura : aspect
itxuralda(tu) : transformer
itzal : ombre
itzali : éteindre(lumière)
itzel : terrible
itzul(i) : retourner, traduire
itzulbide : voie de retournement
itzulera : retour
itzulpen : traduction
itzuri : échapper
itzurkor: qui peut échapper
itzurpide : échappatoire
ixileko : secret
ixilki : silencieusement
ixo ! : silence!
izadi : nature(cosmos)
izaera : nature(essence)
izai : sapin
izaidoi : sapinière
izaki : être (nom)
izan : être (verbe)
izar : étoile
izeba : tante
izeki : (s')allumer (feu)
izen : nom
izenda(tu) : nommer
izendapen : nomination
izenkide : homonyme
izerdi : sueur
izokin : saumon
izorra : enceinte (femme)
izotz : givre, gel
izpi : fibre
izter : cuisse
izurri : épidémie

J

jabe : propriétaire
jabekide : copropriétaire
jabetasun : propriété
jaurtigailu : lanceur
jabetza : propriété d'un bien
jadanik : déjà
jagoiti : dorénavant
jaiki, /-itzen,/-iko : se lever
jainko : dieu
jainkozko : divin
jaio,/-otzen/-oko: naître
jaioterri : pays natal
jaitsi: descendre
jakin: savoir (n.)(v.)
jakile : témoin
jakingarri : intéressant
jakinmin : curiosité
jakintsun : savant
jakinarazi : notifier
jale : mangeur
jan, jaten, jango : manger
jangela : salle à manger
jantxakur : parasite
jantzi : se vêtir
janzahar : à jeun
jaramon egin : faire attention
jarautsi : hériter
jario : s'écouler
jariogai : fluide
jarraiki,/-tzen/-iko
: suivre
jarraipen : suite
jarrera : position
jarri : installer
jasan : souffrir, supporter
jasaile : patient, opprimé
jasan : supporter
jaso : soulever
jatetxe : restaurant
jator : authentique
jatorri : origine
jaun : monsieur, seigneur
jaunerri : seigneurie
jaunkeria : prétention
jauntasun : seigneurie
jauntxokeria : caciquisme
jauregi : manoir
jaurtiki : lancer
jausgailu : parachute
jauskari : parachutiste
jautsi : descendre
jauzi/-zten/-ziko : sauter
jauzi : saut
jazar(tu) : se révolter
jazarkunde : révolte
jelos : soupçonneux
jelostu : soupçonner
jendaila : canaille
jendaurreko : public
jendetasun : courtoisie
jesan : emprunter (obj.)
jipoi : rossée
jo : jouer de la musique
: s'adresser à
joan : aller
joanera : départ
joera : tendance
jokabide : comportement
joka(tu) : jouer
jokalari : joueur, acteur
jolas : propos
jole : musicien (joueur)
jorrai : sarcloir
josi : coudre
jostailu : jouet
jotzaile : frappeur,

K

kabia : nid
kabila : cheville
Kabilia : Kabylie
kabiliar : kabyle
kabinete : cabinet (politique)
kadena : délivre animale
kadira : chaise
kafe : café (établissement)
kafehogailu : moulin à café
kafeontzi : cafetière
kafetegi : caféterie
kai : jetée de port
kaiku : pot à traire, imbécile
kaio : mouette
kaka : excrément
kakegin : déféquer
kako(mako) : crochet
kalamu : chanvre
kale(karrika) : rue
kaledoniar : Caldoche
kaletar (hiritar) : citadin
Kalifornia : Californie
kaliforniar : Californien
kalipu : force et volonté
kalkatu : gaver
kalkulu : calcul
kalte : dégât
kaltegarri : nuisible
Kanariak : Les Canaries
kanoi : canon
kanpaleku : camping
kanpo : dehors
kanporatu : sortir
Kanputxea : Cambodge
kanputxear : Cambodgien
kantatu(abestu) : chanter
kantaldi : concert de chant
kantari(abeslari) : chanteur
kantitate: quantité
kantoi : angle
kapa : cape
kapela : chapeau
kapera : chapelle
kaporal : caporal
karta : carte postale
kartografia : cartographie
karraska : craquement
karraskatu : craquer
kaska(ukaldi) : coup
kasko(gara) : crâne
kasta : caste
kasu : attention
Katalunia : Catalogne
katalanera : catalan(ling.)
katastro : cadastre
kate : chaîne
kateatu : enchaîner
kaxa : caisse
- ke : privatif
ke : fumée
kebide : conduit (fumée)
keetu : enfumer
kendu : soustraire
kengarri : révocable
kenketa : soustraction
kentzaile : soustrayeur
ketxuar : quechua (adj.)
kexatu: se plaindre
kexu : irrité
kezka : préoccupation
kezkagarri : préoccupant
- ki (gi) : matière, morceau
- kide : co-
kikera : tasse
kilo : kilo
kimia : chimie

kinkiladenda : mercerie
kintale : quintal de 50 kg
kiribil : spirale
kirola : sport
kirolaldi : saison de sport
kirten : manche, tige
kiski-kaska : à tour de bras
kisu : chaux
kitzikatu : exciter
- kizun : possible
kobre : cuivre
- koi : porté à
koipe : graisse fondue
- koitz : suffixe distributif (**bakoitz, bikoitz etc.**)
kok : faillite
kokotz : menton
kolore(margo) : couleur
komun : cabinet d'aisance
komunztadura : accord (gram.)
kondar : résidu
kondenatu : condamner
kondoi : préservatif
kondu : facture
konfidantza : confiance
Kongo : Congo
konketa : cuvette
konkor : bosse, bossu
konkortu : se voûter
konkretu : concret
kono : cône
konpania : compagnie
konparatu : comparer
konplexu : complexe
konpondu : réparer
konponketa : réparation
kontularitza : comptabilité
kontraesan : contradiction
kontrairaultza : contre-révolution
kontra (aurka) : contre
kontrol : contrôle
kontseilu : conseil(pol.)
kontserba : conserve
kontsolatu : consoler
kontu : facture
kontuz(kasu!) : attention!
kontzeptu : concept
koperatiba : coopérative (**lankidegoa**)
kopeta (bekokia) : front
kopiatu : copier
kopuru : quantité
korapilo : noeud
korbon : dividende
korda : petite corde
Korea : Corée
koreera : coréen (langue)
KornubiCornouaille(G.B.)
kornubiera : cornique
korroka (opets) : rôt
korsikar : Corse(pers.)
kortsari : corsaire
koska : entaille
koskoil : testicule
kostatu : coûter
kraskatu : se briser
kresal : saumure
krida : ban , publication
kripta(elizazpi) : crypte
kristau, kristiar: chrétien
kristautasun christianisme
Kristo : Christ
kritika : critique
kritikalari : critique(prof.)
kroaziar : Croate
kronologia : chronologie
krudel (anker) : cruel
kuartzo : quartz
kubatar : Cubain

kubiko : cubique
kubo: cube
kudeaketa : gestion
kudeatu : gérer
kudeatzaile : gestionnaire
kui : cobaye cochon d'Inde
kuku : coucou (ois.)
kukulore : digitale
kukurusta : crête (an.)
kuleto (gorringo) : oronge
kultura : culture (non agron.
kuluska : somnolence
kuma(gima) : crinière
- kume : progéniture animale
(**otsokume** : louveteau)
- kunde : faculté de
- kuntza : action abstraite
kurba(makur) : courbe
kurdiar : Kurde (peuple)
kurdiera : kurde (langue)
kurios (begiluze) : curieux
kuriostasun : curiosité
kurkuildu : égréner
kurkulu : jeu d'osselets
kurlo : nain
kurritu : parcourir
kurrika : tenaille (forge)
kurrilo : grue (ois.)
kurrin : grognement
kurrinkari : grognon
kurrunka : ronflement
kurrunkagile : ronfleur
kurruska : cartilage
kurubilkatu : se lover
kusku : coquille d'œuf
kuso : épouvantail
kutsatu : contaminer
kutsadura : contamination
kutsagaitz : immune (biol.
kutsagaitztasun immunité
kutsakor : contagieux
kutsu : reste, ou typique
kuttun : préféré
kutxa : caisse de banque
kutxazain : caissier
kuzka : coup fort
kuzkurtu: se courber
Kymro : pays de Galles
kymrotar (gales): Gallois
kymroera : langue galloise

labain : glissant
labaki : essartage
laban : couteau
labe : four
labio : buée
laborantza : agriculture
laborari : paysan
laborategi : laboratoire
labore : céréale
labur : court
laburbide : raccourci
laburtu : raccourcir
laburketa : réduction
laburmetraia : court-métrag
laburpen : résumé
lagun : compagnon
lagundu : aider
Lagundi : Compagnie (Jésus)
lagunarte : bande d'amis
lagungarri : stimulant
laguntasun : camaraderie
laguntza : assistance
laguntzaile : assistant
lainatu : embuer
laino : brouillard (nom)
laino : simple (adj.)
lainotasun : innocence
lainoztapen : fumigation
laister : rapide
laisterkaegin: courir
laisterkatu : pourchasser
laketu: se plaire
lan : travail
lanbide :professionel
landare : plante
landatu: planter
lanegun : jour ouvrable
langabezia: chômage
langelditze :arrêt de travail
langile : travailleur
langilegoa: monde ouvrier
lankide : collègue,
lankidegoa : coopérative
lankidetasun :coopération
lankidetza : collaboration
lanordu : heure de travail
lanpetu : surmener
lanputs : émoussé
lansari : salaire
lantegi : usine
lantoki : poste de travail
lantze façonnage
lapats : grumeau
lapur : voleur
lapurreta : vol (délit)
Lapurdi : Labourd(prov.)
lapurtar : Labourdin
lapurdiera :labourdin(dial)
lapurketa : vol répété
lapurteria : bande
laranja : orange
laurogei : quatre-vingts
larratu : faire paître
larre : pâturage (lande)
larri : grossier, grave
larru : peau, cuir
larrutu : dépouiller
larrua apaindu : tanner
larrua jo : faire l'amour
larrudenda : fourrurerie
larunbat : samedi
lasai : tranquille
lasaitu : se relaxer
lasaigarri : tranquillisant
lasaka : libertin
lasto: paille

latindar: latin(adj)
latorri : tôle
lats : ru
latsarri : pierre de lavoir
latz : âpre
lau : quatre
lauburu : swastika basque
laudorio : éloge
lauki : carré
laukigailu : tabulateur
lauko(marko) : cadre
laun : plat
lauoineko : quadrupède
lau(r) : quatre
laurden : quart
laurdenkatu : écarteler(tort.)
laurgarren : quatrième
laurkun : quadruple
lauroinka : au galop
laurehun : quatre cents
laurogei : quatre-vingts
lauskitu : presser ;exprimer
lauso : trouble(adj.)
laztan egin : caresser
legar : gravier
legatz : colin, merlu
lege : loi
Lege Biltzar : Assemblée Législative
vêtement
legegai : projet de loi
legegile : législateur
legegintza : législation
legegizon : homme de loi
legehauste : délit
legelari : juriste
legeliburu : code de lois
legez : comme
legezko : légal
legeztatu : légaliser
legio : légion (milit.)

legor(lehor): sec continent
legorte : sécheresse
legun(leun) : lisse
lehen : premier
lehenago: jadis, autrefois
lehenbailehen au plus tôt
lehenbizi : première fois
lehendakari : président
lehengai : matière première
lehengusina : cousine
lehengusu : cousin
lehentasun : priorité
lehertu : éclater
lehergai : explosif
lehergailu : engin explosif
leherkari : occlusive
lehia : zèle et ardeur
lehiatu : s'obstiner
lehiaketa : concours
lehiakide: compétiteur
lehoi : lion
leiho : fenêtre
leize : goufre
leku : endroit
leku egin : s'éloigner
lekuko : témoin
lelo : stupide, refrain
lepo(mendate): col (géo.)
lepo : cou col de
leporatu : accuser
lerden : svelte
lerratu : glisser
lerro : file, ligne
lerroalde : paragraphe
lerrokatu : s'aligner
lertxun : tremble (arbre)
letagin (betagin) : canine
letoin : laiton
letra : lettre de l'alphabet
leundu : polir

libaniar : Libanais
libera : franc
libertate : liberté
libreganbio : libre-échange
liburu : livre
liburudenda : librairie
liburugile : imprimeur
liburugintza : livre (activité)
liburusaltzaile : libraire
liburutegi : bibliothèque
liburuxka : livret
liho : lin
likits : lascif
likiskeria : fornication
lili(lore) : fleur / prostituée
lillura : fascination
linazi : graine de lin
linbo : limbe
lipar : petit temps / espace
lirin : blette
lisatu : repasser
lisatzaile : repasseuse
Lisboa : Lisbonne
liskar : dispute
listu : salive
literatura : littérature
litro : litre
lits : effilochure
lituaniar : Lithuanien
lituaniera : lithuanien(lang.))
liturgia : liturgie
lixiba : lessive liquide
lizar : frêne
lizardi : frênaie
lizentzia : licence(univers.)
lizeo : lycée
liztor : guêpe
lizun : obscène
lo : sommeil
loakartu : s'endormir
loaldi : temps de sommeil
lobelar : opium
lodi : gros
loditasun : obésité
lo egin : dormir
loeragile : endormant
loerdi : somnolence
logabe : insomniaque
logale : qui a sommeil
logaritmo : logarithme
logela : chambre à coucher
logika : logique
lohadar : membre du corps
lohi 1. boue
2. corps (archaïsme)
lohitu : se salir
lohidura : tâche
lohiztatu : éclabousser
loka : poule ,“fille” glousse
lokarri : lien
loki : tempe
loratu : fleurir
lorakuntza : floraison
loraldi : temps de floraison
lore : fleur
loreontzi : pot de fleur
lorio : porche
lorpen : réussite
loti : endormi, dormeur
loto : fleur de lotus
lotsa : honte, pudeur
lotsagabe : sans vergogne
lotu : attacher
luberri (voir labaki)
lubizi : éboulement de terre
lugorri : jachère
luhartz : courtilière
luhesi : digue de terre

lukainka : saucisse
lukurari : usurier
lukuru : usure
luma(hegats) : plume
lumatu : plumer
lumatxa : duvet
lumazorri : pou des oiseaux
lunbago : lumbago
lupe : souterrain
lupu (eskorpio): scorpion
lur : terre
lurtu : se convertir en terre
lurbelztu : fondre (neige)
lurbira : tour du monde
lurburu : pôle
lurgintza : agronomie
lur gizen : terre fertile
lurdun : possesseur de terre
Lur Jakintza : Science de la Terre
lur jo : ruiné
lurkoi : terrestre
lurlangile : agriculteur
lurra eman(ehortzi) : enterrer
lurra galdu : émigrer
lurrak hartu : s'aclimater
lurralde : territoire
lurraldetasun : territorialité
lurrazal : surface terrestre
lurremaitza : production agric.
lurremenda : nivellement
lurreratu : aterrir
lurreztatu: couvrir de terre
lurrikara : séisme
lurrin : parfum
lurrindegi : parfumerie
lurrineztatu : parfumer
lurrontzi : poterie
lurrun : vapeur
lurrungarri : évaporable
lurruntzapen :évaporation
lursagar : pomme de terre
lurtar : terrestre
lurtiar : attaché à la terre
lurtupina : marmite
lusitaniar : Lusitanien
lusuil : jarre à eau
Luthertiar : Luthérien
luza/tu : allonger
luzagarri : ductile
luzapen : prolongation
luzaro: longtemps
luze : long
luzeki : longuement
luze-labur : dimension
luzemetraia: long-métrage
luzetasun : longueur
luzetsi : trouver long
luzexka : un peu long
luze-zabal : extension

M

Madalen : Madeleine
Madari(udare) : poire
Maddi : Mariette
Madrile : Madrid
madrildar : Madrilène
magal(altzo) : giron
mahai : table
mahasbilketa : vendange
mahasgintza : raisin(activ.)
mahasti : vigne
mahats : raisin
mahatsaro : vendange (temps)
mahatsondo : pied de vigne
Mahoma : Mahomet
mahuka : manche de vêtement
maiatz : mois de mai
maila : degré
mailakatu : graduer
mailegatu : emprunter (objet)
mailu : marteau
maindire : drap de lit
maitagarri : aimable
maitale : amant
maitasun : amour
maitatu/-tzen/-tuko : aimer
maiteena : préféré(e)
maiz : fréquemment
maiztasun : fréquence
makal : peuplier noir
makal : physiquement faible
makatz : fruitier sauvage
makil : bâton
makinari : machiniste
mako : crochet pointu , esse.
makroegitura : macrostructure
makur : courbé ,tordu
makurtu : courber
malagasiera : malgache (lang.)
malgu : souple
malgutu : assouplir
maltzur : fourbe
mami : mie, coeur
mamu : fantôme
mando : mulet
Manex : Jean (diminutif)
margolan : peinture
margolari : peintre
marmoka : méduse
marokiar : Marocain
Maroko : Maroc
marra : trait
marraka : cri animal
marrazki : dessin
marrazkilari : dessinateur
marrazkitu: dessiner
marrazo : requin
marrubi : fraise
marruskatu : malaxer
martxo(epaila) : mars
matxura : avarie
mehatxatu : menacer
mehatxu : menace
mehe : maigre
Meka : La Mecque
menda : menthe
mende : siècle
mendebalde : ouest
mendi : montagne
mendixka : colline
menpe : dépendant
merezitu : mériter
merkaldi : temps de soldes
merkatu : marché
merkataritza : commerce
merke : bon marché
merketza : solde

mesedez : s'il vous plaît
mespretxatu : mépriser
mespretxu : mépris
meta : pile, tas
metafora : métaphore
metal : métal
metro : mètre
Mexiko : Mexique
meza : messe
Mezenas : Mécènc
mezu : message
miauka : miaulant
miazkatu : lêcher
mihi : langue(organe)
mihise : drap
mihistatu : chanfreiner
mihura : gui
mikroskopio : microscope
mila : mille
milesker : merci
min : 1mal et douleur 2. épicé
minbera : sensible
minbizi : cancer
mindu : vexé , sure, moisi
mingar : de saveur piquant
mingots (mingatz) : amer
mintegi : pépinière
mintz : membrane
mintzaira : langue,idiome
mintzatu : parler
mintzatzaile : orateur
minutu : minute de temps
mira (sendagaila) : prodige
mirail (ispilu) : miroir
mirari, mirakulu : miracle
miresgarri : admirable
miresle : admirateur
mirespen : admiration
miretsi : admirer
miru : milan(ois.)
misterio : mystère
mistika : mystique
mixto : mixte
mizpira : néfle
mizto : dard(insecte,vipère)
moko : bec
molde : moule
moltsa : bourse
mordo : grappe
morroilo : serrure
morroilogile : serrurier
morroin : jeune serviteur
morrosko : jeune et solide
Mosku : Moscou
motel : bégayeur
moteltasuna : bégaiment
motore : moteur
motz : bref, court
moztasun : briéveté
moztu /ten/tuko : couper
mozkin : bénéfice
mozkor : ivre
mozorro : masque
muga : limite , frontière
mugarri : borne
mugitu : bouger
muin : matière nerveuse
murriztu : réduire
musu : baiser
musuzapi: mouchoir
mutiko : garçon
mutil : jeune homme
mutur : museau , extrémité
mutur egin : bouder
muturluze : indiscret
muturreko : gifle
muturtu : bouder
mututu : devenir muet
mutxurdin : vieille fille
muzin egin : bouder

ñabar : bigarré
nabaritu :percevoir
nabarmen : remarquable
nabarmendu : se distinguer
ñabartu : se bigarrer
nabigatu : naviguer
nafar(nafartar) : Navarrais
Nafarroa : Navarre(royaume)
nagi : fainéant
nagusi : (nom) patron
: (adj) principal
nagusitu : dominer
nahas-mahas : méli-mélo
nahasbide : confusion
nahasdura : mélange
nahasgabeki : purement
nahasgailu : mélangeur
nahasgarri : qui embrouille
nahasi /-ten /-iko: mélanger
nahaskatu : embrouiller
nahi , nahi ukan : vouloir
nahikor : volontaire
nahimen : qualité de volonté
nahikunde : volonté (prat.)
nasai(ugari) : abondant
nazkatu : détester
neba : frère pour la soeur
negu : hiver
nekatu : (se)fatiguer
nekazari : paysan
nekazaritza : agriculture
nekagaitz : infatigable
neke : difficile
nekez : difficilement
neska : fille
neskatil : jeune fille
neurgai : objet à mesurer
neurgailu : appareil de mesure
neurri : mesure
neurtu : mesurer
neutro : neutre
ni.+ verbe être : je , moi
nik + verbe avoir : je, moi.
nigar(negar) : larme
niketz : de ma part
nilon : nylon
nini : bébé
nire : mon,mes
noiz : quand?
noizbait : quelque jour
noiznahi: n'importe quand
nola? : comment?
nolabait : en quelque sorte
non : où?
nonbait : quelque part
nondik : d'où
nontsu : où donc?
nor : qui ?
nora : vers où
norbait : quelqu'un
norbera : chacun
norberakoi : égoïste
Normandia : Normandie
nornahi : n'importe qui
nortasun : identité
nortu : personnaliser
nortzu : qui donc?
Noruegia : Norvège
noruegiar : Norvégien
noruegiera : norvégien
noski : certes
nostalgia : nostalgi
notari : notaire
notaritza : étude de notaire
nukleu : noyau
nulu : nul (math.)

O

obeditu : obéir
obra : œuvre (**obrak** : travaux)
odol : sang
odoldu : ensanglanter
odolemaile : donneur de sang
odolisurle : verseur de sang
odoljario : saignement
odolustu : saigner
ogen : faute morale
ogendun : coupable
ogi : pain
ogibide : moyen de vivre
ohar : note, remarque
oharkabe : par inadvertance
oharketa : prise de note
ohe : lit
oheburu : tête de lit
ohemahai : table de nuit
oheratu / : se coucher
ohi : ex -
ohitu s'accoutumer
ohigabe : inhabitué
ohiko : habituel
ohikuntza : habitude
ohitura : tradition
ohoin : voleur
ohol : planche
oholtza : cloison mobile
ohoratu : honorer
ohore : honneur
oihal : toile
oihan : forêt
oihu : cri (**oihuegin** : crier)
oilar : coq
oilanda : poulette
oilasko : poulet
oilo : poule
oin : pied
oinetako : chaussure
oinezko : piéton
ointuts : nu-pieds
oker : tordu, défaut
okertu : tordre
okin : boulanger
okindegi : boulangerie
olagarro : pieuvre
olde : volonté décisive
oldoztu : penser
olerkari : poète
olerki : poème
olerkigintza : poétique(n.)
olerkizale: poèmophile
olgatu : se divertir
Olinpo : Olympe
olio : huile
olo : avoine
omen : dit-on, paraît-il
omenaldi : hommage
on : bon
ondo (ongi) : bien
on egin! A la vôtre!
onartu: accepter
onbidetsu : vertueux
ondakin : résidu
ondakintegi : déchetterie
ondare : patrimoine
ondasun : biens
ondo : fond
onddo : champignon
onddobeltz : cèpe
ondoko : descendant
ondore : conséquence
ondorio : conclusion
ongarri : engrais
ongi : bien
ongi etorri : bienvenue

ontzi : vaisselle
ontzitegi : vaisselier
oparitu : offrir
opari : cadeau , sacrifice
Roncevaux
opil : petit pain
opor : vacance
orain : maintenant
orainaldi : présent (gram.)
oraingotasun : actualité
oratu : pêtrir
orbain : cicatrice
orban : tâche sur la peau
ordain : paiement
ordainbide : paiement (mode)
ordaindu,/-tzen,/-duko: payer
ordainketa : paiement
ordainsari : récompense
ordaintzaile : payeur
ordena : ordre
ordenagailu : ordinateur
ordezkari : délégué
ordezkaritza : délégation
ordezko : à la place de
ordeztezin : irremplaçable
ordoki : plaine
ordu(oren) : heure
orduan : alors
ordulari : montre
oreka : équilibre
orekatu : équilibrer
organo : organe,orgue
orkatz : chevreuil
orkume : chiot
(h)ormairudi : poster
oroitu : se souvenir
oroigarri : mémorisant
oroimen : mémoire
oroitzapen : souvenir
orokor : général
orotara : total

orpo : talon
orratz : aiguille
orraze : peigne
Orreaga :
orri : feuille de papier
orrialde : page
ortzadar : arc en ciel
ortzi : ciel (astronomie)
ortzondo : horizon
osaba : oncle
osagai : élément
osatu : compléter , guérir
osasun : santé
oskol : coque de fruit
oso : entier
osoki : entièrement
osotasun : intégrité
ospakizun : célébration
ospatu : célébrer
ospitale : hôpital
ostalari : hôtelier
ostalaritza : hôtellerie
ostatu : hébergement
ostegun : jeudi
ostera : à nouveau
ostiko : coup de pied
ostiral : vendredi
otarteko: sandwich
ote : donc , interrogatif
otoi : s'il vous plaît
otsaila : février
otso : loup (anim.prén.)
otxanda : louve(prénom)
ozen : sonore
ozkorri : aurore
ozpin : vinaigre
ozta-ozta: difficilement
oztopo : obstacle naturel
oztopobide : obstacle
oztopo egin : gêner

P

pabo : paon
pagano : païen
pagantasun : paganisme
pagatu : payer
pairakor : souffrant, tolérant
pairatu : souffrir, endurer
pakistandar : Pakistanais
pala : pelle
palazio : palais
paldo : pieu
panpa : bruit sourd,
panpatu : batte quelqu'un
paparo : gésier
paper : papier
papertegi : papeterie
papogorri : rouge-gorge
paradisu : paradis
paralerro : parallèle
pare : égal
Parise : Paris
Pariseko : habitant de Paris
paristar :Parisien (natif)
parra-parra : abondant
paseatu :(ibili) se promener
- pe : dessous
- pen : suffixe d'action
pena : peine
pentsaketa : méditation
pentsatu : penser
peredikatu : prêcher
perestu : actif
pertika : aiguillon
pertz : chaudron
Peru : Pérou
Petiri Santz : la faim personnifiée
petroliuntzi : pétrolier
pikondo : figuier
pila : pile
pijama : pyjama
pilota : pelote basque
piltzar : guenille
pilula : pilule
pipa : pipe
piper : piment vert
piper beltz : poivre
piper gorri : piment rouge
piper egin : faire la bleue
piperrondo: piment(pied)
pipita : noyau , clitoris
pisatu : peser
pito : pénis
pittili : verge d'enfant
pixa : urine
pixkabat : un peu
pixontzi : pot de chambre
pizkunde : renaissance
piztu : allumer, ressusciter
plegatu : plier
plomu(berun) : plomb
polbora : poudre d'arme
poker (opets) : rot
populu : peuple
porru : poireau
portu : port de mer
portugaldar : Portugais
Posta : Poste
pottoka : petit cheval
poz : joie
pozik : content
pozoin : poison
poztu : se réjouir
presontegi : prison
prezio : prix
prima/primu : héritier(e)
profeta : prophète
puntu : point

R

(des noms de lieux, de personnes, de réalités étrangères ou des noms scientifiques internationaux commencent par cette lettre)

S

sabai : grenier / palais (anat.)
sabel : ventre
sabelaldi : grossesse
sabelgorri : cruel
sabelekomin : douleur abdo.
sabelmin : appréhension
sabi : amygdale
sagar : pomme
sagardo : cidre
sagu : souris
sahats : saule (bot.)
sai : rapace
saiatu : essayer
saiakera : essai écrit
saio : essai , tentative
saihets : côté
saihetsezur : côte
sail : département , groupe
sailburu : chef de département
sailkapen : classification
sailkatu : classer
saindu : saint
saindutegi : sanctuaire
saixuri : percnoptère (vautour)
sakatu : pousser à fond
sakela : poche
sakil : ébrèchure, bec de lièvre
sakon : profond
salatu/-tzen/tuko : dénoncer
salatari : dénonciateur
salbamendu : sauvetage
salbatu : sauver
Salbatore : fête de l'Ascension
salda : bouillon
saldu/-tzen/-duko : vendre
salgai : marchandise
salpen : action de vendre
saltegi : magasin
saltsa : sauce
saltsatu : gâcher la chaux
saltzaile : vendeur
saltzapen : vente
samur : tendre
sano : sain
sapa : sève
sardexka : fourchette
sare : filet
sarekada : rafle (policier)
sarekagia : pantière
sarga : branchage fourchu
sari : récompense , salaire
: prix littéraire
sarkor : pénétrant
sarrail : serrure
sarraski : carnage
sarrera (sarbide) : entrée
sartu + être : entrer
sartu + avoir : introduire
sasi : broussaille , pseudo-
saski : petit panier
saski-baloi : basket-ball
satorlan : conspiration
saturdin : campagnole
segail : au corps mince
segurantza : assurance
segurtasun : sécurité
sehi(otsein) : domestique
sei : six
sein(ume) : petit enfant
seinale : panneau

sekulan(inoiz) : jamais
sekulako(betiereko) : éternel
selaura : étage
semaforo : feu de circulation
seme : fils
senar : mari
sendabide : guérison (moyen)
sendagai : remède
sendagaitz : difficile à guérir
sendatu : guérir
sendotu : se fortifier
sentimendu : sentiment
sentipen : sensation
serbiar : Serbe
serios : sérieux
serora : religieuse
seta : obstination
Sida (voir HIES)
simaur(gorotz) : fumier
sinatu : signer
sinesbera : crédule
sinesdun : fidèle
sineste(sinesmen) : croyance
sinestezin : incroyable
sinetsi,/-sten/-tsiko : croire
siriar : Syrien
sista : piqûre
sobera(gehiegi) : trop
sodio : sodium
soegin(begiratu) : regarder
sohorna : ruelle
soin : épaule
soinu : d'orchestre, bal.
soka : cordage
solairu : étage
solairuarte : entresol
solas : conversation
soldadu : soldat
soldadutza : service militaire
somatu : flairer
sor : insensible
soraio : endurci
sorgarri : calmant (med.)
sorgin : sorcier
sorginorratz : libellule
sorgortu : anesthésier
sori : licite (religion.)
soriez : illicite
sorkuntza : création
sormen : créativité
sorospen : secours
sorrera : naissance
sortu/-tzen/-tuko : naître
sortzaile : créateur
sortzezko : inné
sos (diru) : argent
su : feu
sudur : nez
sudurzapi : mouchoir
Suedia : Suède
suegin : faire du feu
sueten : cessez-le-feu
sugai : combustible
suge : serpent
sugitsu (ziraun) : orvet
suhin: gendre
suhiltzaile : pompier
suizar, helbetiar : Suisse
suil : seau
sukalde : cuisine (pièce)
sukaldaritza : cuisine (art)
sukar : fièvre
sumendi : volcan
sumindu : se fâcher
suntsigarri : dévastateur
suntsitu : dévaster
suodi : tuyère
supazter : âtre
susara : vache en rut
sutu/-tzen/-tuko : s'irriter

T, TX

tabako : tabac
taberna : café- bar
Tadzikistan : Tadjikistan
taktika : tactique
tai : interruption
taigabe : sans interruption
taiu : allure, forme
takataka : à petit pas
talde : groupe, équipe
taldeburu : chef d'équipe
taldelan : travail d'équipe
talka : coup de la tête
talo : galette de maïs
tanta : goutte
tanto : 1 jeton, 2.étron
tapailu : bouchon
tarranta (lit.) : camion
tarte : intervalle
taupada : battement de coeur
te : thé
tegi : abri
teila : tuile
teilatu (hegatz): toit
telebista : télévision
telefono : téléphone
teleikusle : téléspectateur
telesaio : émission télévisé
tema : obstination
tentatu : tenter, attirer
Ternua : Terre Neuve
testu (idazki) : texte
- tar : habitant de
- ti : adjectival (porté à)
- tiar : partisan de
tindu : peinture
tinta : encre
tipula : oignon
tiratu : tirer
tiro : tir d'armes
tiroide : thyroïde
tirokatu : tirer (arme)
toki : endroit, place
tolestu : plier
Tolosa : Toulouse (France)
: Tolosa (Guipuzcoa)
tontor : sommet
topaketa : rencontre
topatu : rencontrer
toreatzaile : torero
torloiu : vis
tornu : tour(techn.)
torre : tour (arch.)
tortitx : chêne - liège
traba (oztopo) : obstacle
traidore : traître
tratu : négoce, accord
tren : train
trenbide : chemin de fer
trenpu : état de santé,
treslata (kopia) : copie
tresna : outil
triskatu : pulvériser
triskantza : destruction
tronpeta : trompette
troxa : lange
trukatu : échanger
truke : échange
trukesak : tenailles
trumilka : en masse
trumoi : tonnerre
tuegin : cracher
tupin : marmite
turismo : tourisme
Turkia : Turquie
turuta : cor (mus.)
turrusta : cascade

txabola : cabane
txabolatoki : bidonville
txahal : veau
txairo : svelte
txakolin : vin blanc basque
txakur : chien, policier (pej.)
txakurume : chiot
txakurtegi : niche
txalaparta : xylophone
txalapartari : xylophoniste
txalo : applaudissement
txalupa : chaloupe
txanda(aldi) : tour (fois)
txango : excursion
txano : casquette
txanpon : fric
txapasta : éclaboussure
txapastatu : éclabousser
txapel (kapel) : chapeau
txar : mauvais , maigre
txarki(txarto) : mal
txarranga : fanfare
txartel : billet
txeke : chèque
Txetxenia : Tchètchènie
txekiera : langue tchèque
txepel : tiède (psychol.)
txerri : porc
txerto : greffe , vaccin
txiki (txipi) : petit
txikito : couplet pornographique
Txile : Chili
txilin (txirrin) : sonnette
tximino : singe
tximist : éclair
Txina : Chine
txinar : chinois
txinera : langue chinoise
txingar : étincelle
txingilika : à cloche pied
txio : piaillement
txipa : vairon
txipi(voir **txiki)** : petit
txipiroi : chipiron(calmar)
txirikorda : tresse
txirimizkatu : marmonner
txirla : palourde
txiro (behartsu) : pauvre
txirrin (txilin) : sonnette
txirrindula : bicyclette
txirrindulari : cycliste
txirtxita : grillon
txispildu : griller
txiztatu,(zistatu): piquer
txistor : saucisse fraîche
txistu : fifre basque
txita : poussin, oisillon
txitxardin : civelle
txitxarro : chinchard
txitxi : viande (puéril)
txisa (pixa) : urin
txoko (xoko) : coin
txokolate : chocolat
txonta : pinson
txontxongilo : marionette
txori : passereau
txoriarte : piège à oiseaux
txorimalo : épouvantail
txorrotx : rémouleur
txosna : stand
txosten : exposé
txukun : soigné, propre
txunditu : s'étonner
txurdunpa : branlant
txurrutegi : évier
txurten : pédoncule
- tza : action
- tzaile : agent
tzar : très mauvais
- **tzat** : pour

U

uda : été(saison)
udaberri : printemps
udal : municipalité
udaletxe : hôtel de ville
udalzain : policier municipal
udalzerga : impôt local
udare : poire
ugari : abondant
ukaldi : coup
ukatu : nier
ukabil : poing
ukalondo : coude
ukan : verbe avoir
uko egin : refuser
ukraniera : ukrainien (lang.)
ulermen : compréhension
ulertu : comprendre
ume : progéniture
umoi : utérus animal
umontzi : utérus humain
umotu : mûrir
unatu : fatiguer
une : moment
untzi : bateau
untzigintza : nautique (cons)
untziratu : s'embarquer
untzixka : barque
untzizain : pilote
upatu : se dresser
upela (dupela) : barrique
ur : eau
urdail : estomac
urdailmin : dyspepsie
urde : cochon (et salaud!)
urdin : bleu
uretaratu : mettre à l'eau
urin : graisse
urizkitu : fouler aux pieds
urkagai : futur pendu
urkatu : pendre
urki : bouleau
urko : prochain (pers.)
urlaster : eau courante
urlo : eau dormante
urmael : étang
urmin : hydropisie
uroilo : poule d'eau
urpeko : sous-marin
urragintza : orfèvrerie
urrats : pas
urratu : déchirer
urre : or
urrila : octobre
urriza : femelle
urruma : roucoulement
urrun (urruti) : loin
urtaldi : année
urtarril : janvier
urte : an
Urte Berri : An Nouveau
urtekari : annuaire
urteurren : anniversaire
urtzaile : fondeur
urtzapen : liquéfaction
usain : odeur
usaindu : sentir fort
usnatu : flairer
uste : opinion peu sûre
ustegabe : inopiné
ustel : corrompu, pourri
usteldu : corrompre
ustelezin : incorruptible
ustelkor : corruptible
ustiratu : exploiter
ustutxa : étui
utzi,uzten,utziko: laisser

utziera : abandon
utziezin : inrenonçable
uxatu : chasser à la poursuite
uzker (puzker) : pet
uztai : arc, cerceau.
uztail : juillet
uztarpetu : assujétir
uztarri : joug

X

(diminutifs de mots à initiale"z")

xabal : un peu large
xaboi : savon
xabor : cailloutis (route)
xafla : plaque, lame
xahako : petite gourde à vin
xahar(zahar) : petit vieux
xamar : blouse d'homme
xantxa : vase à traire
xareta (kereta) : claie
xarnego : métis culturel
xarramiko : égratignure
xatar(troxa) : lange
xedatu : délimiter (sport)
xede : intention
xehatu : hâcher.
xehe : (adj.) fin
xehetasun : détail
xeken : radin
xenita : redingote
xerra : tranche mince
ximiko : petit pincement
xirrimirri : crachin, bruine
xirripa : filet d'eau
xirtxil (zirtzil) : négligé,
xixare : ver de ventre
: (lombric) **lurxixari**
xoko(v. **txoko**) petit coin
xoro(v. zoro) : déboussolé
xorrotx : aigu
xorroxle : rémouleur
xotin : hoquet
xoxo : merle, vulve
xuhur : (adj.) économe
xuhurtu : se raréfier
xume : humble
xurgatu : sucer
xuri (txuri) : blanc
xurikeria : flagornerie
xuriketa : 1. crépi
2. lessive
xuritasun : blancheur
xurpail : blanchâtre
xutik (zutik) : debout
xuxen (zuzen) : droit

Z

zabal : large
zabaldu, /-tzen/-duko élargir, ouvrir en grand
zabalera : largeur
zabalik : ouvert
zabalkunde : diffusion
zabaltasun : ouverture,
zabar : personne corrompue
zafla : giffle
zaflatu : battre (obj.pers.)
zahar : vieux, ancien
zaharsari : retraite (pens.)
zahartu: vieillir
zahi : son
zaia : robe longue
zail : coriace, tenace
zaildu : s'endurcir
zailtasun : ténacité, difficulté
zain : vaisseau sanguin
zainauzi (zantiratu) : luxer
zaindu : garder(surveiller)
zainil : apathique
zaintza : surveillance
zakar : (nom) croûtes
zakartsu : croûteux,galeux
zakil : verge
zaku : sac
zakur : grand chien
zakureztul : coqueluche
zalantza : hésitation
zalantzakor : douteux
zalbide : chemin muletier
zaldain : passerelle
zaldare : picotin
zaldi : cheval
zaldikatu : caracoler
zalditegi(barruki) : écurie
zaldizko : cavalier
zaldun : chevalier
zalduntsa : amazone
- zale : amateur de
zaletasun : amateurisme
zaletu : prendre goût pour
zali : louche
zaltoki : selle
zama : charge
zamaketari : docker
zangar : vigoureux
zango : jambe
zankaluze : longijambes
zantar : immonde
zantzu : indice
zanpaldi : compression
zapaldu : écraser, réprimer
zapalgailu : pilon
zapalkuntza : répression
zanpatu : presser
zapata : chaussure
zapi : mouchoir
zaputz : bougon
zara : vous êtes (sing.)
zaragar : gale animal
zare : panier en bois tressé
zarete : vous êtes (plur.)
zarramiko : égratignure
zarrastatu : se déchirer
zarrasta : déchiture
zartagin : poële à frire
zatar : vieux chiffon
zati : morceau
zatiketa : division
zatitu : morceler
zaunka : aboiement
zauri : plaie
zauritu : blesser
zazpi : sept
zazpika : de sept en sept
zazpitan : sept fois

ze, zer : quoi?
zeargi : diaphane, translucide
zehagarri : digne de sanction
zehar(barru) : à travers
zehatu : châtier
: mesurer (textes anciens)
zehatz : précis
zehazgabe : imprécis
zehazpen : précision (donnée)
zehaztasun : précision (qual.)
zeihar : oblique
zeiharbide : traverse (chemin)
zeiharkatu : dévier
zein : quel? lequel?
zeingehiagoka : compétition
zekenki : chichement
zelai :. plaine, terrain de sport
zemai(mehatxu) : menace
zen : (il) était
zen : défunt
zenbagailu : compteur(app.)
zenbakari : numéral
zenbaki : chiffre , numéro
zenbakitu : numéroter
zenbat : combien
zenbatu : compter
zenbatzaile : compteur(pers.)
zentimo : centime
zentzatu : s'amender
zentzu : bon sens
zentzugabetu : perdre la raison
zera : machin, truc
zerbait : quelque chose
zerbitzatu : servir
zerga : impôt
zigortu : punir
zikin : sale
zikindu : salir
zikinkeria : saleté, ordure
zikintasun : saleté (défaut)
zikiratu : castrer
zikiro : mouton
zikoitz : avare
zilar : argent
zilegi : permis civilement
zilo (zulo) : trou
zimeldu : se flétrir
zimiko : fort pincement
zimitz : punaise (zool.)
zimur : ride, froissure
zimurtu : se rider
zin : serment
zinegela : salle de cinéma
zinegotzi : conseiller
zingira : marécage
zinki : sincèrement
zinkurin : gémissement
zintzarri : cloche de bétail
zintz : morve
zintzatu: se moucher
zintzilik : suspendu
zintzo : honnête
zintzotasun : droiture
zintzur : gorge (gosier)
zintzurkoi : goinfre
zio : motif
zipa(malko) : sanglot
ziri : cheville en bois
zirikatu : exciter
zirrara : émotion
zirristatu : glisser
zital : (adj.) fourbe
(nom) poison
zitaldu : devenir fourbe
zitzi : grosse viande
: personne musclée
ziur : certain
ziurtagiri : certificat
ziurtapen : certification
ziurtasun : certitude.

ziza : girolle
zizeilu : banc de coin de feu
zizkamizkak : hors d'œuvre
zizpa : fusil
zizpita : écharde
zohardi : ciel serein
zohatsi : dépouiller
: récupérer le miel des alvéoles
zohi : mûr
zoko : coin
zokor : motte de terre
zokoratu : mettre au rebut
zokozorri : blatte
zola : plancher
zoli : perspicace
zomorro : épouvantail
: insecte
zopa : soupe
zor : dette
zoragarri : enchanteur
zoratu : enchanter
zordun : débiteur
zorgabetu : payer ses dettes
zorigaixto : grand malheur
zorigaitz : malheur
zorion : bonheur
zorionak ! : félicitations!
zoriontasun : félicité
zorpetu : s'endetter
zorrak jan : ruiner
zorri : pou
zorriztatu : couvrir de poux
zorro : grand sac de voyage
: panse
zorrota : nichée, portée
zorrotu : ensacher
zorrotz : tranchant (prop.fig.)
zorroztasun : acuité
zorroztu : aiguiser
zortzi : huit
zortziurren : octave
zotz : bâtonnet
zozkatu : tirer au sort
zozketa : loterie
zozo : 1 merle 2. stupide
zu : vous (sing)
zuberera : dialecte souletin
Zuberoa, Ziberoa : Soule
zuberotar : Souletin
zubi : pont
zubibegi : arche de pont
zubibide : viaduc
zubihotz : cœur d'arbre
zubixko : ponceau
zuek : vous (plur.)
zuen : vos
zuhaitz : arbre
zuhamu : arbuste
zuhauts: vermoulure
zuhur : sage
zuhurtasun : sagesse
zulo (voir **zilo**)
zume : osier
zuntz : filament
zur : bois dœuvre
zurabe : madrier
zurbeso : montant en bois
zurda : crin
zurgin : menuisier
zurgin mahai : établi
zurgizen : aubier
zuri : 1 blanc 2. trompeur
zuribide : excuse
zurikeria : flatterie
zuritu : blanchir, justifier
zurrupatu : absorber
zutik : debout
zuzen : droit
zuzendari : directeur
zuzendu : corriger, diriger

XI.BIBLIOGRAPHIES

Bibliographie en langue allemande.

BOUDA, K. *Das transitive und das intransitive Verbum des Baskischen*, Amsterdam, 1933.

BOUDA, K. *Baskisch-kaukasisckes Etymologien,* Heidelberg Carl Wunter, 1949.

BRETTSCHNEIDER,G.et FREY, P. *Baskische Legenden* Pendo-verlag, Zürich, 1987.
(Edition bilingue basque-allemand et présentation de la langue)

Collectif *Euskara,* première revue multilingue et de linguistique basque, Berlin, 1886-1896.
Directeur Théodore LINSCHMANN

GAMILLSCHEG , E. *Romanen und Basken* , Mainz, 1950.

HAASE Martin *„Sprachkontakt und Sprachwandeling in Baskenland.Einflüsse des Gaskognischen und Fransösischen auf den Basken* , Birske, Hamburg, 1989.

HANNEMANN, K. *Prolegomena zur baskischen oder kantabrischen Sprache* , Leipzig, 1884.

HÜBNER E. *Monumenta Linguae Ibericae*, Berlin , 1893.

HUBSCHMIDT . *Mediterrane Substrate mit besonderer Berücksichtinung des Baskischen und der Westöstlichen Sprachebeziehungen* , Berlin, 1960.

- *Probleme der baskischen Lautlehere und baskischen vorromanisches Etymologien*, Francke Verlag, Bern, 1965

LECHLER Jorg *Von Hakenkreuz* , Leipzig ,1934.

LÖPELMANN, M. *Etymologisches Wörterbuch der baskischen Sprache*, Berlin, 1968.
(produit d'un délire idéologique, à déconseiller totalement)

MÄHN C.A.F.*Denkmaeler der baskischen Sprache mit einer Einleitung,* Dümler, Berlin , 1986 (Cancionero de Azkue)

MEYER-LÜBKE , W..*Romanishes etymologisches Wörterbuch* , Heidelberg, 1930.

PHILIPPE G. *Das lateinische Element und romanische Element in der baskischen Sprachen,* Wien , 1971.

POTT, A." Veber baskischen Familien nammen "Delmold Meyer , 1875.

SCHUCHARDT , H. *Primitiae Linguae Vasconum,...* Halle, 1923 Un.de Salamanca, 1947.
(première réédition et étude depuis 1545)

SCHUCHARDT , H.LINSCHMANN Th. *Leiçarragas baskische Bücher ,von 1571 (Neues Testament , Kalender und Abc)* , Strasburg , 1900.
(première réédition et étude de la traduction de 1571).

STEMPF V. *Glossar zu Bernard Dechepare's baskischen Poesien,*
Maisonneuve, Paris, 1887-1893.

ZIESEMER, W. *Das Land der Basken* , Berlin, 1934.

Bibliographie en langue anglaise.

ALFORD Violet *Pyrenean festivals, Calender, Customs, Music and magic Dance* , London , 1937

ALFORD, Violet et GALLOP, R. *The traditional Dance*, London, 1935.

ALVAREZ-ENPARANTZA "Txillardegi", *Leturia* (roman traduit du basque)
University of Nevada Press, Reno, 1985.

AULESTIA ,G. *Basque-English Dictionary*, University of Nevada Press, Reno, 1989.

AULESTIA.,G.*English-Basque Dictionary*, University of Nevada Press , Reno, 1991.

BARAHONA ,Renato, *Vizcaya on the Eve of Carlism.Politics and Society*, 1800 -1833,
University of Nevada Press, Reno, I987.

BARD, Rachel .*Navarra the durable kingdom*, University of Nevada Press Reno, 1980.

BUSCA ISUSI , J.M. *Traditional Basque Cooking: History and Preparation.*
University of Nevada Press, Reno, 1983.

CLARK, Robert P. *The Basques :The Franco years and Beyond* , University of Nevada Press, Reno, 1982.

Collectif *Basque Writers, Euskal Idazleak* (anglais-basque) (Euskal Idazleen Elkartea , Association des Ecrivains Basques), Donostia, 1986.

DOUGLASS ,W.A. BILBAO,J. *Amerikanuak, Basques in the New World*, Un.of Nevada Press, Reno, 1976

DOUGLASS , William A. *Beltran basque Sheepman of the American West.*
University of Nevada Press, Reno, 1979.

DOUGLASS , W.A. and LANE R.H.
photograph,*Basque Sheepherders of the American West.*
University of Nevada Press, Reno, 1981.

GALLOP, R. *A Book of the Basques*, London, 193O
University of Nevada Press, Reno, 1989.

HENNINGSEN, Gustav, *The Witches Advocate (16O9-1614)* , University of Nevada Press, Reno, 1978

LASAGABASTER ,J-M.*Contemporary Basque Fiction* University of Nevada Press, Reno, 1990.

LAXALT , R.*In A Hundred Graves : A Basque Portrait.* University of Nevada Press, Reno , 1958.

LAXALT R. *Sweet promised Land,* Reno, 1957.

LAXALT, R.*A Cup of Tea in Pamplona*, University of Nevada Press, Reno, 1985.

LAXALT , R. *The Basque Hotel* , University of Nevada Press, Reno , 1989.

LEGARRETA Dorothy. *The Guernica Generation: Basque Refugee Children of the Spanish Civil War,* University of Nevada Press, Reno, 1990.

OTT-RIVIERE Sandra *A Basque mountain community : Sainte Engrâce* Clarendon, Oxford, 1980

PAYNE , Stanley .G. *Basque Nationalism* , University of Nevada Press, Reno, 1975.

SALTARELLI (and others) *Basque Descriptive Grammar* Ed .Croom HelmNew- York ,1988 .

STEER , G. *The Tree of Gernika.*, Hodder Stoughton, London, 1938

TOVAR, A.*The ancient languages of Spain and Portugal* Ec.Emilio Peruzzi, Coll. Languages and culture, New-York, 1961.

WEBSTER W. *Basque Legends,* London 1877,1879, Madrid, 1989.

WILBUR J.*Prolegomena to a Grammar of Basque* J.Benjamin Ed., Amsterdam, 1979.

ZULAIKA, J.*Basque Violence: Metaphor and Sacrament*, University of Nevada Press, Reno, 1990.

Bibliographie en langue espagnole ou bilingue

AGIRRE I. *Eusko Lurra Geografia del Pais Vasco*, Etor , Donostia, 1974.

AGIRRE J.A. *De Guernica a Nueva York pasando por Berlin* Ekin Ed Buenos-Aires , 1943. Fondation Sabino Arana ,Bilbao , 1983.

AGIRRE J.A. *Entre la libertad y la revolucion* , Bilbao, 1935.

AGIRREAZKUENAGA, J. y otros *Historia de Euskal Herria*, Donostia, 1980.

ALVAREZ EMPARANZA , J-M. *Origen y evolucion de la pintura vasca* , Gipuzkoako aurrezki kutxa , Donostia, 1977 (basque et espagnol).

ALVAREZ EMPARANZA , J-M. *La Pintura Vasca contemporanea* (1935-1978)Gipuzkoako aurrezki kutxa, Donostia , 1978 (basque et espagnol).

ANGLES Higinio.*Las canciones del rey Teobaldo* Députation Forale de Navarre, Iruinea-Pampelune, 1973 (les poèmes en français de Thibaut de Champagne, roi de Navarre , paroles et musiques)

APALATEGI J. *El nacionalismo vásco* , Elkar, Donostia, 1978.

APALATEGI J.M. *Introduccion a la historia oral : kontuzaharrak* , Anthropos, Barcelona, 1987.

ARIZMENDIARRIETA J.A. *Emancipacion obrera : la cooperacion*, Arrasate, 1984.

ARRINDA ALBISU A. *Religion prehistorica de los vascos*, Auñamendi, Donostia, 1965.

AZKUE, R-M. *Euskalerriaren Yakintza* Ed.Espasa Calpe Madrid , 1942 et 1989.
(Littérature orale basque, bilingue basque et espagnol).

AZKUE ,R.M. *Diccionario vasco-español-francés* , Bilbao, 1905-1906.
Euskaltzaindia, Académie Royale de la Langue Basque, Bilbao , 1984.

AZKUE, R.M.*Morfologia vasca* , Bermeo, 1925.

BARANDIARAN , J.M.*El hombre prehistorico en el Pais Vasco* Buenos Aires 1953, Donostia, 1975, 1978, 1983, 1987.

BACON , F.*Historia de la Revolucion en las Provincias Vascongadas y Navarra*
Ed. Txertoa , Donostia, 1978.

BELTZA, Lopez Adan.*Nacionalismo vasco y clases sociales*. ed.Txertoa, Donostia , 1979.(mas ediciones)

CARO BAROJA, J. *Los Vascos* , Ed.Minotauro Madrid , 1949, 1971, 1972, 1973.
Ed.Istmo Madrid , 1978, 1980.

CARO BAROJA, J. *Introduccion a la historia social y economica del pueblo vasco*., Ed.Txertoa, Donostia 1974, 1978.

CARRERAS y GANDI, F. *Geografia general del Pais Vasco-Navarro* , 6 volumes, Barcelona , 1915.

COLLECTIF .*Historia de Navarra*, Ed.Txertoa , Donostia, 1981.

ERKOREKA A. *Analisis de la medicina popular vasca,* Labayru Bilbao, 1985.

ESTORNES LASA B. *Estética vasca* , Ekin, Buenos -Aires, 1952.

EUSKALTZAINDIA (Real Academie de la lengua)*El libro blanco del euskera*, Bilbao, 1983.

EUSKO-JAURLARITZA (gouvernement autonome d'Euskadi) *Estadisticas de la enseñanza*, (cada cuatro años) 1977- 1994 Gasteiz , 1994.

FERNANDEZ de PINEDO *Crecimiento economico y transformacion en el Pais Vasco (1100-1850)* , Ed.Siglo XXI, Madrid, 1974.

FAGOAGA, I. *Pedro Garat "El Orfeo de Francia"* Ed. Ekin , Buenos Aires, 1948.

FLORES KAPEROTXIPI, M.*Arte Vasco* , Ed.Ekin, Buenos - Aires, 1952.

GONZALEZ PORTILLA *La formacion de la sociedad capitalista en el PaisVasco.* (1876- 1913), Donostia, 1981.

GOROSTIAGA .G. *Epica y lirica vizcaina antigua*, Bilbao, 1952

GORROñO L. *Experiencia cooperativa en el Pais Vasco,* L.Zugaza ed., Durango, 1975.

GUERRA J.C. *Los cantares antiguos del euskera* , Donostia, 1924.

HOLMER Nils *El idioma vasco hablado*, Donostia,1964.

HUMBOLDT (W.von) *Los primitivos habitantes de España, investigaciones con el analisis de la lengua vasca* J.Aullo, Madrid, 1879.

INIGUEZ M.UZTARROZ *Analisis de los hechos urbanos y arquitectonicos en el Pais Vasco*, Bilbao 1969.

IRIGARAY A. *Una geografia diacronica del euskera en Navarra*, Iruinea, 1974.

IRIGOYEN A. *La lengua vasca en relacion con la antroponimia y otras cuestiones*, Gasteiz Universidad del Pais Vasco (UPV), 1983.

-*Las lenguas de los vizcainos.Antroponimia y toponimia medievales*, UPV, 1987.

IZTUETA J.I. *Cantos y bailes nacionales*, Donostia, 1880.

LABAYEN A.M. *Teatro euskaro* (2vs) Donostia, 1965.

LACARRA , J.M. *Historia del Reino de Navarra* , Iruinea, 1972.
- *Vasconia medieval: historia y filologia* ASJU Donostia, 1957.

LANDUCCI dit LANDUCHIO, N. *Dictionarium linguae cantabricae* (1562) Edition Manuel Agud, Luis Mitxelena ASJU, Donostia, 1958.

LARRAMENDI M.(S.J.) *Diccionario trilingüe del Castellano Bascuence y Latin,* Salamanca , 1743.

LARREA SAGARMINAGA(M.A.)MIEZA R. *Introduccion a la historia del Pais Vasco*, Bilbao, 1984.

LEKUONA M. *Literatura oral vasca* , Auñamendi, Donostia, 1965 (mas ediciones)

LOPEZ ECHEVARRIA *Cine vasco de ayer y de hoy,* Mensajero Bilbao, 1984.

MANTEROLA J. *Cancionero Vasco*, Donostia, 1877-1890.

MENENDEZ PIDAL R. *Origenes del español,estado lingüistico de la Peninsula Ibérica hasta el siglo XI,* Madrid, 1950.

MIRANDE J. *Haur besoetakoa* (Traducida" La Ahijada", por E. GIL BERA, Pamiela, Iruinea, 1991.

MITXELENA ,L. *Fonética Historica Vasca* , ASJU , Donostia, 1970, 1977.

MITXELENA, L.*Historia de la literatura vasca* Ed.Minotauro, Madrid, 1960.

MITXELENA, L.*Textos arcaicos vascos*, Ed.Minotauro, Madrid, 1964.

MUJICA L.M. *Influencia del latin y del romance en el euskera,* Gasteiz, 1979.

NUNEZ L. *Opresion y defensa del euskera*, ed. Txertoa, Donostia, 1977.

OLAIZOLA (Pasteur) *El protestantismo en el Pais Vasco* Donostia, 1989.

OTEIZA, G. *Quousque tandem* (Ensayo de interpretacion del alma vasca) Ed. Azkue-Itxaropena , Zarautz, 1970.

PENA SANTIAGO *Montañas del Pais Vasco*, Txertoa, Donostia 1977.

POZA (Licenciado A.de) *De la antigua lengua, poblaciones y comarcas de las Españas,* Ed.Mares, Bilbao,1587, Madrid, Minotauro, 1961.

ROTAETXE K.*Estudio estructural del euskera de Ondarroa*, L.Zugaza, Durango, 1978.

SANCHEZ CARRION J-M.*Sobre el pasado de la lengua vasca,* Donostia, 1964.

SANCHEZ CARRION , J-M.*Factores de regresion , relaciones de bilinguismo*, Iruinea-Pampelune, 1972.

SAN MARTIN, J. *Escritores euskéricos* , Gran Enciclopedia Vasca, Bilbao, 1968.

SATRUSTEGI, J.M. *Mitos y creencias* Ed. Txertoa, Donostia, 1981.

- *Comportamiento sexual de los vascos* Ed.Txertoa, Donostia , 1981.

SHIMOMIYA, T.*Manual de lengua y cultura vasca : glosario*, Tokio Taishukan, 1979.

TORREALDAI, J.M. *Euskal idazleak gaur.Historia social de la lengua y literatura vasca (bilingüe)* , Donostia , 1977

TOVAR, A. *El euskera y susparientes*, Minotauro, Madrid, 1959

UGALDE , M. *Hablando con Chillida -escultor vasco,* Ed.Txertoa, Donostia, 1978.

- *Sintesis de la historia del Pais Vasco* (2vs) Txertoa, Donostia, 1982.

URQUIJO, J. *La literatura poética vasca : rectificaciones necesarias*, A.Foltzer, Bayonne, 1914.

URKIZU , P.- *Lengua y literatura vasca* , Haranburu, Donostia, 1978.

- *Introduccion a la filologia vasca*, UNED, Madrid, 1991

URRETAVIZCAYA, A. *Gramatica vasca*, Tolosa, 1976.

VILLASANTE, L. *Palabras vascas compuestas y derivadas*, Oñati, 1974

- *Sintaxis de la oracion simple* , Oñati, 1980.

YRIZAR ,J. *Las casas vascas* , Bilbao, 1980.

ZABALA ,A. *La funcion comercial del Pais Vasco en el siglo XVIII.* , Donostia , 1983

ZALDIBIA J. *Suma de las cosas cantabricas y guipuzcoanas del bachiller Zaldibia* (siglo XVI) por F.Arocena, Donostia , 1945.

ZAMACOLA J.A. *Historia de las Naciones Vascas* S.Amorrortu Bilbao, 1898.

ZAVALA, A. *Bosquejo de una historia del bertsolarismo* Ed. Auñamendi, Zarautz,1984.

Bibliographie en langue française.

Ouvrages généraux

ALLIERES ,J. *Les Basques* . Que sais-je? PUF Paris, 1977 . (n° 1668)

CHARENCEY, H.*Recherches sur les origines de la langue basque*, Paris, 1859.

Collectif . *La Tradition au Pays Basque* , Elkar, Bayonne, 1980.

FRANCISQUE-MICHEL . *Le Pays Basque* , Paris 1853, Elkar , Bayonne, 1982.

GOYHENECHE, E. *Les Basques* , Société nouvelle d'éditions régionales et de diffusion, Pau, 1979.

COLECTIF sous la direction de M. J.HARITSCHELHAR *Etre Basque.*(recueil d'articles sur la langue et la civilisation basques), Editions Privat, Toulouse, 1984.(édition en espagnol)

HERAUD, G. *L'Europe des ethnies* , Presses d'Europe, Paris, 1963.et 1974.

LHANDE, P. (S.J.) *Le Pays Basque à vol d'oiseau*, Paris , 1925.

LUCHAIRE, A.*Origines linguistiques de l'Aquitaine* Paris , 1872.

VEYRIN, P. *Les Basques* ,,Arthaud, Paris, 1947 (vision esthétique du Pays Basque traditionnel)

VINSON, J. *Essai d'une bibliographie de la langue basque* 2 volumes Maisonneuve, Paris, 1891-1898.

Langue

ALLIERES ,J..*Manuel pratique de basque* (Présentation de la langue aux linguistes et aux bascophones)Ed. Picard , Paris, 1979.

Euskalzaleen Biltzarra.*Guide de conversation* (le meilleur guide) Elkar, Bayonne, 1989.

BACHOC, R.*Euskaraz Bizi,* manuel audio-visuel de basque Ed.Ikas pour l'Enseignement bilingue, Bayonne, 1989.

BONAPARTE, Louis-Lucien, *Opera Omnia Vasconica* , Académie Royale de la Langue Basque, Bilbao, 1990(4 volumes des imprimés de ce bascologue)

BONAPARTE , L.L.*Les manuscrits* , Académie Royale de la Langue Basque,*Gipuzkera* , le dialecte guipuzcoan (6 volumes) Bilbao, 1992.

Collectif Haize Garbia,sous la dir.de Mme, M.J.MIGNABERRY *Dictionnaire Basque pour T ous* , Haize Garbia, Hendaye 1990.

LAFON, R. *Le système du verbe basque*, Bordeaux, 1943.

LAFON, R. *Etudes basques et caucasiques* , Salamanca,1952.

LAFITTE P. *Grammaire basque* , Musée Basque, Bayonne 1963.
(Etude sur un modèle latin et trésor pour spécialistes).

LHANDE P.(S.J.) *Dictionnaire Basque-Français*, Beauchesne, Paris, 1926-1938.
LUCHAIRE, A. *Etude sur les idiomes pyrénéens de la région française*, Paris, 1879.

REBUSCHI, G. *Structure de l'énoncé en basque* , Selaf, Paris, 1984.

SACAZE G. *Les inscriptions antiques des Pyrénées* , Toulouse, 1892.

VINSON, J. *Le verbe basque* , Paris, 1874.

Littérature

ARIZTIA, Maddi *Amattoren uzta* La moisson de Grand'Mère Ed. Gure Herria, 1934, 1967.

BARBIER , J.*Légendes Basques.* Illustrations deTillac, Delagarave , Paris, 1931 ; Elkar, Bayonne, 1983.

COLLECTIF. *Poésie basque contemporaine.Oraiko Euskal Olerki sorta bat*
Anthologie bilingue basque -français de poésie contemporaine, Centre Régional des Lettres- Elkar, Bayonne, 1986.

ATXAGA , B. *Obabakoak* (roman traduit du basque) Paris, 1989.

CERQUAND F. *Légendes et récits du Pays Basque*, recueillis et traduits par les correspondants de l'auteur, Paris, 1875-1882.

HARITSCHELHAR , J. *L'œuvre poétique de P.Topet Etxahun*, Euskaltzaindia, Bilbao, 1970.

HERELLE G. *Répertoire du théatre basque tragique*, 4 vol. Paris, 1922-1928.

LAFFITTE, P. *Poésies basques de Salvat Monho* Ed.Gure Herria, Bayonne 1979 (Satires et poésies religieuses de la fin du XVIII° siècle).

LANDART D. *Le bertsolarisme* , Centre Régional des Lettres, Bordeaux-Bayonne, 1989.

ORPUSTAN, J.B. *Proverbes et poésies basques d'Arnaud d'Oihénart* Ed.Izpegi, Baigorri, 1992.(traduction en français et castillan, étude critique).

PEILLEN , Tx. *Eske bertsuen bilduma. recueil de chansons de quête* (traduction et présentation en français), Cuadernos de Etnologia y Etnografia de Navarra, Iruinea (Pampelune), 1970.

PEILLEN ,Tx. . *Xiberoa ta Martzelina*, Edition bilingue d'un "astolaster", ASJU, Donostia, 1978.

SALLABERRY, J.D.J. *Chants populaires du Pays Basque* , bilingue Paris, 1870.Paris, 1930, Donostia (facsimil Ed.Hor Dago), 1983.

VINSON J. *Le folklore du Pays Basque* Maisonneuve, Paris, 1883.

Géographie et économie

GOYHENECHE, E. *Onomastique et peuplement du Nord du Pays Basque au Moyen-Age* , thèse Bordeaux, 1966.

LABORDE ,Pierre.*Pays Basque d'hier et d'aujourd'hui.* Elkar, Bayonne, 1985.

LAMARE, P. *Le Pays Basque français et espagnol* (Guide bleu) (excellent, insurpassé pour le Pays Basque traditionnel de l'époque) Hachette, Paris,1926.

LEFEVRE , Th.*Les modes de vie dans les Pyrénées Atlantiques orientales* , Ed A.Colin, Paris, 1933.

RAYMOND, P. *Dictionnaire topographique du département des Basses-Pyrénées.* , Imprimerie Impériale, Paris , 1863.

VIENNOT, P. *Recherches structurales dans les Pyrénées occidentales françaises* , Paris , 1927.

VIERS, G. *Le Pays Basque* (géographie) Ed.Privat , Toulouse, 1975.

Sociologie

BIDART, P. *Le pouvoir politique à Baigorri,* Ipar, Bayonne, 1977.

COLLECTIF sous la direction de P.BIDART , *La nouvelle société basque* , Pau, 1988.

GACHITEGUY, A. *Les Basques dans l'Ouest Américain* , Bordeaux, 1955.

LHANDE, P. (S.J.) *L'émigration Basque*, Paris, 1910, Bayonne, 1982.

LUBERRIAGA , A. *Comment peut-on être Basque?* Bayonne, 1985.

REINARES ETXEBERRIA , R. *Des Basques à Paris*, Nanterre, 1974.

Politique et histoire

APALATEGI,J.*Nationalisme et question nationale au Pays Basque.* (1830-1976)
traduit du basque par l'auteur, Elkar, Bayonne, 1977.

BELA J. *Essai sur la noblesse des Basques rédigé sur les mémoires d'un militaire basque*...Paris, 1875.

BAUDRIMONT , A.*Histoire des Basques ou Euscaldunais primitifs, restaurée d'après la langue, les caractères ethnologiques et les moeurs des Basques actuels*, Paris, Maisonneuve, 1867.

CHAHO, A. *Histoire primitive des Euskariens-Basques : langue poésie,moeurs et caractère de ce peuple; introduction à son histoire ancienne et moderne.* Bayonne ,1847.

CHAHO, A. *Voyage en Navarre pendant l'insurrection des Basques*, Paris, 1836, Bayonne, 1865 , Reprint Harriet Curutchet, Bayonne, 1987.(traduction en castillan).

CLEMENT-SIMON, G. *L'érudition en Pays Basque au XVII ème siècle (Un gentilhomme protestant Jacques de Bela*, Paris, 1895.

Collectif IZPEGI,*La vallée de Baigorri et ses environs* , Baigorri, 1979.

collectif IZPEGI *Le Pays de Cize,* Baigorri , 1991.

collectif IZPEGI *Le Pays de Mixe* , Baigori , 1992.

collectif IZPEGI *Le Pays de Soule,* Baigorri, 1994.

collectif IZPEGI *Le Pays Basque et l'Europe*, Baigorri, 1994.

DAVANT, J.L. *L'histoire du peuple basque*, Elkar, Bayonne, 1976.

DRAVASA, E. *Les privilèges des Basques du Labourd* Bordeaux, 1950.

GARAT D.J. *Origine des Basques de France et d'Espagne*, Paris 1869.

GOYHENECHE, E. *Le Pays Basque*(Histoire du pays par vrai historien) Pau, 1979.

JAURGAIN (J.de) *La Vasconie* , Pau 1898, 2 volumes.

JAURGAIN (J.de)*Quelques légendes poétiques du Pays de Soule*, Paris, 1909.

LAFOURCADE M.Th.*Les contrats de mariage du Labourd sous le règne de Louis XVI*, UPV, Donostia, 1992.

NARBAITZ, P. *Orria ou la bataille de Roncevaux* , Zabal, Bayonne, 1978.

NARBAITZ , P.*Navarra*, Pampelune, Bayonne, 1978.
- *Le matin basque*, Guénégaud, Paris, 1975.

OIHENART (A d')*Déclaration historique de l'injuste usurpation et rétention de la Navarre par les espagnols* , Paris, 1625.

OIHENART (A.d') *Notitia utriusque Vasconiae, tum Ibericae, tum Aquitanicae* , Paris, 1637, 1656. (en cours de réédition).

REGNIER , J. M. *Histoire de la Soule*, Bayonne, 1987.

XARRITON, P. *Petite histoire religieuse du Pays Basque*, Bayonne 1946.

Civilisation(Archéologie ,mythologie, ethnologie).

ALTUNA , J. *Guide illustré de préhistoire basque,* (textes basque , espagnol et français) Elkar, Bayonne, 1979 . Ouvrage illustré de vulgarisation.

BARANDIARAN J.M. *Mythologie basque*, Elkar, Bayonne 1991.(éditions en basque et en espagnol)

BARANDIARAN J.M. *Stèles et rites funéraires au Pays Basque,* Ed.Ekaina, Bayonne, 1984.(Ed. en basque et en espagnol également).

BLOT J. *Artzainak ,Les Bergers Basques, los pastores vascos*(trilingue), Elkar, Donostia, 1984 .

CAMPAGNE *La conservation du Bien de Famille chez les Basques-français*, Paris, 1910.

CARO BAROJA J. *La Sorcellerie* .Ed. Gallimard, Paris, 1979

CERQUAND (recueillis sous la direction de) *Légendes et récits populaires du Pays Basque,* Bayonne, 1875-1882 (bilingue).

COLAS ,L. *La tombe basque* (texte et atlas de 1.500 figures, Bayonne, 1923, Reprint Lafitte, Marseille, 1980.

COLLECTIF . *Histoire et civilisation basques* Ed.Lauburu, Bayonne, 1979. (articles par des spécialistes J.Blot, M.Duvert, Line Jenny, P.Laffitte et Nicole Renard)

COLLECTIF sous la direction de Tx.PEILLEN Actes du colloque de 1987, *Mythologies Pyrénéennes*, Pau, 1989.

COLLOMB G. & BIDART P. *Corpus d'architecture rurale.Les Pays Aquitains*, Berger Levrault, Paris, 1984 .

CORDIER, E. *De l'organisation de la famille chez les Basques,* Paris, 1869.

DE LANCRE, P.*Tableau de l'inconstance des mauvais anges et démons* Paris 1613, Elkar, Donostia, 1982.

DENDALETCHE Cl. *Montagnes et civilisation basques* Denoel, Paris ,1978.(édition en espagnol également)

DUBARAT *Le protestantisme en Pays Basque et en Bearn*, Pau, 1895.

FRANCISQUE-MICHEL *Histoire des races maudites de la France et de l'Espagne*, Paris , 1847, 2 vol., facsimil Elkar, Donostia, 1983.

GODBARGE *Arts Basques anciens et modernes, :*Hossegor , 1931.

GUILCHER J.M. *La tradition de danse en Béarn et Pays Basque français*
Maison des Sciences dc l'homme, Paris, 1976.

LABORDE P. *Connaître le Pays Basque*, Elkar, Bayonne, 1989

LHANDE P. (S.J.) *Autour d'un foyer basque*, Paris, 1908.

LORIN H. *Industrie rurale en Pays Basque* , Musée Social Paris 1906

LOUBERGE J. *La maison rurale en Pays Basque* , Ed. Créer, Paris,1981

NARBAITZ P. *Le matin basque* , Ed.Guénégaud, Paris, 1970.

RITO, E. *De la condition des personnes chez les Basques-Français*, Bayonne , 1897.

TESSIER, A .*La situation de la femme dans le Pays Basque et à Bayonne avant la Révolution*, Bayonne, 1918.

VEYRIN, P. *L'art basque ancien,* Musée Basque, Bayonne, 1926

VINSON, J.*Le folklore du Pays Basque*, Paris, Maisonneuve , 1883.

De quelques hommes illustres d'origine basque

AGIRRE(L. de)Conquistador guipuzcoan. Premier "américain" qui nia le droit de l'Espagne sur ses colonies d'Amérique : il découvrit l'Amazonie au cours de sa révolte et mourut assasiné.

AGIRRE (J.A.) (19O4-196O) Premier président biscaïen du gouvernement basque en 1936, prête serment à Gernika, résiste six mois aux troupes espagnoles, italiennes et allemandes.

AJURIAGERRA (J.) (1911-1993) Biscaïen .Universitaire. Professeur au Collège de France. Spécialiste de la psychiatrie de l'enfant et de la physio-pathologie du cerveau.

ALBENIZ Isaak (186O-1909) Compositeur alavais.Pianiste.

ANTSO NAGUSIA dit Sanche le Grand (992-1035) Roi de Navarre, premier unificateur des Espagnes, au début de la Reconquête contre les musulmans.

ARRIAGA Joan Krisostomo (1806-1826) (sic) . Compositeur d'opéra, biscaïen, Professeur au Conservatoire de Paris.

AZKUE (R.M. de)(I869-1951) bascologue biscaïen, auteur d'une oeuvre imposante (grammaire, dictionnaire, recueil de mille mélodies, etc..)compositeur de musique d'opéras .

AZPILIKUETA M. (1495-1586)"Doctor Navarrus"Universitaire Professeur de droit à Toulouse et à Salamanque .Conseiller de quatre papes.

BARANDIARAN (J.M.) (1889-199I)Œuvre immense en préhistoire et ethnologie du Pays Basque.De l'Académie Basque , de l'Académie espagnole.Universitaire . Fondateur de l'école basque d'ethnologie dont les méthodes sont inspirées par la science d'école allemande.

BAROJA P. (1872-1956) Grand romancier guipuzcoan de langue espagnol.Académicien .Auteur de 75 ouvrages.

BOLIVAR Simon, basque de la diaspora vénézuelienne (1783-1830).Grand libérateur de l'Amérique espagnole.

BOROTRA Jean ,(1898 -) tennisman labourdin, Winbledon, 1924 et 1926, Coupe Davis (1927-1932)

D'ABBADIE Antoine.(1810-1897) Milliardaire basque d'Irlande. Académie des Sciences Paris.Explorateur et astronome Mécène des Jeux Floraux basques au XIX ème siècle.

DUVERGIER de HAURANNE Jean (1581-1643)Penseur labourdin. S'opposa à Louis XIV.Un des fondateurs et zélateur du Jansénisme .Meurt des suites de prison, sans renoncer à son idéal.

ELHUYAR(Joan Jose et Firmin) basques de la diaspora d'Espagne, isolent le tungstène, reviennent créer un laboratoire à Vergara (Guipuzcoa), modernisent les méthodes des mines d' Amériques.Multiples brevets de traitement des métaux.
(Fausto Fermin) 1755-1833)(Joan-Jose 1754-1796)

ELKANO (J.S.)(1487-1526 Achève le tour du monde commencé avec Magellan.(Magalhaens), meurt au cours d'une seconde expédition.

ENEKO LOIOLAKOA . (1491-1556) Saint Ignace de Loyola , guipuzcoan, l'un des fondateurs de la compagnie de Jésus.

FRANTZISKO XABIERREKOA (1506-1552) Saint François Xavier, navarrais, autre fondateur de la Compagnie de Jésus . Missionaire, mort au Japon.

GALINDEZ Jesus (1915-1956) Juriste biscaïen des droits de l'homme, enlevé et assasiné par les sbires de Trujillo.

GARAI (Joan de) (1527-1583) Biscaïen .Fonde quatre villes en Argentine et peuple Buenos-Aires.

IBARRURI Dolores dite “La Pasionaria”(1895-1989). Femme politique biscaïenne. Combattante communiste durant la guerre civile de 1936.

INDURAIN Mikel, (1964-) cycliste navarrais.Gagne quatre fois le Tour de France(1991 à 1994) , deux fois le Giro, champion du monde de l'heure.

ITURBIDE ARANBURU A.(1783-1826) basque navarrais de la diaspora, général et Empereur du Mexique, mort fusillé.

LARRAMENDI (Manuel de) S.J. (1690-1766) Fit imprimer la première grammaire complète de la langue basque, un premier dictionnaire trilingue. Relança l'écrit basque au sud du pays au milieu du XVIIIème siècle et formula dans ses "Conférences" le premier projet d'Etat basque moderne.

LAXALT Robert, (1921-)Basque des Etats-Unis.Romancier et essayiste de langue anglaise.Universitaire américain (Nevada).

LEGAZPI (Mikel de)(1505-1572) Conquistador.S'empare des Iles qu'il dénomme Philippines en l'honneur de Philippe II ; fonde Manille.

LEIZARRAGA (J.de)(1506-1601) Premier traducteur protestant labourdin, du Nouveau Testament, et de la doctrine de Calvin en euskara.Pasteur calviniste. Créateur d'une prose basque moderne et latinisante.Une des sources du basque moderne.

LHANDE P. S.J. (1877-1957) Bascologue souletin.Fonde les chantiers du cardinal, les émissions religieuses de radio à Paris. Auteur du premier grand dictionnaire Basque-Français, d'essais traditionnalistes sur le Pays Basque.

MISTRAL Gabriela , (Lucila GODOY-ALCAYAGA (1889-1957)Basquaise de la diaspora chilienne.Poétesse de langue espagnole.Prix Nobel 1945 de littérature.

OIHENART (A.de) (1592-1667) Avocat. Historien et bascologue souletin .Poète et parémiologue en langue basque.

RAVEL DELUARTE Maurice (1875-1937) Compositeur labourdin .Prix de Rome.Concertiste international. Innovateur de la musique européenne, rejeté par le Conservatoire de Paris.

UNAMUNO (M.de) (1864-1936) Philosophe biscaïen de langue espagnole.Universitaire

VITORIA Frantzisko . Juriste alavais autreur des premiers traités des droits des peuples de *Iure Belli* et *de Indis* .

ZILHUETA (Etienne de) Controleur des Finances de Louis XV d'origine labourdine dont les caricatures de profil sont à l'origine du mot "silhouette".

Quelques sigles très utilisés en euskara

B.E.Z. (Balio Erantsiaren Zerga) : T.V.A.Taxe à la Valeur Ajoutée.

E.A.E. Euskal Autonomia Elkartea : Communauté Autonome Basque ou d'Euskadi..

EE.BB. Estadu Batuak : U.S.A. Etats-Unis.

E.E. Europako Elkartea: C.E.E. Communauté européenne.

E.H.U . Euskal herriko Unibertitatea. Université du Pays Basque(de l'E.A.E.).(en espagnol UPV)

E.T.A. Euskadi ta askatasuna. Patrie basque et Liberté.

E.T.B.1 Euskal Telebista Bat : Télévision en basque.

H.I.E.S.Hartutako Inmunitate Eskasiaren Sindromea : Sida.

J.E.L. Jainkoa ta Lege Zaharra : Dieu et la vieille loi

N.B.E. Nazio Batuetako Erakundea : O.N.U.

N.U.P. Nafarroako Unibertsitate Publikoa : Université Publique de Navarre.

T.H.E. Txinako Herri Errepublika : République Populaire de Chine.

XII.TABLE DES MATIERES

VII.LA CONVERSATION DE BASE : ENFIN NOUS PARLERONS.

VIII. LITTERATURE ET LANGUE.

IX. CIVILISATION ET LANGUE.

518279 - Janvier 2013
Achevé d'imprimer par

1livre.com